青少年
播音主持训练
丛书

青少年播音主持训练教程

（第三版）

Qingshaonian Boyin Zhuchi Xunlian Jiaocheng
(Di-san Ban)

张洁　龚洁　编著

中国传媒大学出版社
·北京·

编者的话

《青少年播音主持训练教程》是为青少年量身定制的播音主持训练教材，是一本拿来就能看得懂、听着音频就能读出来的快速入门教材。

青少年朋友有热情、好学的特点，对感兴趣而又未接触过的播音与主持艺术专业有很强的好奇心，急于了解其中的奥妙，希望能掌握播音主持的技巧。然而他们课业繁忙，没有时间和机会接受长时间的系统专业学习。这本书就是一本入门书，帮助他们在短时间内学会声音训练的方法，指引他们进一步深入学习播音主持的技巧。本书训练的重点放在发音基础及有声语言创作部分，为的是让青少年朋友夯实基础；还专门遴选了符合青少年的心理特点以及时代发展的示例篇章及训练材料，为的是让青少年朋友更容易理解、感受，从而达到播读时兴趣盎然、朗朗上口的效果；随书配备的音频时间长、内容多、质量高，为的是让青少年朋友得到更多的示范、引导。总而言之，本书的写作宗旨是从青少年的特点出发，一切为青少年朋友服务！

本书参照了多本研究播音主持理论的书籍，并以全国广播电视播音员主持人资格考试大纲制定的知识要点为依据。在此向这些作者表示真诚的感谢！同时需要感谢的还有本书示例及训练材料的作者，没有他们的妙笔生花，我们无法实现声音的“二度创作”。随书配备的音频由陈静、阚成伟、傅洁、王昇、付丽媛录制，他们有丰富的一线主持经验和扎实的理论功底，一直活跃在中央电视台、北京电视台等各大媒体以及播音主持教学实践中，他们认真细致、不厌其烦的工作态度以及虚心好学、潜心研究的创作态度，正是播音员主持人敬业、乐业精神的体现。在此对他们的辛勤工作表示衷心的感谢,并祝愿他们前程美好。中国传媒大学出版社的赵欣、师景编辑对这本书的修订给予了极大的支持和帮助,她们耐心细致地编辑、校对,使本书得以顺利再版。在这里由衷地感谢本书的前期策划陈丹、历景润、赵雪梅,他们提出了很多有建设性的意见,录音师赵向鹏、黄威的辛苦劳动加快了本书与读者见面的进程。

《青少年播音主持训练教程》(第三版)经过几个月的修改,终于和广大青少年朋友见面了。由于编写仓促,谬误、纰漏在所难免,敬请读者和专家批评指正。

目 录

数字资源

音频目录

数字资源

第一讲　让我们说标准的普通话

第一讲

一、理论基础

普通话是我们国家的通用语言，青少年朋友能用准确、清晰、规范的普通话表达与交流，那可是非常自豪的事情呢！随着中国的强盛和国际地位的提高，现在好多外国人都在学习汉语普通话。如果套用广告语形容普通话，就是："普通话，语言中的战斗机！"

普通话是以北京语音为标准音，以北方话为基础方言，以典范的现代白话文著作为语法规范的现代汉民族共同语。这个定义从语音、词汇、语法三个方面提出了普通话的标准。需要注意的是，虽然普通话以北京语音为标准音，但就其整个语音体系来说，并不包括北京的一些土语、土音，比如北京方言说"老师"，常说成"lǎoer"，说"吝啬"是"抠门儿"，这都是不规范的，朋友们可不能简单地理解为北京话就是普通话啊。

汉语一般分为八大方言区，北方方言、吴方言、湘方言、赣方言、客家方言、粤方言、闽北方言、闽南方言，他们与汉语普通话在语法、语音、语调方面存在很大的差异。

大家都学习过汉语拼音，知道普通话有：声母 21 个，韵母 39 个，声调 4 个。一个汉字就是一个音节，声母是音节开头的辅音，韵母是音节中声母后面的部分。声调是构成音节非常重要的成分，即使声母、韵母相同，如果它们的声调不同，就成了不同的音节，代表不同的意义。

（一）声母

1. 声母的发音部位

普通话有 21 个声母，按照发音部位分为 7 类：

（1）双唇音：b、p、m

b　双唇紧闭，气流经口腔破唇而出，但不是用力送气，例如"宝贝"（bǎobèi）的声母就是双唇音 b。

p 部位、方法同上,但要用力将气送出。例如“批判”(pīpàn)的声母就是双唇音 p。

m 鼻音。双唇紧闭,声带颤动,气流经过鼻腔,由鼻孔透出。例如“美妙”(měimiào)的声母就是双唇音 m。

(2)唇齿音:f

f 上门牙轻触下嘴唇的边缘,气流从唇齿间摩擦而出。例如“丰富”(fēngfù)的声母就是唇齿音 f。

(3)舌面音:j、q、x

j 舌尖下垂抵住下齿背,舌面前部向上隆起,贴紧硬腭前部,然后微微放松,气流从窄缝中摩擦而出,但不是用力送气。例如“简洁”(jiǎnjié)的声母就是舌面音 j。

q 部位、方法同上,但要将气流用力送出。例如“亲切”(qīnqiè)的声母就是舌面音 q。

x 舌尖下垂抵住下齿背,舌面前部向上隆起,接近硬腭前部,气流从窄缝中摩擦而出。例如“学习”(xuéxí)的声母就是舌面音 x。

(4)舌根音:g、k、h

g 舌根抵住软腭,猛然离开,气流冲出,但不是用力送气。例如“改革”(gǎigé)的声母就是舌根音 g。

k 部位、方法同上,但要将气流用力送出。例如“刻苦”(kèkǔ)的声母就是舌根音 k。

h 舌根接近软腭,气流从中间摩擦而出。例如“黄河”(huánghé)的声母就是舌根音 h。

(5)舌尖前音:z、c、s

z 舌尖向前伸,抵住上门牙背后,然后微微放松,气流从窄缝中摩擦而出,但不是用力送气。例如“藏族”(zàngzú)的声母就是舌尖前音 z。

c 部位、方法同上,但要将气流用力送出。例如“猜测”(cāicè)的声母就是舌尖前音 c。

s 舌尖向前伸,接近上门牙背后,气流从窄缝中摩擦而出,但不是用力送气。例如“三思”(sānsī)的声母就是舌尖前音 s。

(6)舌尖中音:d、t、n、l

d 舌尖抵住门牙后的上牙床,然后迅速离开,气流冲出,但不是用力送气。例如“到达”(dàodá)的声母就是舌尖中音 d。

t 部位、方法同上,但要将气流用力送出。例如“淘汰”(táotài)的声母就是舌尖中音 t。

n 舌尖抵住上门牙后的上牙床。声带颤动,气流经过鼻腔,由鼻孔透出。例如“牛奶”(niúnǎi)的声母就是舌尖中音 n。

l 舌尖抵住上门牙后的上牙床,声带颤动,气流由舌的两边透出。例如“玲珑”

(línglóng)的声母就是舌尖中音 l。

(7)舌尖后音：zh、ch、sh、r

zh　舌尖翘起抵住硬腭最前端(上牙床之后)，然后微微放松，气流从窄缝中摩擦而出，但不是用力送气。例如"庄重"(zhuāngzhòng)的声母就是舌尖后音 zh。

ch　部位、方法同上，但要将气流用力送出。例如"长城"(chángchéng)的声母就是舌尖后音 ch。

sh　舌尖翘起，接近硬腭最前端(上牙床之后)，气流从窄缝中摩擦而出。例如"山水"(shānshuǐ)的声母就是舌尖后音 sh。

r　部位、方法同上，但发音时声带颤动(浊音)。例如"软弱"(ruǎnruò)的声母就是舌尖后音 r。

2. 声母的发音方法

声母的发音方法体现在：发音部位阻碍气流的方式、发音时气流强弱、发音时声带是否颤动。

(1)发音部位阻碍气流的方式

根据发音部位阻碍气流的方式，可将声母分为五类。

塞音　发音时，两个发音部位完全闭合，阻住气流，然后打开闭合部位使气流迸裂而出，爆发成音。普通话的塞音有 b、p、d、t、g、k。

擦音　发音时，两个发音部位接近但不完全闭合，形成一条窄缝，气流从窄缝中挤出，摩擦成音。普通话的擦音有 f、h、x、sh、r、s。

塞擦音　是"塞音"和"擦音"两种发音方法的结合。发音部位先阻塞，然后气流把阻碍部分冲出一条窄缝，摩擦成音。普通话的塞擦音有 j、q、z、c、zh、ch。

鼻音　发音时，口腔的两个发音部位完全闭合，软腭下垂，鼻腔开启，使气流完全从鼻腔透出成音。普通话的鼻音有 m、n。

边音　发音时，鼻腔闭塞，舌尖抵住上齿龈。软腭上升，让气流从舌头两边透出成音。发边音的时候一定要紧闭鼻腔。普通话的边音有 l。

(2)气流强弱

根据发音时气流强弱不同，可将塞音和塞擦音分为两类：

送气音　塞音、塞擦音发音时，口腔呼出的气流比较强，形成送气音。普通话的送气音有 p、t、k、q、c、ch。

不送气音　塞音、塞擦音发音时，口腔呼出的气流比较弱，形成不送气音。普通话的不送气音有 b、d、g、j、z、zh。

(3)声带是否颤动

根据发音时声带是否颤动，可将声母分为两类。

清声母　发音时，声带不颤动，透出的气流不带音。普通话的清声母有：b、p、f、d、t、

g、k、h、j、q、x、z、c、s、zh、ch、sh。

浊声母 发音时,声带颤动,透出的气流带音。普通话的浊声母有:m、n、l、r。

(二)韵母

1. 韵母的分类

普通话韵母共有 39 个,按语音结构分为单韵母、复韵母、鼻韵母。

(1)单韵母

单韵母有 10 个,从发音开始到发音结束,舌位、唇形、开口度始终不变。分别是 a、o、e、i、u、ü、ê、-i(前)、-i(后)、er(儿化韵)。

(2)复韵母

复韵母有 13 个,由两个或三个元音复合而成,发音特点是从一个元音的发音状态快速过渡到另一个元音的发音状态,舌位的高低前后、口腔的开合、唇形的圆展,都是逐渐变动的,而不是突变的、跳动的,中间应该有一串过渡音,同时气流不中断,中间没有明显的界线,发的音围绕一个中心,形成一个整体。有:ai、ei、ao、ou、ia、ie、ua、uo、üe、iao、iou、uai、uei。

(3)鼻韵母

鼻韵母有 16 个,由一个或两个元音后面带上鼻辅音构成,发音特点是元音与鼻辅音韵尾之间的复合。在复合过程中,鼻音色彩不断增加,逐渐由元音的发音状态向鼻辅音过渡,最后发音部位闭合,形成鼻辅音。有:an、en、uan、ian、uen、in、ün、üan、ang、eng、uang、iang、ueng、ing、ong、iong。

2. 韵母的发音

a 口大开,舌下降,声带颤动,气流放出。如:妈妈、发达。

o 口半合,舌后部半升,嘴唇略圆,声带颤动,气流放出。如:伯伯、磨破。

e 方法同上,嘴唇不圆,嘴角向两边微展。如:客车、特色。

i 上下齿相对,口略闭,嘴唇扁平,舌前部上升,声带颤动,气流放出。如:笔记、启迪。

u 口腔近乎闭拢,嘴唇收缩最圆,舌后部上升,声带颤动,气流放出。如:朴素、服务。

ü 舌前部上升,和 i 一样,但是口合拢,嘴唇收缩最圆。声带颤动,气流放出。如:聚居、雨具。

ê 口半开,舌前部半降,舌尖微触下齿背,舌面前部隆起,嘴角两边微展,声带颤动,气流放出。如:欸。ê 随 i、u、ü 之后,构成复韵母 ie、üe。

ai 先发 a 音,舌的位置稍靠前(舌尖抵下门牙背后),声音较长,较强,然后把舌向上移动，到能发接近 i 的音时停止。如：白菜、采摘。

ei　先发 e 音，位置向前、略高，然后舌向前向上移动，声音较长、较强，到能发接近 i 的音时停止。如：北美、配备。

ao　先发 a 音，位置稍向后（舌略后缩），声音较长、较强，然后舌向上移动，到能发 o 音时停止（嘴唇更收敛些）。如：报道、高潮。

ou　先发 o 音，但是嘴唇不太圆，声音较长、较强，然后舌向上移动，到能发接近 u 的音时停止。如：口头、抖擞。

ia　先发较短的 i 音，然后把舌向下移动，发较长、较强的 a 音。如：假牙、恰恰。

ie　先发较短的 i 音，然后把舌向下移动，发较长、较强的 ê 音。如：贴切、斜街。

iao　先发较短的 i 音，然后移动舌头，发 ao 音。如：缥缈、小巧。

iou　先发较短的 i 音，然后移动舌头，发 ou 音。（前拼声母时可将 iou 简写成 iu）如：优秀、牛油。

ua　先发较短的 u 音，然后把舌向下移动，唇形由圆变展，发较长、较强的 a 音。如：画画、耍滑。

uo　先发较短的 u 音，然后把舌向下移动，发较长、较强的 o 音。唇形始终为圆唇，开始唇形收缩稍紧，收尾时唇形开度稍大。如：错过、蹉跎。

uai　先发较短的 u 音，然后移动舌头，发 ai 音。如：摔坏、怀揣。

uei　先发较短的 u 音，然后移动舌头，发 ei 音。（前拼声母时可将 uei 简写成 ui）如：水位、回归。

üe　先发较短的 ü 音，然后把舌向下移动，发较长、较强的 ê 音。如：雀跃、月缺。

an　先发 a 音，舌的位置靠前，舌尖抵下门牙背后，然后舌面前部贴向硬腭前部，发纯粹鼻音 n。如：安然、赞叹。

en　先发 e 音，舌的位置不在后，而在中央，然后舌面前部贴向硬腭前部，发纯粹鼻音 n。如：认真、振奋。

ang　先发 a 音，舌的位置稍靠后，然后把舌根抵住软腭，发纯粹鼻音 ng。如：昂扬、沧桑。

eng　先发 e 音，舌的位置不在后而变得稍前些、低些，然后把舌根抵住软腭，发纯粹鼻音 ng。如：丰盛、升腾。

ong　先发 o 音，嘴唇稍稍收敛，然后把舌根抵住软腭，发纯粹鼻音 ng。如：公共、空中。

ian　先发较短的 i 音，然后移动舌头，发 an 音。但其中 a 音有变化，舌的位置下降不太低，发音接近 ê 音，口形半开。如：先贤、天边。

in　先发 i 音，然后舌面升高，舌面前部贴向硬腭前部，发纯粹鼻音 n。如：邻近、拼音。

iang 先发较短的 i 音,然后移动舌头,发 ang 音。如:亮相、湘江。

ing 先发 i 音,然后把舌根抵住软腭,发纯粹鼻音 ng。如:精灵、倾听。

iong 先发较短的 i 音,然后移动舌头,发 ong 音。如:炯炯、汹涌。

uan 先发较短的 u 音,然后移动舌头,发 an 音。如:传唤、婉转。

uen 先发较短的 u 音,然后移动舌头,发 en 音。(前拼声母时可将 uen 简写成 un)如:温存、春笋。

uang 先发较短的 u 音,然后移动舌头,发 ang 音。如:狂妄、装潢。

ueng 先发较短的 u 音,然后移动舌头,发 eng 音。如:渔翁、水瓮。

üan 先发较短的 ü 音,然后把舌位降到次低前元音[æ]略后就开始升高,接续鼻音 n。如:全权、圆圈。

ün 先发 ü 音,唇形稍展开,展唇应在接续鼻音 n 时开始。ün 与 in 的发音过程相似,只是唇形变化不同,in 的唇形始终是展唇。如:军训、均匀。

(三)声调

声调指的是声音的高低升降,它主要是由音高决定的。声调也可以用音阶来模拟,但要注意,声调的音高是相对的,不是绝对的;声调的升降变化是滑动的,不是从一个音阶到另一个音阶那样跳跃式地移动的。

普通话语音里,声调有四个,分别是:

一是,阴平(如 ā) 念高平调,用五度标记法来表示,就是从 5 到 5,写作 55。声带绷到最紧,始终无明显变化,保持音高。

二是,阳平(如 á) 念高升调,起音比阴平稍低,然后升到高。用五度标记法表示,就是从 3 升到 5,写作 35。声带从不松不紧开始,逐步绷紧,直到最紧,声音从不低不高到最高。

三是,上(shǎng)声(如 ǎ) 念降升调,起音半低,先降后升,用五度标记法表示,就是从 2 降到 1 再升到 4,写作 214。声带从略微有些紧张开始,立刻松弛下来,稍稍延长,然后迅速绷紧,但没有绷到最紧。

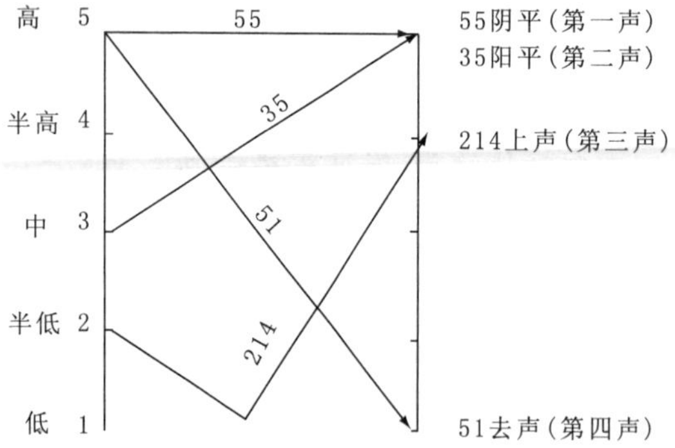

图 1-1 普通话声调五度标记图

四是,去声(如 à) 念全降调,起音高,接着往下滑,用五度标记法表示,是从 5 降到 1,写作 51。声带从紧开始到完全松弛为止,声音从高到低。

调值的描写,一般采用五度标记法。五度标记法就是用五度竖标来标记调值相对音高的一种方法。具体做法是用一条竖线作标尺,自上而下分为高、半高、中、半低、低等五度,然后按声调的实际读法，分别用横线、斜线、折线标明它们的升降起止度数。

（四）语流音变

在语流（句子）中，由于受到相邻音节的相邻因素的影响，一些音节的声母、韵母或声调会发生语音的变化，我们称之为语流音变。

普通话中最典型的语流音变是轻声、儿化、变调（上声变调、去声变调和“一”“不”的变调）、语气词“啊”的音变以及词的轻重格式。

1. 轻声

有的音节在句子里失去了原有的声调，变成较轻、较短的调子，叫作轻声。如“妈妈”“能耐”“你们”等。但是，重叠名词绝不能读轻声，如：家家户户。

普通话中的轻声往往有区别词性和词义的作用，请看下面的例子。

东西（xī）——方位词，东边和西边的意思。如：有着“神州第一街”之称的长安街，也是北京市的一条东西轴线。

东西（xi）——名词，泛指各种具体的或抽象的事物，有时带有厌恶或喜爱的感情。如：这个小东西（猫）真可爱！

轻声只存在于词语和句子中。规律性强、比较容易判断的轻声音节主要有以下几种情况。

一是，结构助词“的、地、得” 和动态助词“着、了、过”。如：好好的、看着、偷偷地、走得动、睡了、去过。

二是，语气助词“吧、吗、呢、啊”等。如：去吧、沉吗、还早呢、谁啊。

三是，名词和代词的后缀“子、头、们、巴、么”等。如：燕子、孩子、嘴巴、人们、怎么。

四是，叠音词或动词的重叠形式后面的字。如：弟弟、星星、伯伯、打听打听、收拾收拾。

五是，用在名词、代词后面表示方位的词“上、下、边、面、里”等。如：脸上、脚下、南边、里面、下面。

六是，用在动词、形容词后面的趋向动词“来、去、开、起来、下去”等。如：出去、进来、躲开、跑起来、做下去。

七是，嵌在词语中的“一”“不”。如：坐一坐、好不好。

八是，约定俗成的轻声词。如：眼睛、扫帚、事情、巴掌、葡萄、舒服。

2. 儿化

儿化起着修饰语言色彩的作用。儿化不是在音节之后加一个单独“er”的音节，而是在音节末尾最后一个音素上附加个卷舌动作，使韵母发生变化。如：“点儿”不是发成两个音节 diǎnér，而是发成一个音节 diǎr。儿化的变化规律有以下几类。

一是，韵母或韵尾是 ɑ、o、e、u 的，原韵不变，直接加“r”。例如：小兔儿（xiǎotùr）、唱歌儿(chànggēr)。

二是,韵尾是 i、n(in、ün 除外),丢掉韵尾,在主要元音上加“r”。例如:小孩儿(xiǎohár)、宝贝儿(bǎobèr)。

三是,韵母是 in、ün 时,丢掉韵尾 n,加“er”。例如:皮筋儿(píjiēr)、合群儿(héquér)。

四是,韵母是 i、ü 时,在原韵母后直接加“er”。例如:玩意儿(wányièr)、金鱼(jīnyüér)。

五是,韵母是-i(前)、-i(后)时,去掉主要元音,在声母后直接加上“er”。例如:瓜子儿(guāzěr)、树枝儿(shùzhēr)。

六是,韵尾是-ng(ing 除外),丢掉 ng,加“r”,并使主要元音鼻化。例如:药方儿(yàofār)、蛋黄儿(dànhuár)。

七是,韵母是 ing,丢掉 ng,加鼻化的“er”。例如:花瓶儿(huāpiér)、门铃儿(ménliér)。

3. 变调

音节在连续读时,相邻音节声调发生变化的现象叫变调。常见的变调有:上声的变调、去声的变调、“一”的变调、“不”的变调。

(1)上声的变调

上声在跟上声相连或跟别的声调相连的时候,都要念变调。

①念半上——上声在阴平、阳平、去声和轻声前面念半上,调值由 214 变成 21 或 211,也就是只降不升,由于上声的起音低,近似低平调。例如:广播、喜欢、美丽、宝贵、暖流。

②念阳上,像阳平一样——上声跟上声相连,前面的上声变成升调,听起来跟阳平一样(或近似阳平)。调值由 214 变成 24 或 35。例如:美好、奖品、手表、勇敢、演讲。

(2)去声变调规律

去声音节在非去声音节前一律不变,在去声音节前则由全降变成半降,调值由 51 变成 53。如:救护、制胜。

(3)“一”的变调规律

①非去声音节前变去声。如:一年(yìnián)、一般化(yìbānhuà)。

②去声音节前变阳平。如:一部(yíbù)、一个人(yígèrén)。

③夹在重叠词中间念轻声。如:看一看(kànyikàn)、想一想(xiǎngyixiǎng)。

④单念、词尾或数词中不变调。如:统一(tǒngyī)、第一期(dìyīqī)。

(4)“不”的变调规律

①单用或在词句末尾,以及在阴平、阳平、上声前念本调——去声。如:不能(bùnéng)。

②在去声音节前变阳平。如:不露声色(búlùshēngsè)。

③夹在词语中间念轻声。如:好不好(hǎobuhǎo)。

4. 语气词“啊”的音变规律

一是,前面音节的末尾音素是 u(包括 ao、iao)的,“啊”读作“哇”(wa)。如:你在哪里住啊(zhùwa)、他人挺好啊(hǎowa)、口气可真不小啊(xiǎowa)。

二是,前面音节的末尾音素是 a、o(除 ao、iao)、e、i、ü、ê 的,“啊”读作“呀”(ya)。如:快去找他啊(tāya)、你去说啊(shuōya)、今天好热啊(rèya)。

三是,前面音节的末尾音素是 n 的,读作“哪”(na)。如:早晨的空气多清新啊(xīnna)、多好的人啊(rénna)、你猜得真准啊(zhǔnna)。

四是,前面音节的末尾音素是 ng 的,“啊”读作“啊”(nga)。如:你可真能啊(néngnga)、注意听啊(tīngnga)、最近太忙啊(mángnga)。

五是,前面音节的末尾音素是-i(前)的,“啊”读作“啊”(za)。如:今天来回几次啊(cìza);前面音节的末尾音素是-i(后)以及 r 和 er(包括儿化韵)时,“啊”读作“啊”(ra)。如:你有什么事啊(shìra)、你怎么撕了一地纸啊(zhǐra)。

“啊”的变读规律,不需要一一硬记,只要将前一个音节顺势连读“a”(像念声母与韵母拼音一样,其间不要停顿),自然就会念出“a”的变音来。

5. 词的轻重格式

词的轻重格式是指多音节词的几个音节有约定俗成的轻重强弱差别,轻与重是相对而言的,短且弱的音节被称为轻,长且强的音节被称为重,介于中间的被称为中。普通话中,两字词多为中重格式,如:播音、汽车等;三字词多为中中重格式,如共产党、航空港等。发音是听和说的结合,由于轻重格式是约定俗成的规律,学习的途径一定是多听、多练、多积累。

二、实践练习

我国于 1998 年推出了全国推广普通话宣传周活动,此后每年 9 月第三周成为固定的推广宣传周,更多的青少年朋友参与到普通话的推广和应用中来。经过不断的训练,大家的普通话水平明显提高。现在针对普通话学习中常见的问题,我们一起来进行训练。

(一)平翘舌音不分——z、c、s 与 zh、ch、sh、r(音频 1-1)

1. 词语

z—zh 辨音对比训练

造势—肇事　　栽花—摘花　　自力—智力　　资源—支援

阻力—主力	自愿—志愿	钻营—专营	赠品—正品
姿势—知识	赞歌—战歌		

c—ch 辨音对比训练

彩铃—拆零	从简—重茧	曾经—乘警	惨淡—产蛋
擦车—叉车	蹭课—乘客	村庄—春装	促全—出拳
粗纺—出访	木材—木柴		

s—sh 辨音对比训练

素菜—蔬菜	森林—身临	三角—山脚	私教—视角
塑身—束身	私塾—时蔬	搜集—手机	素有—书友
私人—诗人	桑叶—商业		

2. 绕口令

三山四水(s、sh)

三山撑四水，四水绕三山。
三山四水春常在，四水三山四时春。

买柿子(z、s、zh、sh)

四个小孩子，抱着小篮子。
来到小集市，要买红柿子。
每人买四只，回家乐滋滋。

天上有个日头(z、zh、sh、r)

天上有个日头，地下有块石头，
嘴里有个舌头，手上有五个手指头。
不管是天上的热日头、地下的硬石头、
嘴里的软舌头、手上的手指头，
还是热日头、硬石头、软舌头、手指头，
反正都是练舌头。

朱叔锄竹笋(s、zh、ch、sh)

朱家一株竹，竹笋初长出。
朱叔处处锄，锄出笋来煮。
锄完不再出，朱叔没笋煮，竹株又干枯。

弟子和师父(z、s、sh)

山里有个寺,山外有个市,
弟子三十三,师父四十四。
三十三的弟子在寺里练写字,
四十四的师父到市里去办事。
三十三的弟子用了四十四小时,
四十四的师父走了三十三里地。
走了三十三里地就办了四十四件事,
用了四十四小时才写了三十三个字。

3. 诗词

赠汪伦

〔唐〕李 白

李白乘舟将欲行,忽闻岸上踏歌声。
桃花潭水深千尺,不及汪伦送我情。

莲的心事

席慕蓉

我
是一朵盛开的夏荷
多希望
你能看见现在的我

风霜还不曾来侵蚀
秋雨也未滴落
青涩的季节又已离我远去
我已亭亭

不忧
也不惧

现在
正是我最美丽的时刻
重门却已深锁
在芬芳的笑靥之后

谁人知我莲的心事

无缘的你啊
不是来得太早
就是
太迟

4. 文章

月

巴 金

每次对着长空的一轮皓月,我会想:在这时候某某人也在凭栏望月么?

圆月有如一面明镜,高悬在蓝空。我们的面影都该留在镜里罢,这镜里一定有某某人的影子。

寒夜对镜,只觉冷光扑面。面对凉月,我也有这感觉。

在海上,山间,园内,街中,有时在静夜里一个人立在都市的高高露台上,我望着明月,总感到寒光冷气侵入我的身子。冬季的深夜,立在小小庭院中望见落了霜的地上的月色,觉得自己衣服上也积了很厚的霜似的。

的确,月光冷得很。我知道死了的星球是不会发出热力的。月的光是死的光。但是为什么还有嫦娥奔月的传说呢?难道那个服了不死之药的美女便可以使这已死的星球再生么?或者她在那一面明镜中看见了什么人的面影罢。

(二)鼻音与边音不分——n 与 l(音频 1-2)

1. 词语

n—l

内敛	纳凉	奶酪	脑力	嫩绿	能量
尼龙	年轮	农历	暖炉	努力	南岭
逆旅	浓烈	奴隶	女郎	女篮	凝练

l—n

老农	履诺	烂泥	老年	历年	冷暖
理念	连年	恋念	粮农	两难	辽宁
鲁南	来年	留念	落难	流脑	羚牛

n—l 辨音对比训练

纳米—厘米	无奈—无赖	女客—旅客
脑子—老子	年夜—连夜	留念—留恋

浓重—隆重	大娘—大梁	牛年—流年
泥巴—篱笆	难住—拦住	南宁—蓝领
男女—褴褛	黏液—连夜	南天—蓝天

2. 绕口令

小丽、小齐学捏梨(n、l)

盘里放着一个梨，桌上放块橡皮泥，小丽、小齐学捏梨。
眼看梨，手捏泥，一会儿捏成一个梨。
比一比，真梨假梨差不离。

老奶牛(n、l)

你能不能把公路柳树下的老奶牛，
拉到牛南山下牛奶站的挤奶房来，
挤了牛奶拿到柳林村，
送给岭南乡托儿所的刘奶奶。

妞妞牛牛(n、l)

牛牛要吃河边柳，妞妞赶牛牛不走。
妞妞护柳扭牛头，牛牛扭头瞅妞妞。
妞妞扭牛牛更拗，牛牛要顶小妞妞。
妞妞捡起小石头，吓得牛牛扭头走。

3. 诗词

陋室铭

〔唐〕刘禹锡

山不在高，有仙则名。水不在深，有龙则灵。斯是陋室，惟吾德馨。苔痕上阶绿，草色入帘青。谈笑有鸿儒，往来无白丁。可以调素琴，阅金经。无丝竹之乱耳，无案牍之劳形。南阳诸葛庐，西蜀子云亭。孔子云：何陋之有？

柳

〔宋〕寇　准

晓带轻烟间杏花，晚凝深翠拂平沙。
长条别有风流处，密映钱塘苏小家。

4. 文章

珍珠鸟

冯骥才

真好！朋友送我一对珍珠鸟，放在一个简易的竹条编成的笼子里，笼内还有一卷干草，那是小鸟舒适又温暖的巢。

有人说，这是一种怕人的鸟。

我把它挂在窗前。那儿还有一大盆异常茂盛的法国吊兰。我便用吊兰长长的、串生着小绿叶的垂蔓蒙盖在鸟笼上，它们就像躲进深幽的丛林一样安全，从中传出的笛儿般又细又亮的叫声，也就格外轻松自在了。

阳光从窗外射入，透过这里，吊兰那些无数指甲状的小叶，一半成了黑影，一半被照透，如同碧玉，斑斑驳驳，生意葱茏。小鸟的影子就在这中间隐约闪动，看不完整，有时连笼子也看不出，却见它们可爱的鲜红小嘴从绿叶中伸出来。

我很少扒开叶蔓瞧它们，它们便渐渐敢伸出小脑袋瞅瞅我。我们就这样一点点熟悉了。

三个月后，那一团越发繁茂的绿蔓里边，发出一种尖细又娇嫩的鸣叫。我猜到，是它们有了雏儿。我呢，决不掀开叶片往里看，连添食加水时也不睁大好奇的眼去惊动它们。过不多久，忽然有一个更小的脑袋从叶间探出来。哟，雏儿！正是这小家伙！

它小，就能轻易地由疏格的笼子里钻出来。瞧，多么像它的父母：红嘴红脚，灰蓝色的毛，只是后背还生出珍珠似的圆圆的白点。它好肥，整个身子好像一个蓬松的球儿。

起先，这小家伙只在笼子四周活动，随后就在屋里飞来飞去，一会儿落在柜顶上，一会儿神气十足地站在书架上，啄着书背上那些大文豪的名字，一会儿把灯绳撞得来回摇动，跟着逃到画框上去了。只要大鸟在笼里生气地叫一声，它立即飞回笼里去。

我不管它。这样久了，打开窗子，它最多只在窗框上站一会儿，决不飞出去。

渐渐它胆子大了，就落在我书桌上。它先是离我较远，见我不去伤害它，便一点点挨近，然后蹦到我的杯子上，俯下头来喝茶，再偏过脸瞧瞧我的反应。我只是微微一笑，依旧写东西。它就放开胆子跑到稿纸上，绕着我的笔尖蹦来蹦去，跳动的小红爪子在纸上发出“嚓嚓”的响声。

我不动声色地写，默默享受着这小家伙亲近的情意。这样，它完全放心了，索性用那涂了蜡似的小红嘴，“嗒嗒”啄着我颤动的笔尖，我用手抚一抚它细腻的绒毛，它也不怕，反而友好地啄两下我的手指。

白天，它这样淘气地陪伴我；天色入暮，它就在父母再三的呼唤声中，飞向笼子，扭动滚圆的身子，挤开那些绿叶钻进去。

有一天，我伏案写作时，它居然落到我的肩上。我手中的笔不觉停了，生怕惊跑它。待一会儿，扭头看，这小家伙竟趴在我的肩头睡着了，银灰色的眼睑盖住眸子，小红爪子刚好被胸脯上长长的绒毛盖住。我轻轻抬一抬肩，它没醒，睡得好熟！还咂咂嘴，难道在做梦？

我笔尖一动，流泻下一时的感受：信赖，往往创造出美好的境界。

(三)唇齿音与舌根音不分—f 与 h(音频 1-3)

1. 词语

f—h

符号	防护	丰厚	孵化	负荷	奉还
风化	凤凰	返还	发话	返回	分化
腐化	符合	发狠	饭盒	分红	富豪

h—f

划分	化肥	话锋	花房	豪放	洪峰
恢复	挥发	海防	哈佛	盒饭	合法
画舫	黄蜂	回访	寒风	耗费	何妨

2. 绕口令

方幌子，黄幌子(f、h)

方幌子，黄幌子，方幌子是黄幌子，黄幌子是方幌子。
晃动方幌子，是晃动黄幌子；晃动黄幌子，是晃动方幌子。

画凤凰(f、h)

粉红墙上画凤凰，凤凰画在粉红墙。
红凤凰、粉凤凰，红粉凤凰、花凤凰。

化肥会挥发(f、h)

化肥会挥发。黑化肥发灰，灰化肥发黑。
黑化肥发灰会挥发，灰化肥挥发会发黑。
黑化肥发灰挥发会花飞，灰化肥挥发发黑会飞花。

3. 诗词

花非花

〔唐〕白居易

花非花，雾非雾。夜半来，天明去。
来如春梦几多时？去似朝云无觅处。

一代人

顾　城

黑夜给了我黑色的眼睛
我却用它寻找光明

4. 文章

壶口的黄河

肖　铁

在中国看水，看中国的水，最好到黄河。九寨沟的水显得太清秀，俏得有些西方的味道；太湖的水又有点小，文人味太重，不像是水，倒像是供人把玩的装饰物。也许，中国的水应是黄色的，和我们中国人的皮肤一样；而黄河也只有到了这儿，才成了真正的黄河！

车行山谷中，远远便听见阵阵低沉的轰鸣，在左右山壁间碰撞，心也随之律动，未见其影，先闻其声，知道壶口到了。

天渐渐成了黄色，水汽丰富得似乎凭空能捏出一把汗来。

等真正站在她的旁边，所有的人都惊呆了：地竟陷下一层，天也高了一尺，山谷形似壶嘴，水若浊酒，倾泻而下，一仰难尽的气势，充溢胸口，心跳得能蹦出来，耳朵渐渐聋了，只能看见对方开口，却听不见声音；眼也花了，弥漫着的皆是黄色的漩涡，像是从河里蒸腾地上升，又像是奋不顾身地下降。河底升起硝烟一样的股股黄雾，天宇间充涨着黄色带水的颗粒，碰撞在脸上，散发在天上。脑子里一片空白，什么也不敢想，只看着山被水层层劈开，天也被这股黄流斩断。水从天而降，拍打在谷底，响遏在云里。

想黄河从巴颜喀拉山流下的时候，水也该是清的吧？毕竟是雪水的汇集，是上天的洗礼；下游也会清些，因为地势渐平，流速渐缓，黄沙也会慢慢沉在河底。可你看看现在的黄河，刚刚从黄土高原的千沟万壑流过，厚重得带着大地的表皮，圣水也染上了中国的颜色，水里一定还有与大地摩擦而生的余热，当然还有陕北的信天游溶在里面，歌曲带着水旋转。黄河在这里最黄，金黄得如同太阳也落在里面。

黄河之水天上来，如果说往前往后的黄河都是平面的话，到了壶口，黄河一下子像愤怒像高昂像要直抒胸臆地站了起来。这时的黄河，是立体的黄河了，像猴子站立起来是人进化的重要标志，黄河站立起来也是一个飞跃，就像个顶天立地的人活了。活了便要说话，那浪涛卷起雷鸣般的吼声，便是她第一声啼哭，第一声就不同凡响。注视着从上而下的水，第一次看到自然里的生命在毫无羁绊的状态下的兴奋和放纵。那啪啪的水击之声便是欢笑，真正的快感，真正的淋漓尽致。看久了，心也会溶进那飞溅的黄色水流里。

抬起头，极目四望，北方，阳光打过去，一片白色，水和天连在一起，汪洋恣肆在那里；下游，水会渐渐宽阔，毕竟快到海了，快到生命的终结抑或是升华的地方了，便也心平气和。只有在这里,给予黄河的天地竟仅仅小到一个壶口,考验也就在这里了。过去了,黄河便拐了一直角,再往后便没有什么能挡住她的了,一泻千里,奔流到海不复还。看看空中的水汽,听听大地的回音,便会知道黄河的自信和决心。跃过去,一跃就是五千年,或七十万年,或是一百七十万年,肯定还要久远。司马迁会不会从这里受到了鼓舞,而将那汉代的竹简写尽写穿?易水该是黄河的分支吧,要不荆轲怎么会有壮士一去不复还的气概和性格?

这才是中国的河。西南就是周文王的岐山,就是周武王的丰镐,就是大秦的咸阳,就是盛唐的长安。半坡人该是在这儿舀过水吧?秦嬴政该是从这里出过兵饮过马吧?有这样的水,还有什么可怕的呢?还有什么不可征服的呢?

路德维希为尼罗河作传,也该有人为黄河作传的,那应是中国人的自传。

(四)前后鼻韵不分——an、en、in 与 ang、eng、ing(音频 1-4)

1. 词语

an—ang 辨音对比训练

搬家—帮助　盘绕—旁边　隐瞒—很忙　船帆—正方
担心—当然　海滩—鸡汤　反问—访问　兰花—郎中
寒冷—杭州　看到—康复

en—eng 辨音对比训练

陈旧—成就　深沉—生成　神人—圣人　分针—风筝
清真—清蒸　诊治—整治　粉刺—讽刺　瓜分—刮风
木盆—木棚　人参—人生

in—ing 辨音对比训练

亲近—清静　红心—红星　人民—人名　信服—幸福
金质—精致　印象—映象　亲生—轻声　金鱼—鲸鱼
贫民—平民　弹琴—谈情

2. 绕口令

严圆眼与严眼圆(an)

山前有个严圆眼,山后有个严眼圆,二人山前来比眼。
不知是严圆眼的眼圆,还是严眼圆比严圆眼的眼圆?

陈和程(en、eng)

陈是陈,程是程,姓陈不能说成姓程,姓程也不能说成姓陈。
耳朵是陈,禾旁是程。程陈不分,就会认错人。

小金和小京(in、ing)

小金到北京看风景,小京到天津买纱巾。
看风景,用眼睛,还带一个望远镜;
买纱巾,带现金,到了天津把商店进。
买纱巾,用现金;看风景,用眼睛。
巾、金、精、津、睛都要分得清。

3. 诗词

送友人

〔唐〕李 白

青山横北郭,白水绕东城。
此地一为别,孤蓬万里征。
浮云游子意,落日故人情。
挥手自兹去,萧萧班马鸣。

出 塞

〔唐〕王昌龄

秦时明月汉时关,万里长征人未还。
但使龙城飞将在,不教胡马度阴山。

乡 愁

余光中

小时候
乡愁是一枚小小的邮票
我在这头
母亲在那头

长大后
乡愁是一张窄窄的船票
我在这头
新娘在那头

后来啊
乡愁是一方矮矮的坟墓

我在外头
母亲在里头

而现在
乡愁是一湾浅浅的海峡
我在这头
大陆在那头

4. 文章

孝心无价

毕淑敏

我不喜欢一个苦孩子求学的故事。家庭十分困难，父亲逝去，弟妹嗷嗷待哺，可他大学毕业后，还要坚持读研究生，母亲只有去卖血……我以为那是一个自私的学子。求学的路很漫长，一生一世的事业，何必太在意几年蹉跎？况且这时间的分分秒秒都苦涩无比，需用母亲的鲜血灌溉！一个连母亲都无法挚爱的人，还能指望他会爱谁？把自己的利益放在至高无上位置的人，怎能成为为人类献身的大师？我也不喜欢父母重病在床，断然离去的游子，无论你有多少理由。地球离了谁都照样转动，不必将个人的力量夸大到不可思议的程度。在一位老人行将就木的时候，将他对人世间最后的期冀斩断，以绝望之心在寂寞中远行，那是对生命的大不敬。

我相信每一个赤诚忠厚的孩子，都曾在心底向父母许下“孝”的宏愿，相信来日方长，相信水到渠成，相信自己必有功成名就衣锦还乡的那一天，可以从容尽孝。

可惜人们忘了，忘了时间的残酷，忘了人生的短暂，忘了世上有永远无法报答的恩情，忘了生命本身有不堪一击的脆弱。

父母走了，带着对我们深深的挂念。父母走了，遗留给我们永无偿还的心情。你就永远无以言孝。

有一些事情，当我们年轻的时候，无法懂得。当我们懂得的时候，已不再年轻。世上有些东西可以弥补，有些东西永无弥补。

“孝”是稍纵即逝的眷恋，“孝”是无法重现的幸福。“孝”是一失足成千古恨的往事，“孝”是生命与生命交接处的链条，一旦断裂，永无连接。

赶快为你的父母尽一份孝心。也许是一处豪宅，也许是一片砖瓦。也许是大洋彼岸的一只鸿雁，也许是近在咫尺的一个口信。也许是一顶纯黑的博士帽，也许是作业簿上的一个红五分。也许是一桌山珍海味，也许是一只野果一朵小花。也许是花团锦簇的盛世华衣，也许是一双洁净的旧鞋。也许是数以万计的金钱，也许只是含着体温的一枚硬币……但“孝”的天平上，它们等值。

只是，天下的儿女们，一定要抓紧啊！趁你父母健在的光阴。

(五)声调练习(音频 1-5)

大家在练习时可以假设标有 5 个刻度的竖线移到自己的前胸,最高处 5 在锁骨窝处,最低点 1 在腰带上方。你在这 5 个刻度之间上下滑动,从 5—5 是阴平,从 3—5 是阳平,从 2—1—4 是上声,从 5—1 是去声,体会一下声调高低升降的变化。

1. 词语

阴平

安插	安居	安康	八方	班机
邦交	包抄	卑微	背包	丰收

阳平

昂然	昂扬	拔除	白旗	鼻梁
驳回	勃勃	才华	嘈杂	人民

上声

把酒	百感	版本	绑匪	榜眼
饱览	宝典	保暖	北纬	友好

去声

奥秘	懊恨	罢赛	败仗	办案
棒喝	报告	暴富	背后	庆贺

2. 绕口令

妈妈妞妞

妈妈骑马,马慢,妈妈骂马。
妞妞轰牛,牛拧,妞妞拧牛。

扁担长,板凳宽

扁担长,板凳宽,
扁担没有板凳宽,板凳没有扁担长,
扁担想绑在板凳上,板凳不让扁担绑在板凳上,
扁担偏要绑在板凳上。

黄毛猫偷吃灌汤包

王家有只黄毛猫,偷吃汪家灌汤包,
汪家打死王家的黄毛猫,
王家要汪家赔黄毛猫,汪家要王家赔灌汤包。

3. 诗词

鹿　柴

〔唐〕王　维

空山不见人，但闻人语响。
返景入深林，复照青苔上。

雨　巷

戴望舒

撑着油纸伞，独自
彷徨在悠长、悠长
又寂寥的雨巷，
我希望逢着
一个丁香一样的
结着愁怨的姑娘。

她是有
丁香一样的颜色，
丁香一样的芬芳，
丁香一样的忧愁，
在雨中哀怨，
哀怨又彷徨；

她彷徨在这寂寥的雨巷，
撑着油纸伞
像我一样，
像我一样地
默默彳亍(chìchù)着，
冷漠，凄清，又惆怅。

她默默地走近
走近，又投出
太息一般的眼光，
她飘过
像梦一般的，

像梦一般的凄婉迷茫。

像梦中飘过
一枝丁香的,
我身旁飘过这女郎;
她静默地远了,远了,
到了颓圮的篱墙,
走尽这雨巷。

在雨的哀曲里,
消了她的颜色,
散了她的芬芳,
消散了,甚至她的
太息般的眼光,
丁香般的惆怅。

撑着油纸伞,独自
彷徨在悠长,悠长
又寂寥的雨巷,
我希望飘过
一个丁香一样的
结着愁怨的姑娘。

4. 文章

匆 匆

朱自清

燕子去了,有再来的时候;杨柳枯了,有再青的时候;桃花谢了,有再开的时候。但是,聪明的,你告诉我,我们的日子为什么一去不复返呢?——是有人偷了他们罢:那是谁?又藏在何处呢?是他们自己逃走了罢:现在又到了哪里呢?

我不知道他们给了我多少日子,但我的手确乎是渐渐空虚了。在默默里算着,八千多日子已经从我手中溜去,像针尖上一滴水滴在大海里,我的日子滴在时间的流里,没有声音,也没有影子。我不禁头涔涔而泪潸潸了。

去的尽管去了,来的尽管来着;去来的中间,又怎样地匆匆呢?早上我起来的时候,小屋里射进两三方斜斜的太阳。太阳他有脚啊,轻轻悄悄地挪移了;我也茫茫然跟着旋转。于是——洗手的时候,日子从水盆里过去;吃饭的时候,日子从饭碗里过去;默默时,便从凝然的双眼前过去。我觉察他去的匆匆了,伸出手遮挽时,他又从遮挽着的手边过去。天黑时，我躺在床上，他便伶伶俐俐地从我身上跨过，从我脚边飞去了。等我睁开眼和太阳再见，这算又溜走了一日。我掩着面叹息，但是新来的日子的影儿又开始在叹息里闪过了。

在逃去如飞的日子里，在千门万户的世界里的我能做些什么呢？只有徘徊罢了，只有匆匆罢了；在八千多日的匆匆里，除徘徊外，又剩些什么呢？过去的日子如轻烟，被微风吹散了，如薄雾，被初阳蒸融了；我留着些什么痕迹呢？我何曾留着像游丝样的痕迹呢？我赤裸裸来到这世界，转眼间也将赤裸裸地回去罢？但不能平的，为什么偏要白白走这一遭啊？

你聪明的，告诉我，我们的日子为什么一去不复返呢？

第二讲

第二讲　让我们说好听的普通话

一、理论基础

播音员主持人的声音好听,除先天条件比较好之外,后天的练习更为重要。从现在开始,我们进入播音发声的学习中,只要你掌握播音发声的要领,刻苦练习,就能够拥有好听的声音!

(一)你的声音从哪儿来

在学习这一讲之前,我先来问问大家:“你的声音从哪儿来?”多数朋友会回答“嗓子”“喉咙”,还有的说是“肺部”“丹田”。没错,声音确实是从嗓子里发出的,而且还需要肺部提供气息作为动力。但是,仅仅这样回答是不完整的,尤其是想要发出好听的声音,一定离不开你的思维活动和情感运动。比如,郁闷的时候和高兴的时候说话声音是不一样的。前者是消极被动的、低沉的;后者是积极主动的、明亮的。还有,你早上刚睡醒时接电话,对方一听就会说“你刚睡醒吧”。为什么能听出来呢?就是因为这时你的大脑还没运转开来,当然了,在它指挥下的嗓子也还没醒,声音也会带着“被窝味儿”了。根据生活中的这些例子,大家可以明确:声音是发声器官在大脑的支配下发出的。

可见,思维和情感是我们发出好听声音的重要前提,也是克服播音主持常见的“读书腔”“蹦字”等问题的法宝。从现在开始,我们做练习就要保证“心动”带着“嘴动”,而不仅仅是“嘴动”。这就是我们常说的言为心声,只有这样,你说的话才有感染力、亲和力。

(二)好听声音的标准

1. 准确规范、清晰流畅

播音员主持人是受众的普通话老师,声音准确规范是必须的。为了让大家听清楚、听明白,表达过程中不能堆字、蹦字,要自然流畅。

2. 圆润集中、朴实明朗

这是对声音色彩的基本要求，播音员主持人的声音要润泽不干涩，吐字要玉润珠圆，声音集中而不散，字音饱满而不瘪。

3. 刚柔并济、虚实结合

发音吐字要有韧性、弹性，能强能弱、能刚能柔、有虚有实、有轻有重。

4. 色彩丰富、变化自如

根据稿件的不同，播读者的感情随之不断变化，声音色彩也相应发生变化。声音色彩是在对比变化中体现出来的，声音色彩的层次越丰富、细致，就越有表现力。

用一句话描述播音员主持人发声的基本要求就是准确规范、富于变化。

（三）口腔控制

要想达到准确规范、富于变化的基本要求，我们先从口腔控制开始。正如战士的武器是枪，我们的武器是口腔。“工欲善其事，必先利其器”，口腔控制也是需要训练的。大家注意到播音员主持人说话时不是满嘴用力，那该怎么用劲儿呢？请记住以下三个要领。

1. 打开口腔

俗话说“大鼓大响，小鼓小响”，想要声音响亮，创造出一个“大鼓”的内部环境，就需要打开口腔，而不是张开口腔。请记住四个动词：提、打、挺、松。

提——提颧肌

提颧肌不是做成微笑的状态，而是颧肌稍有紧张的感觉。颧肌提起的时候，口腔的前部以及上颌的顶部有展宽的感觉，同时我们的鼻孔也会略为张大，尤其是上唇紧贴牙齿，使唇的运动有了依托。唇齿相依使吐字清晰明亮。

打——打牙关

打牙关就是打开牙关，指口部双侧向上向后仰，保持向上提起的感觉，这样会加大口腔开度，丰富口腔共鸣。我们可以想象上下后槽牙之间有一指厚的海绵垫，撑起了牙关和两颊肌肉。

挺——挺软腭

挺软腭指抬起上颌后部软腭部分的动作，可以加大口腔后部的空间，同时减小鼻腔出路的入口，以避免声音过多地灌入鼻腔而造成浓重的鼻音。我们可以用半打哈欠或倒吸冷气的动作找到挺软腭的感觉。

松——松下巴

前三步做到位之后，你会感觉自己的上颌主动向上方提了起来，这时，你只要不刻意收紧下巴，自然会做到放松下巴。

2. 唇舌的灵活，力量的集中

唇舌的灵活是口齿灵活的前提。唇的力量要集中到唇的中央三分之一处；舌的力量要集中在舌的中纵线上。

3. 明确声音发出的路线和字音的着力位置

我们发出的声音,应该沿着软腭、硬腭的中纵线,到硬腭的前部。想象自己的声音就像出膛的子弹,沿着一个清晰的抛物线直至靶心(麦克风)。

(四)吐字归音

当口腔控制达到一定的要求后再来试着说说"一",听听声音是不是比以前响亮了?可是有些朋友依然存在吐字不清、含混吃字的问题。为了让字音清晰、饱满、有力度,我们来进行吐字归音的练习。掌握吐字归音,先要了解汉语音节的结构。在吐字的过程当中,对字头、字腹、字尾的处理,分别叫作出字、立字和归音。即,一个汉字(音节)bao=字头 b+字腹 a+字尾 o。

想象每一个汉字的吐字发声过程是一个枣核形状,两头尖中间鼓。三个部位有不同的要求:字头出字,要求叼住弹出;字腹立字,要求拉开立起;字尾归音,要求弱收到位。

二、实践练习

练习时,我们可以带面小镜子,随时观察自己的口腔器官在发声时的变化,这样能帮助我们快速掌握正确的发音部位和发音方法。

(一)活动你的口腔(音频 2-1)

与舞蹈演员每天要练习基本功一样,播音员主持人也要每天做基本功的训练。老话说:一天不练自己知道,三天不练同行知道,十天不练观众知道。为了拥有动听美妙的声音,朋友们,开始练习吧!

第一步,打开口腔。如果你刚刚起床,还在半睡半醒之间,那就伸伸懒腰,舒服地打个哈欠吧。记得,打哈欠时不要压紧下巴,尽量使口腔的上口盖随着两嘴角向上提起,上下唇和舌头不要刻意使劲,放松即可。

第二步,活动肌肉。张口咀嚼与闭口咀嚼结合进行,舌头自然放平。

第三步,双唇练习。用发"u"音的方法使双唇撮紧,向前、后、左、右、上、下转圈。

第四步,舌的练习。有以下几种方法:

(1)舌尖顶下齿背,舌面逐渐上翘;

(2)舌尖在口内左右顶口腔壁,在门牙上下转圈;

(3)舌尖伸出口外向前伸,向左右、上下伸;

(4)舌在口腔内左右立起;

(5)舌尖的弹练，弹硬腭、弹口唇，将舌尖顶住硬腭，然后突然弹开，发出类似“de”的响声；

(6)舌尖与上齿龈接触打响，即舌尖顶住上齿龈，体会用力发“打”(da)音时，再突然放开，爆发出“te”的音；

(7)舌根与软腭接触打响，即舌根抬起至软硬腭交界处，体会用力发“ga”音时，再突然放开，爆发出“ke”的音。

第五步，综合练习。以记录速度播读新闻稿件，进行口腔控制练习。“记录速度是指可以保证听众记录的速度，一般每一句话要播三次，一分钟播25个字，生字、词以及容易混淆的同音字、词还应该给予解释，并且要读出箭头、标点符号以及分段。用记录速度播读新闻的时候，语气表达方式指的是语气、重音、停顿等，应该和正常速度播读一样，但是轻声音节要重读，只有这样才可以使记录者听清、听懂。”①

关于建立中小学校党组织领导的校长负责制的意见(试行)

新华社北京1月26日电　近日，中共中央办公厅印发了《关于建立中小学校党组织领导的校长负责制的意见(试行)》，并发出通知，要求各地区各部门结合实际认真贯彻落实。

通知指出，加强党对教育工作的全面领导是办好教育的根本保证。建立中小学校党组织领导的校长负责制，是坚持为党育人、为国育才，保证党的教育方针和党中央决策部署在中小学校得到贯彻落实的必然要求。

通知要求，各地区各有关部门要认真贯彻落实本意见精神，加强组织领导和工作指导，切实把这项工作抓紧抓好。要在深入总结试点工作基础上，健全发挥中小学校党组织领导作用的体制机制，确保党组织履行好把方向、管大局、作决策、抓班子、带队伍、保落实的领导职责。要把党建工作作为办学治校的重要内容，发挥基层党组织作用，加强党员队伍建设，使基层党组织成为学校教书育人的坚强战斗堡垒。要把思想政治工作紧紧抓在手上，深入开展社会主义核心价值观教育，抓好学生德育工作，把弘扬革命传统、传承红色基因深刻融入学校教育，厚植爱党、爱国、爱人民、爱社会主义的情感，努力培养德智体美劳全面发展的社会主义建设者和接班人。要加强分类指导、分步实施，针对不同类型、不同规模的学校，在做好思想准备、组织准备、工作准备的前提下，成熟一个调整一个，推动改革落到实处。贯彻落实中的重要事项，要及时向党中央请示报告。

(选自《人民日报》2022年1月27日)

中国网络视听年度盛典创作座谈会召开

本报北京2月27日电(记者任姗姗)由国家广播电视总局主办的《中国梦·我的

① 吴郁.播音学简明教程:第4版[M].中国传媒大学出版社，2019:32.

梦——2022中国网络视听年度盛典》创作座谈会日前在京召开。中宣部文艺局、国家广播电视总局相关部门负责人出席会议。主创代表、播出平台代表和专家学者围绕盛典的主旨立意、节目亮点、创作手法等进行交流和探讨。

《中国梦·我的梦——2022中国网络视听年度盛典》由国家广播电视总局网络视听节目管理司指导，中国电视艺术委员会主办，于2月2日在7家重点网络视听平台联合播出。盛典紧扣中国梦主题和喜迎二十大主线，通过"一个序幕＋五大篇章＋一个倡议"呈现。据统计，盛典播出当晚，超过1.5亿用户观看了节目。与会者评价，这是一场正能量、青春化、沉浸式的视听盛宴。

（选自《人民日报》2022年2月28日）

十部门启动百万就业见习岗位募集计划

新华社电 记者16日从人力资源和社会保障部获悉，人社部、教育部等十部门近日印发通知，部署启动实施百万就业见习岗位募集计划，进一步推进就业见习工作，帮助高校毕业生等青年提升就业能力。

通知提出，充分发挥政府有关部门、社会各方面力量，全年募集不少于100万个就业见习岗位，为青年提供充足的见习机会。多渠道搭建见习供需对接平台，畅通岗位募集渠道，力争把有意愿的用人单位、高校毕业生和失业青年都组织到见习活动中。完善落实就业见习政策，强化跟踪服务，提高就业见习的规范性、知晓度和吸引力，帮助更多青年通过见习积累经验、及早就业。

通知明确三方面支持政策。

一是补贴支持。见习期间，由见习单位为见习人员提供基本生活费、办理人身意外伤害保险，并承担见习人员的指导管理费用。对吸纳见习的单位，按规定给予就业见习补贴。对见习期满留用率达到50%以上的见习单位，可适当提高见习补贴标准。

二是税费支持。见习单位支出的见习补贴相关费用，不计入社会保险缴费基数。符合税收法律及其有关规定的支出，可以在计算企业所得税应纳税所得额时扣除。

三是激励推动。开展国家级就业见习示范单位评选，优先激励参加本次计划并表现突出的各类单位。对计划组织实施到位、募集岗位多、岗位质量好、实施效果佳的省份，纳入就业工作督查激励统筹考虑。

相关见习信息将在中国公共招聘网、高校毕业生就业服务平台、就业在线等招聘平台发布。

（选自《北京青年报》2022年3月17日）

(二)吐字归音练习(音频 2-2)

1. 咬住字头

咬住字头是说发音部位准确,叼住弹出。

请看以下七组声母的发音部位(表 2-1)。

表 2-1　声母发音部位

声母	发音部位
双唇音 b、p、m	上　唇—下　唇
唇齿音 f	上　齿—下　唇
舌尖前音 z、c、s	舌　尖—上齿背
舌尖中音 d、t、n、l	舌　尖—上齿龈
舌尖后音 zh、ch、sh、r	舌　尖—硬　腭
舌面音 j、q、x	舌　面—硬腭前
舌根音 g、k、h	舌　根—软　腭

(1)双唇音 b、p、m

发音时力量应集中在双唇中央三分之一,唇部收紧,接触有力,不要全唇用力,不要双唇抿起。

b	宝贝	背包	备播	博大精深	闭月羞花	兵强马壮
p	品牌	拼命	批判	披荆斩棘	铺天盖地	排山倒海
m	茂密	美妙	盲目	满山遍野	闷闷不乐	马到成功

盆和棚(p)

天上一个盆,
地下一个棚。
盆碰棚,棚碰盆,
棚倒了,盆碎了。
是棚赔盆,
还是盆赔棚?

说眼皮(p)

眼睛上长眼皮,上有上眼皮,下有下眼皮。
上眼皮真调皮,没事欺负下眼皮。
左眼上眼皮打左眼下眼皮,
右眼上眼皮打右眼下眼皮。

左眼上眼皮打不着右眼下眼皮，
右眼下眼皮打不着左眼上眼皮。
左眼下眼皮打不着右眼上眼皮，
右眼上眼皮打不着左眼下眼皮。

长扁担，短扁担(b)

长扁担，短扁担，
长扁担比短扁担长半扁担，
短扁担比长扁担短半扁担。
长扁担绑在短板凳上，
长板凳不能绑在比短扁担长半扁担的长扁担上，
短板凳也不能绑在比长扁担短半扁担的短扁担上。

两只猫(b、p、m)

白庙外蹲着一只白猫，
白庙里有一顶白帽。
白庙外的白猫看见了白帽，
叼着白庙里的白帽跑出了白庙。

送　别

〔唐〕王　维

下马饮君酒，问君何所之？
君言不得意，归卧南山陲。
但去莫复问，白云无尽时。

回　答

北　岛

卑鄙是卑鄙者的通行证，
高尚是高尚者的墓志铭，
看吧，在那镀金的天空中，
飘满了死者弯曲的倒影。

冰川纪过去了，
为什么到处都是冰凌？

好望角发现了，
为什么死海里千帆相竞？

我来到这个世界上，
只带着纸、绳索和身影，
为了在审判之前，
宣读那些被判决的声音。

告诉你吧，世界
我——不——相——信！
纵使你脚下有一千名挑战者，
那就把我算作第一千零一名。

我不相信天是蓝的，
我不相信雷的回声，
我不相信梦是假的，
我不相信死无报应。

如果海洋注定要决堤，
就让所有的苦水都注入我心中，
如果陆地注定要上升，
就让人类重新选择生存的峰顶。

新的转机和闪闪星斗，
正在缀满没有遮拦的天空。
那是五千年的象形文字，
那是未来人们凝视的眼睛。

(2)唇齿音 f

f　芬芳　　肺腑　　发放　　分秒必争　　飞沙走石　　防患未然

一条裤子八条缝(f)

一条裤子八条缝，
横缝上面有竖缝，
缝了横缝缝竖缝，
缝了竖缝缝横缝。

费和会(f)

手艺学不会，
材料用得费。
正是会的不费，
费的不会。

奋发商店卖混纺(f)

奋发商店卖混纺，
有红混纺、黄混纺、粉红混纺、花混纺。
纷繁的混纺让大娘着了慌，
仿佛进了混纺的大海洋。
眼也花，手也忙，
吩咐女儿快挑混纺。

大风歌

刘　邦

大风起兮云飞扬，
威加海内兮归故乡。
安得猛士兮守四方？

戈壁的风

我幸福地降生在西北
戈壁的风伴我长大
呼啸而过的风声
让大地震撼
而它却成了
婴孩最好的催眠曲
曲调千百年不变
无论急、缓、高、低

戈壁的风
如西北的汉子
——粗犷豪迈
声声吼叫着唤醒了

如妻儿般沉睡一冬的白杨、小草
我曾恳求：
戈壁的风
请
就像对待沙粒一样
送我去
可以到达的任何地方

风无语
但有声
虔诚的心打动了它
它真的带我去了远方
一夜的跨越
恍若隔世
满眼都是绿山绿水
秀色可餐

总以为南方无风
西北才是风的家
然而 南方的风
温柔 细腻 善解人意
被它轻抚过
曾灼伤的心灵
从此没了痛感
让人忘了回家的路

我幸运地降生在了西北
荒凉寂静伴我长大
我从没有感到孤单 寂寞
因为有风
风为我梳发
从不忍心拒绝
任它轻梳狂扯
梳出它满意的发式来

我曾和风有了约会

却趁它不备时夹进书中
珍藏在游离多年的心
回归时忽然想起了
打开书页
它已溜得没有痕迹
没了遗憾
没了失落
戈壁的风

(3)舌尖前音 z、c、s

z	藏族	组织	自足	罪魁祸首	孜孜不倦	自作自受
c	仓促	措辞	粗糙	藏龙卧虎	才疏学浅	此起彼伏
s	诉讼	洒扫	随俗	所向无敌	四通八达	随机应变

桑树和枣树(z、c、s)

操场前面有三十三棵桑树，
操场后面有四十四棵枣树。
张三把三十三棵桑树认作枣树，
赵四把四十四棵枣树认作桑树。

子词丝(z、c、s)

四十四个字和词，
组成了一首子、词、丝的绕口词。
桃子、李子、梨子、栗子、橘子、柿子、槟子、榛子，
栽满院子、村子和寨子。
刀子、斧子、锯子、凿子、锤子、钉子、刨子、尺子，
做出桌子、椅子和箱子。
名词、动词、数词、量词、代词、副词、助词、连词，
造成语词、诗词和唱词。
蚕丝、生丝、热丝、缫丝、染丝、晒丝、纺丝、织丝，
自制粗丝、细丝、人造丝。

四数字(s)

四和十、十和四，
四十和四十，

十四和十四。
说好四个数字，
全靠舌头和牙齿。
谁说四十是“细席”，
他的舌头没用力；
谁说十四是“实世”，
他的舌头没伸直。
认真学，常练习，
十、四、十四、四十、四十四。

祖国啊，我亲爱的祖国

舒　婷

我是你河边上破旧的老水车，
数百年来纺着疲惫的歌；
我是你额上熏黑的矿灯，
照你在历史的隧洞里蜗行摸索；
我是干瘪的稻穗，是失修的路基；
是淤滩上的驳船
把纤绳深深
勒进你的肩膊，
—— 祖国啊！

我是贫穷，
我是悲哀。
我是你祖祖辈辈
痛苦的希望啊，
是“飞天”袖间
千百年未落到地面的花朵，
—— 祖国啊！

我是你簇新的理想，
刚从神话的蛛网里挣脱；
我是你雪被下古莲的胚芽；
我是你挂着眼泪的笑涡；
我是新刷出的雪白的起跑线；

是绯红的黎明
正在喷薄;
—— 祖国啊!

我是你十亿分之一,
是你九百六十万平方的总和;
你以伤痕累累的乳房
喂养了
迷惘的我、深思的我、沸腾的我;
那就从我的血肉之躯上
去取得
你的富饶、你的荣光、你的自由;
—— 祖国啊,
我亲爱的祖国!

(4)舌尖中音 d、t、n、l

d	断定	当代	道德	大功告成	点石成金	动人心弦
t	探讨	天堂	体贴	推波助澜	同舟共济	铁石心肠
n	男女	能耐	恼怒	难能可贵	南征北战	怒发冲冠
l	玲珑	留恋	绿柳	劳苦功高	离题万里	两全其美

搭房子(d、l)

红红的好朋友蓝蓝会搭红房子,
蓝蓝的好朋友红红会搭蓝房子。
会搭红房子的蓝蓝,
愿帮会搭蓝房子的红红搭红房子,
会搭蓝房子的红红,
愿帮会搭红房子的蓝蓝搭蓝房子。

楼头吊刀(d、t、l)

楼头倒吊短单刀,
单刀刀倒楼头吊,
盗贼楼头盗单刀,
对对单刀掉到道。

白石塔(d、t、l)

白石白又滑，
搬来白石搭白塔。
白石塔，
白石搭，
白石搭白塔，
白塔白石搭。
搭好白石塔，
白塔白又滑。

无　题

〔唐〕李商隐

相见时难别亦难，东风无力百花残。
春蚕到死丝方尽，蜡炬成灰泪始干。
晓镜但愁云鬓改，夜吟应觉月光寒。
蓬山此去无多路，青鸟殷勤为探看。

教我如何不想她

刘半农

天上飘着些微云，
地上吹着些微风。
啊！
微风吹动了我头发，
教我如何不想她？

月光恋爱着海洋，
海洋恋爱着月光。
啊！
这般蜜也似的银夜，
教我如何不想她？

水面落花慢慢流，
水底鱼儿慢慢游。
啊！

燕子你说些什么话?
教我如何不想她?

枯树在冷风里摇,
野火在暮色中烧。
啊!
西天还有些儿残霞,
教我如何不想她?

(5)舌尖后音 zh、ch、sh、r

zh	战争	政治	挣扎	咫尺天涯	振振有词	争先恐后
ch	出产	拆穿	初春	叱咤风云	长篇大论	成竹在胸
sh	神圣	设施	膳食	世外桃源	神清气爽	声势浩大
r	融入	仍然	柔韧	若无其事	仁至义尽	日积月累

说　日(r)

夏日无日日亦热,冬日有日日亦寒。
春日日出天渐暖,晒衣晒被晒褥单。
秋日天高复云淡,遥看红日迫西山。

学时事(sh)

史老师,讲时事,
常学时事长知识。
时事学习看报纸,
报纸登的是时事,
心里装着天下事。

上山下山(sh)

上一山,下一山,
跑了三里三米三,
登了一座大高山,
山高海拔三百三。
上了山,大声喊:
我比山高三尺三。

山居秋暝

〔唐〕王　维

空山新雨后，天气晚来秋。
明月松间照，清泉石上流。
竹喧归浣女，莲动下渔舟。
随意春芳歇，王孙自可留。

冬天的池沼

艾　青

冬天的池沼，
寂寞得像老人的心——
饱历了人世的辛酸的心；
冬天的池沼，
枯干得像老人的眼——
被劳苦磨失了光辉的眼；
冬天的池沼，
荒芜得像老人的发——
像霜草般稀疏而又灰白的发；
冬天的池沼，
阴郁得像一个悲哀的老人——
佝偻在阴郁的天幕下的老人。

(6)舌面音 j、q、x

j	即将	建交	积极	价廉物美	驾轻就熟	箭在弦上
q	恰巧	崎岖	情趣	千山万水	气吞山河	七上八下
x	新鲜	雪花	勋章	心花怒放	弦外之音	兴致勃勃

七加一和七减一(q、j)

七加一、七减一，
加完减完等于几？
七加一、七减一，
加完减完还是七。

漆匠和锡匠(j、q、x)

七巷一个漆匠，西巷一个锡匠。

七巷漆匠偷了西巷锡匠的锡,
西巷锡匠拿了七巷漆匠的漆。
七巷漆匠气西巷锡匠偷了漆,
西巷锡匠讥七巷漆匠拿了锡。
请问漆匠和锡匠,
谁拿谁的锡?谁偷谁的漆?

天上七颗星(q、x)

天上七颗星,
地上七块冰,
台上七盏灯,
树上七只莺,
墙上七枚钉。
吭唷吭唷拔脱七枚钉。
喔嘘喔嘘赶走七只莺。
乒乒乓乓踏坏七块冰。
一阵风来吹灭七盏灯。
一片乌云遮掉七颗星。

鹊桥仙

〔宋〕秦　观

纤云弄巧,飞星传恨,银汉迢迢暗度。
金风玉露一相逢,便胜却人间无数。

柔情似水,佳期如梦,忍顾鹊桥归路。
两情若是久长时,又岂在朝朝暮暮!

青　春

〔西班牙〕阿莱桑德雷

你轻柔地来而复去,
从一条路
到另一条路。
你出现,
而后又不见。
从一座桥到另一座桥。

——脚步短促，
欢乐的光辉已经黯淡——

青春也许是我，
正望着河水逝去，
在如镜的水面，你的行踪
流淌，消失。

(7)舌根音 g、k、h

g	规格	灌溉	公告	光彩夺目	功德无量	感人肺腑
k	苛刻	夸口	坎坷	空口无凭	慷慨激昂	口口声声
h	黄海	幻觉	缓和	花言巧语	焕然一新	荒无人烟

哥挎瓜筐过宽沟(g、k)

哥挎瓜筐过宽沟，
赶快过沟看怪狗。
光看怪狗瓜筐扣，
瓜滚筐空哥怪狗。

华华和红红(h)

华华有两朵黄花，
红红有两朵红花。
华华要红花，
红红要黄花。
华华送给红红一朵黄花，
红红送给华华一朵红花。

古老街上胡古老(g、h)

古老街上胡古老，
古老街下古老胡。
古老街上的胡古老，
找古老街下的古老胡比古老。
结果不知是胡古老的古老比古老胡的古老古老，
还是古老胡的古老比胡古老的古老古老？

咏 鹅

〔唐〕骆宾王

鹅、鹅、鹅,曲项向天歌。
白毛浮绿水,红掌拨清波。

我为少男少女们歌唱

何其芳

我为少男少女们歌唱。
我歌唱早晨,
我歌唱希望,
我歌唱那些属于未来的事物,
我歌唱正在生长的力量。

我的歌呵,
你飞吧,
飞到年轻人的心中,
去找你停留的地方。

所有使我像草一样颤抖过的快乐或者好的思想,
都变成声音飞到四方八面去吧,
不管它像一阵微风或者一片阳光。

轻轻地从我琴弦上关掉了成年的忧伤,
我重新变得年轻了,
我的血流得很快,
对于生活我又充满了梦想,
充满了渴望。

2. 拉开字腹

拉开字腹是说体会字头滑向字腹的动程,字腹拉开、立起,饱满有力,气息均匀。

根据普通话韵母发音特点来分类,可分为四呼。四呼是按韵母起头元音的唇形特点进行的分类。

开口呼 没有韵头,韵腹不是 i、u、ü 的韵母,普通话中 15 个开口呼是 a、o、e、ai、ei、ao、ou、an、en、ang、eng、ê、-i(前)、-i(后)、er。

齐齿呼 韵头或韵腹是 i 的韵母,普通话中 9 个齐齿呼是 i、ia、ie、iao、iou、ian、in、iang、ing。

合口呼　韵头或韵腹是 u 的韵母，普通话中 10 个合口呼是 u、ua、uo、uai、uei、uan、uen、uang、ueng、ong。

撮口呼　韵头或韵腹是 ü 的韵母，普通话中 5 个撮口呼是 ü、üe、üan、ün、iong。

(1)开口呼

毛毛和涛涛(ao)

毛毛和涛涛，
跳高又练跑。
毛毛教涛涛快跑，
涛涛教毛毛跳高。
毛毛学会了跳高，
涛涛学会了快跑。

沁园春·雪

毛泽东

北国风光，
千里冰封，
万里雪飘。
望长城内外，
惟余莽莽；
大河上下，
顿失滔滔。
山舞银蛇，
原驰蜡象，
欲与天公试比高。
须晴日，
看红装素裹，
分外妖娆。

江山如此多娇，
引无数英雄竞折腰。
惜秦皇汉武，
略输文采；
唐宗宋祖，
稍逊风骚。

一代天骄，
成吉思汗，
只识弯弓射大雕。
俱往矣，
数风流人物，
还看今朝。

(2)齐齿呼

防近视(i、iao、ie)

史小石，学写字，
脸贴书本眼斜视，
歪歪扭扭字碰字。
司老师，教小石，
端正姿势身坐直；
离纸一尺防近视，
爱护眼睛要坚持。

乌衣巷

〔唐〕刘禹锡

朱雀桥边野草花，乌衣巷口夕阳斜。
旧时王谢堂前燕，飞入寻常百姓家。

桥

艾　青

当土地与土地被水分割了的时候，
当道路与道路被水截断了的时候，
智慧的人类伫立在水边：
于是产生了桥。

苦于跋涉的人类，
应该感谢桥啊。

桥是土地与土地的联系；
桥是河流与道路的爱情；
桥是船只与车辆点头致敬的驿站；
桥是乘船者与步行者挥手告别的地方。

(3)合口呼

小花鼓(u、ua)

一面小花鼓,鼓上画老虎。
宝宝敲破鼓,妈妈拿布补。
不知是布补虎,还是布补鼓!

帆 船(uan)

大帆船,小帆船,
竖起桅杆撑起船。
风吹帆,帆引船,
帆船顺风转海湾。

(4)撮口呼

养 鱼(ü)

大渠养大鱼不养小鱼,
小渠养小鱼不养大鱼。
一天天下雨,
下了一天雨。
大渠水流进小渠,
小渠水流进大渠。
大渠里有了小鱼不见大鱼,
小渠里有了大鱼不见小鱼。

3. 归音到位

归音到位要求干净利落,保证字音的完整性。

(1)-n、-ng

踢毽子(-n)

小燕子踢毽子,
小建子数毽子。
毽子上,毽子下,
毽子上上又下下。
累坏了数数的小建子,
乐坏了踢毽子的小燕子。

船和床(-n、-ng)

那边划来一艘船,
这边漂去一张床。
船床河中互相撞,
不知船碰床,还是床撞船。

关山月

〔唐〕李　白

明月出天山,苍茫云海间。
长风几万里,吹度玉门关。
汉下白登道,胡窥青海湾。
由来征战地,不见有人还。
戍客望边色,思归多苦颜。
高楼当此夜,叹息未应闲。

守　岁

〔唐〕董思恭

岁阴穷暮纪,献节启新芳。
冬尽今宵促,年开明日长。
冰消出镜水,梅散入风香。
对此欢终宴,倾壶待曙光。

(2)u

西湖与泥壶(u)

杭州有个西湖,
宜兴出产泥壶。
西湖店铺卖宜兴泥壶,
宜兴泥壶上画着西湖。
是游了西湖买宜兴泥壶,
还是买了宜兴泥壶再游西湖。

早春呈水部张十八员外

〔唐〕韩　愈

天街小雨润如酥，草色遥看近却无。
最是一年春好处，绝胜烟柳满皇都。

(3)o

张果老(o)

张果老，张果老，
张果老的门前有棵白核枣。
白的多，红的少，看的多，买的少。
凭你说得快，一口气也说不完一百个枣。
一个枣，两个枣，三个枣……一百个枣。

卜算子·咏梅

毛泽东

风雨送春归，飞雪迎春到。
已是悬崖百丈冰，犹有花枝俏。
俏也不争春，只把春来报。
待到山花烂漫时，她在丛中笑。

(4)i

小　鸡(i)

小小鸡，叽叽叽，
翅膀短，穿黄衣，
只会走，不会飞。
爱吃小虫和小米。

游子吟

孟　郊

慈母手中线，游子身上衣。
临行密密缝，意恐迟迟归。
谁言寸草心，报得三春晖。

(5)秃尾音节 a、e(即只有韵腹没有韵尾的音节)

花青蛙(a)

花青蛙,叫呱呱,
西瓜地里看西瓜。
西瓜夸青蛙背背花,
青蛙夸西瓜长得大。

登幽州台歌

〔唐〕陈子昂

前不见古人,后不见来者。
念天地之悠悠,独怆然而泪下!

第三讲　让我们控制声音的动力

第三讲

一、理论基础

这一讲大家将要学习到不同于以往的一种呼吸方式——胸腹联合式呼吸，这种呼吸方式的好处是能够让你说话时气息稳劲、持久、自如。方法是很容易掌握的，只不过在没有习惯它之前，大家会感觉运用得不自然。比如有的朋友在刚刚学习后，运用胸腹联合式呼吸的动作要领进行练习，就说“我现在用胸腹联合式呼吸，都没气了”。“没气”是不可能的，但凡你在说话时，气息就承担着发音动力的任务，声音的大小、快慢等变化都与气息有关。没有气息，就没有声音的动力，就不会发出声音。只要出声，一定是有气息作为动力的。

学习新知识之前，我们先来回顾在中学时学过的呼吸原理：“当胸腔扩张时，肺就膨胀，空气经气管进入肺部。像风箱一抽气，气就进入风箱一样，这种现象就叫作‘吸’；当胸腔放松时，肺收缩，收缩的肺容量减小，气流从肺里被排出，这种现象叫作‘呼’。肺本身并没有扩张与收缩的功能，空气的吸入和呼出必须借助其他力量才能进行。肺的周围是胸腔，下面是横膈膜，也叫膈肌。横膈膜是由呈放射状的肌肉构成的，附着在胸腔下部的胸廓上。肺和这些器官之间只隔着两层紧贴在一起的胸膜，因而这些器官的活动必然带动着肺。胸腔就像是一个由肋骨和肌肉组成的笼子，横膈膜好比是笼子的底。当肋骨附近的肌肉和横膈膜收缩时，一方面胸腔的前方从低垂的位置向上提起，使胸腔从扁的形状变得较圆；另一方面横膈膜下降，使胸腔容积扩张，这时空气就自然经管道吸入肺泡。呼气过程是这样的：在肺泡周围除了血管网外，还有一层由纵横交错的弹性纤维组织成的网。它们像一条条橡皮筋一样，当胸部和横膈膜的肌肉收缩时，它们随着肺泡的膨胀而被绷紧。当这些肌肉放松不再拉紧时，它们又缩短，压迫肺泡，把肺泡里的气息排出。”

胸腹联合式呼吸从字面上看，和胸、腹有关，的确，它调动了所有胸腹的呼吸肌肉起运动。吸气量大，是建立在胸腔、腹腔膈膜综合作用的基础上，由此而产生坚实响亮的声音,是多种音色变化的基础。

现在利用“吹气球”来解释胸腹联合式呼吸。

如果把肺部比喻为气球的话,这个气球在勤奋地工作,不停地充满气体而后又排出气体。呼吸在双重作用下进行活动,一方面它是自动的,像心脏的跳动,尽管我们没有注意到它,它仍在不停地进行。但呼吸又不像心脏跳动那样完全不能被意识加以控制。在一定限度之内,呼吸的深度和频率是可以改变的。胸腹联合式呼吸动用了胸腔前后左右的力量,不仅让肺部这个“气球”充满了气体,还使得“气球”周围的力量均衡对抗,让气球一点点往外撒气,这样,呼吸更加持久。

具体怎么做呢?

第一,吸气的要领:吸到肺底,两肋打开,腹壁“站定”。

站、坐姿皆可,两肩放松,两眼平视前方,下巴微收。想象闻到空气中飘来的花香或是饥饿时闻到了可口饭菜的香味,你不自觉地深深吸了口气,把香味吸到了肺底。两肩依然很放松,切记不要耸肩。这时你感觉到腰部周围渐渐地向四周膨胀,把腰带撑紧了,尤其是两后腰处向外扩张,这时一定要保持住,小腹随着吸气过程的结束渐渐绷紧不动了,不要快速地呼气放松,坚持5—10秒。

第二,呼气的要领:稳劲、持久、变化。

呼气的过程是需要大家“全程控制”的,利用胸腹联合式呼吸吸气的气息量大,但这并不是目的,因为我们不是在练“憋气”。气息通畅、均匀、灵活地运用才是根本。气息的控制意味着呼气不能一下子放松两肋呼出气体,而是有意识地掌握呼出的速度和时长。两肋向外扩张的力量和小腹微收站定的状态使得肺部这个气球一点点往外撒气,有气息托着字走的感觉,从而避免说话时头几个字就用完了所有的气息的问题。随着气流的缓慢呼出,小腹逐渐放松,但最后仍不失去收住的感觉,横膈膜和两肋在此控制下逐渐恢复自然状态。

第三,换气的要领:两句话之间,可以从容换气。

句首换气,吸气无声,换了就用,留有余地,句尾余气托送。在句子中间,我们可以少量补充(偷气)。

换气的方法并不拘泥于此规律,可根据稿件的不同感情色彩和文章结构进行换气。

二、实践练习

青少年朋友们常常反映气息很难把握,摸不着看不见。其实气息的训练既不玄虚,也不高深莫测,你可以用自己的身体感觉得到。来,试试看:站姿(站直,重心在两脚之间)或坐姿(坐硬椅子的前1/3,胸微含,腰挺直),两肩放松,不用想着主动吸气。双手背后交叉,手掌分别放在腰带上方(后腰处),手掌稍稍用点力气向后腰处推,同时,你的两后腰为了抵抗手掌的外力，也用力将手掌推开，这时你会感觉到后腰处膨胀，这就是深吸气的“两肋打开”动作的感觉。这时一定要控制不动，保持片刻，体会“小腹微收站定”与“两肋打开”之间的对抗感觉。好，心里默数 1、2、3、4、5 后，慢慢放松。这就是一次胸腹联合式呼吸吸气和呼气的基本感觉。

还要提醒朋友们，气息训练是在情感情绪带动下的练习，“兴奋从容两肋开，不觉吸气气自来”，可以理解为当你精神饱满、心情愉悦时，口鼻同时进气，气息自然而然地吸到了肺底。想想看，你经过层层选拔，挑战各个环节，被录取为电视台的主持人了。当你看到通知书时，情不自禁地大声说：“太好了！”这时你的声音饱满有力度，气息稳劲，不挤捏，不干涩，你能够体会到“气生于情而融于情，气随情动，声随情走”。

(一)锻炼呼吸肌肉群(音频 3-1)

1. 练习腹肌

由于胸腹联合式呼吸调动了胸腹的所有呼吸肌肉一起运动，肌肉的训练必不可少。可用仰卧起坐锻炼腹肌。

2. 练习膈肌

深吸气后，连续发扎实的“hei”音。

深吸气后，连续发扎实的“ha、hei、hou ”音。

(二)训练气息下沉(音频 3-2)

1. 发“唉”延长音练习

按照胸腹联合式呼吸吸气的动作要领，吸气七八成，长长地叹口气，同时很放松地发出“唉”的延长音。不要提着气叹气，是真真切切地叹下去。

2. 发元音延长音练习

按照胸腹联合式呼吸吸气的动作要领，吸气七八成，匀速而持久地发单元音“a、o、e、i、u、ü”延长音。

3. 发上声音练习

按照胸腹联合式呼吸吸气的动作要领，吸气七八成，做夸大发上声字练习。

ǎ　ǐ　ǎi　ǎo　ǔ

宝　岛　好　美　满　场　响　氧

蚂蚁与米老鼠一起表演。

(三)呼气控制能力训练(音频 3-3)

1. 数数

按照胸腹联合式呼吸吸气的动作要领，吸气七八成，匀速而持久地数数，“1，2，3，4，

5……”小腹渐渐收缩,两肋一点点地放松,不偷气,不漏气。数数的过程放松自然,好像是在点数,比如在数自己有几个好朋友,有多少种兴趣爱好,等等。一开始你可能数不了几个,随着控制能力的增强,女生一般能数到 25 左右,男生一般能数到 35 左右。朋友们,加油啊!

2. 气息绕口令

打 枣

出东门儿,过大桥,大桥底下一树枣儿,拿着竿子去打枣儿,青的多,红的少,一个枣儿,两个枣儿,三个枣儿,四个枣儿,五个枣儿,六个枣儿,七个枣儿,八个枣儿,九个枣儿,十个枣儿,十个枣儿,九个枣儿,八个枣儿,七个枣儿,六个枣儿,五个枣儿,四个枣儿,三个枣儿,两个枣儿,一个枣儿。这是一个绕口令儿,一口气说完才算好。

一个葫芦两块瓢

一口气数不了二十四个葫芦四十八块瓢,一个葫芦两块瓢,两个葫芦四块瓢,三个葫芦六块瓢,四个葫芦八块瓢,五个葫芦十块瓢,六个葫芦十二块瓢,七个葫芦十四块瓢,八个葫芦十六块瓢,九个葫芦十八块瓢,十个葫芦二十块瓢,十一个葫芦二十二块瓢,十二个葫芦二十四块瓢,十三个葫芦二十六块瓢,十四个葫芦二十八块瓢,十五个葫芦三十块瓢,十六个葫芦三十二块瓢,十七个葫芦三十四块瓢,十八个葫芦三十六块瓢,十九个葫芦三十八块瓢,二十个葫芦四十块瓢,二十一个葫芦四十二块瓢,二十二个葫芦四十四块瓢,二十三个葫芦四十六块瓢,二十四个葫芦四十八块瓢。

数红旗

广场上,飘红旗,看你能数多少面旗,一面旗,两面旗,三面旗,四面旗,五面旗,六面旗,七面旗,八面旗,九面旗,十面旗……

七样果

一,一个一,
一二三三二一,
一二三四五六七,
七六五四三二一,
六五四,三二一,
五四三二一,
四三二一三二一,
二一一,

一，一个一。
一棵树，长着七个枝，
七个枝，结的七样果，
结的是
苹果、葡萄、石榴、柿子、李子、栗子、梨。

（四）气息的通畅持久训练（音频 3-4）

1. 夸张四声练习

我们可以运用声调的高低升降变化，体会气息上下通畅的感觉。尤其用夸张的“上声”体会气息下沉较为明显。“阴平”练习时注意平稳；“阳平”上升时气要拉住，这时口腔要立起，力度要加强，避免高音窄、挤；“去声”下降时气要托住，口腔要有控制。这个练习反复多次，可用快吸气来练，也可用慢吸气来练，字音要清楚准确，也可逐渐改变声音的高低、强弱、快慢并调节好气息。

bā — bá — bǎ — bà
mā— má— mǎ— mà
dī — dí — dǐ — dì
mī — mí — mǐ — mì

博大精深	义正词严	视死如归	铁面无私	大义灭亲
神采飞扬	气宇轩昂	雄姿英发	生龙活虎	饱经风霜
心旷神怡	欢天喜地	喜出望外	垂头丧气	眉飞色舞
声情并茂	抑扬顿挫	谈笑风生	字正腔圆	胡编乱造
春意盎然	烈日当空	秋高气爽	雪兆丰年	三九严寒
日新月异	焕然一新	百废俱兴	欣欣向荣	赏心悦目
承上启下	大同小异	出生入死	弄假成真	温故知新

2. 用中等速度说绕口令

绕口令的练习不要求快。理解意思后，饶有兴致、轻松自然地练习。

春雨贵如油

春雨贵如油，渠水是美酒，
美酒灌麦田，醉得麦苗绿油油。

望月空，满天星

望月空，满天星，光闪闪，亮晶晶，
好像那，小银灯，仔细看，看分明，
大大小小，密密麻麻，闪闪烁烁，数也数不清。

颠倒歌

太阳从西往东落,听我唱个颠倒歌。
天上打雷没有响,地下石头滚上坡;
江里骆驼会下蛋,山上鲤鱼搭成窝;
腊月酷热直流汗,六月爆冷打哆嗦;
姐在房中头梳手,门外口袋把驴驮。

(五)换气训练(音频 3-5)

1. 古诗词训练

古诗押韵且语言凝练,包含丰富的感情色彩,需要根据诗词的意思安排气口,没有一定之规。换气处不得破坏语句的连贯,影响表情达意。

渔歌子

〔唐〕张志和

西塞山前白鹭飞,
桃花流水鳜鱼肥。
青箬笠,绿蓑衣,
斜风细雨不须归。

虞美人

〔五代〕李　煜

春花秋月何时了?
往事知多少。
小楼昨夜又东风,
故国不堪回首月明中。

雕栏玉砌应犹在,
只是朱颜改。
问君能有几多愁?
恰似一江春水向东流。

望　岳

〔唐〕杜　甫

岱宗夫如何？齐鲁青未了。
造化钟神秀，阴阳割昏晓。
荡胸生曾云，决眦入归鸟。
会当凌绝顶，一览众山小。

2. 句段练习

①无论才能、知识多么卓著，如果缺乏热情，则无异于纸上画饼充饥，无补于事。

②你可以选择这样的“三心二意”：信心、恒心、决心，创意、乐意。

③只有一条路不能选择——那就是放弃的路；只有一条路不能拒绝——那就是成长的路。

④如果我们做与不做都会有人笑，如果做不好与做得好还会有人笑，那么我们索性就做得更好，来给人笑吧！

⑤就在我向街对面的快餐店跨出第一步的时候，从旁边的街区里走出一个小女孩儿，卷卷的头发，红红的脸颊，天真快乐的笑容在脸上荡漾。她手里抱着一个芭比娃娃，蹦蹦跳跳朝我走来。我有些意外，收住了脚步。

⑥新时代的师德风范是什么？中小学教师如何更好地教育学生？2019 年 10 月 23 日，由新京报主办的“大爱·师德——新时代师德风范论坛”在京举行。中国教育学会前会长顾明远、教育部教师工作司教师管理与师德建设处副处长朱晨光、北京市教委副主任李奕、北京教科院德育研究中心主任谢春风、新京报社社长宋甘澍等与中小学校长代表以及一线教师、家长参与此次论坛。

⑦市政协十三届五次会议今日开幕

北京市政协十三届五次会议将于今天上午正式开幕。会议期间实行严格的闭环管理。本次大会内容丰富，安排紧凑有序，共有 4 次全体会、1 场界别联组会、1 场专题座谈会、1 次专委会工作会议、4 次分组讨论和 1 场记者会、1 场“我是委员”集体采访等活动，围绕国际科技创新中心建设、聚焦“五子”联动等热点话题资政建言。昨天上午，委员已陆续前往 3 个驻地报到，在接下来的 4 天半时间里，广大市政协委员将围绕首都经济社会发展各方面的热点问题积极建言献策。

（选自《北京青年报》2022 年 1 月 5 日）

⑧虎年特种邮票首发

本报讯（记者 李宁）1 月 5 日，中国邮政发行《壬寅年》特种邮票一套 2 枚，图案分别为国运昌隆、虎蕴吉祥，全套面值 2.40 元。当天早上，朝阳邮政在位于常营南路的京都邮酒主题邮局举办了《壬寅年》生肖特种邮票首发仪式，作为该主题邮局第三款生肖纪念酒的壬寅虎年生肖纪念酒同步推出,对外销售。

《壬寅年》特种邮票的设计延续了第四轮生肖邮票的设计理念,诠释出国与家的概念。邮票由著名画家冯大中先生设计。该套邮票中虎的形象从"实"出发,得虎之天性,细致诠释了虎的美感。第一图"国运昌隆"描绘了一只气宇轩昂的上山虎形象,矗立远眺、志存高远,传达出国家蒸蒸日上、满怀雄心壮志的含义;第二图"虎蕴吉祥"描绘了面容温婉的虎妈妈带着两只小虎的温馨场景,寓意儿孙兴旺、家庭美满。

(选自《北京青年报》2022 年 1 月 6 日)

⑨除夕全国大部气温稳定 南方有大范围降水

春节假期(24—30 日)期间,影响我国的冷空气势力弱,不会出现大范围低温雨雪冰冻和雾、霾天气。今天是农历除夕(24 日),南方大范围的降水天气仍将持续,强降雨中心南压至江南南部以及华南一带,局地有暴雨,出行注意交通安全。气温方面,在冷空气的影响下,东北以及华南地区的气温起伏较大,需注意及时增减衣物。

本轮南方强降雨持续时间长,强度较大,需警惕道路湿滑、能见度低等因素对交通的不利影响。不过降雨对于缓和广东、江西南部、福建等地的气象干旱有利。预计 27 日之后,全国的雨雪都将会迅速收敛,各地陆续放晴。

气温方面,春节假期期间,影响我国的冷空气总体实力不强,但今明两天以及 28 日之后的两股冷空气还是会给东北、华南以及云南、贵州一带的气温带来一些起伏波动。

其中东北地区气温先降后升,今天普遍有 4—8℃ 的降温,25 日起气温一路回升,28 日前后,沈阳、长春最高气温将达到 0℃ 左右,哈尔滨最高气温也升至－5℃ 左右,较常年同期明显偏高。

而华南以及云贵等地的气温则是先扬后抑,昨天华南不少地方最高气温还有 25℃ 左右,今天起在冷空气和阴雨影响下,最高气温将逐渐降至 15℃ 左右。福州、广州、南宁等地的最低气温也会从 15℃ 以上降至不足 10℃。

气象专家提醒,今明两天东北、华南一带气温变化较大,有计划去这些地方的公众需注意及时调整穿着,关注临近天气预报。

3. 贯口练习

送鼓舞、彩鼓舞、恒鼓舞、童鼓舞、手鼓舞、长鼓舞、太平鼓舞、面具舞、祭祀舞、宫廷舞、霍拉舞、拉鼓舞、秧歌舞、红绸子舞、水袖舞、草帽舞、狮子舞、顶龙舞、盾牌舞、旱船舞、龙升舞、鞍带舞、探戈舞。

伦巴舞、恰恰舞、多椰舞、芭蕾舞、跳脚舞、扁担舞、水萍舞、踢踏舞、欧亚舞、达漫溢舞、织布舞、多耶舞、拍手舞、扇子舞、孔雀舞、韩波舞、天鹅舞。

轮舞、象舞、盆舞、圣舞、赞舞、伞舞、花舞、弓舞、蛇舞、罐舞、竹马灯舞、花鼓灯舞、采茶灯舞、康布拉舞、珍珠舞、南旺武角灵舞、乡村舞、净演舞、恭驳舞、社交舞、中将舞、体育舞、农作舞、草编舞、插秧舞、丰收舞。

面巾舞、集锦舞、青春舞、宗匠舞、荷花舞、盘子舞、纱巾舞、中峦舞、群燕舞、蔷薇舞、红花舞、种瓜舞、拍球舞、达曼衣舞、波罗多舞、布泽美舞、啊西跳跃舞、迪斯科舞、西班牙斗牛舞。

(六)气息综合训练(音频 3-6)

驻村检察官 一线解烦忧

——浙江余姚选派“乡村检察官”深入基层

家住浙江省余姚市梁弄镇甘宣村的沈永强从小在村里长大,对村口的古樟树很有感情。可不知何时,这几棵古樟树被人折断,令他痛心。听说通过“乡村检察官云平台”可以线上反映问题,沈永强便拍了几张照片,连同一段文字上传到平台的“民情上传”模块上。

收到线索后,余姚市人民检察院依据检察机关在生态环境和资源保护领域履行公益诉讼的职能,将任务分流到了相应科室。检察官李吉达和曹洋利用派驻当地的机会积极组织调查取证,查阅资料,走访相关部门。原来,沈永强反映的问题并非个案,不少古树除了应有的保护措施不到位之外,管理上也存在着权责不清等问题。

余姚检察院随后召集市自然资源和规划局、市林业服务中心等相关单位召开圆桌会议,厘清各部门职责。此外,还就古树名木保护存在的相关问题向属地乡镇街道制发检察建议。如今,整改工作已全部完成,16 份检察建议书也全部得到回复。

为打造“群众家门口的检察院”,余姚检察院选派“乡村检察官”深入基层一线,着手参与解决农村生态环境保护、乡镇民营企业服务、基层邻里纠纷以及家庭矛盾等群众反映突出的问题。检察官定期下乡,现场普及法律知识,为乡亲们排忧解难,受到当地群众的欢迎。

(选自《人民日报》2022 年 2 月 9 日)

南方多地全力应对雨雪冰冻天气 24 日起低温雨雪天气将结束

本报北京 2 月 23 日电(记者李红梅、王云娜、程焕)近日,南方地区出现大范围雨雪天气,云南、贵州、湖南、江西、浙江等地出现降雪、雨夹雪或雨转雪。23 日,南方持续阴雨雪天气逐步减少。预计 24 日起气温逐步回升,南方大部结束低温雨雪天气过程。

中央气象台监测显示,2 月 1 日至 22 日,江南大部、华南、西南地区东南部气温较常年同期偏低 2—4 摄氏度。南方地区平均降水量约 84.9 毫米,江南东部和南部、华南大部、西南地区中南部平均降水量较常年同期偏多 1—2 倍,华南南部、西南地区中部部分地区偏多 3—4 倍。

针对本轮低温雨雪冰冻天气,各地全力做好应对处置工作。湖南省强化预报预警,各级各部门密切关注天气形势演变，精准制订防范应对措施；细化应急处置，提前预置布防除冰扫雪装备、应急物资等；加强民生保障，确保供水、供电、供气和通信基础设施安全运行。贵州省铁路部门启动冰雪凝冻天气应急预案，对站台、进站通道、钢轨道岔等关键处所除冰融雪；贵州省交警、路政、消防等多部门积极联动，全力保障道路畅通、行车安全。

（选自《人民日报》2022 年 2 月 24 日）

一个人的双人舞(音频 3-6)

真的记不起来他们的名字了，却一直记得他们的爱情。

他们是世界闻名的双人花样滑冰运动员，生活中是恩爱的夫妻，滑冰场上是最佳拍档。他们的表演配合默契，珠联璧合，多次在大赛中获奖。

所谓天妒佳缘，一次意外，丈夫去世了。这对于常人，无疑是一次致命的打击。对于她，打击更是加倍的。

因为她失去的不仅是生活上的伴侣，也是艺术上的合作伙伴。她从此远离了滑冰场。沉寂几年后，她突然宣布，要进行一次花样滑冰表演。这次，是她一个人。

舞姿还是那样地娴熟，还是那样地优美，她还是以前的她。沉寂数年，丝毫没有影响她的艺术水准，她依然是滑冰场上轻盈的精灵。

但是所有看懂的人都落泪了。

滑冰场上虽然只是一个人在旋转在腾跃，但她的动作，却是两个人的。她的身侧，似乎总有另一个人的影子。她举臂，似乎有人在与她牵手；她抬腿，似乎有人在为她支撑；她腾飞，似乎有人在扶她的腰；她旋转，似乎有人在与她同行；她微笑，似乎是对着那个人……是一个人的独舞，她的动作，却总是双人舞的动作。一如从前。

最后的造型，是他们当年的经典。现在，却只有她一个人，另一半，是空虚，是残缺，是伤痛……

她凝固成一尊塑像，一动不动，只有泪水，缓缓而下。

那是一个人的双人舞，是残缺的完美，是爱情的绝唱。

一去经年，时光流转，物是人非。但在滑冰场上，在她的心中，爱人一直都在，一刻也不曾远离。

月是故乡明

——季羡林

每个人都有个故乡，人人的故乡都有个月亮。人人都爱自己的故乡的月亮。事情大概就是这个样子。

但是，如果只有孤零零一个月亮，未免显得有点儿孤单。因此，在中国古代诗文中，月亮总有什么东西当陪衬，最多的是山和水，什么“山高月小”“三潭印月”等，不可胜数。

我小的时候，从来没有见过山，也不知山为何物。我曾幻想，山大概是一个圆而粗的柱子吧，顶天立地，好不威风。以后到了济南，才见到山，恍然大悟：山原来是这个样子呀。因此，我在故乡里望月，从来不同山联系。像苏东坡说的“月出于东山之上，徘徊于斗牛之间”，完全是我无法想象的。

至于水，我的故乡小村却大大地有。几个大苇坑占了小村面积一多半。在我这个小孩子眼中，虽不能像洞庭湖“八月湖水平”那样有气派，但也颇有一点儿烟波浩渺之势。到了夏天，黄昏以后，我在坑边的场院里躺在地上，数天上的星星。有时候在古柳下面点起篝火，然后上树一摇，成群的知了飞落下来，比白天用嚼烂的麦粒去粘要容易得多。我天天晚上乐此不疲，盼望黄昏早早来临。

到了更晚的时候，我走到坑边，抬头看到晴空一轮明月，清光四溢，与水里的那个月亮相映成趣。我当时虽然还不懂什么叫诗兴，但也顾而乐之，心中油然有什么东西在萌动。我有时候在坑边玩儿很久，才回家睡觉，在梦中见到两个月亮叠在一起，清光更加晶莹澄澈。第二天一早起来，我到坑边苇子丛里去捡鸭子下的蛋，白白地一闪光，手伸向水中，一摸就是一个蛋。此时更是乐不可支了。

我只在故乡待了六年，以后就背井离乡，漂泊天涯。我曾到过世界上将近三十个国家，我看过许许多多的月亮。在风光旖旎的瑞士莱茫湖上，在平沙无垠的非洲大沙漠中，在碧波万顷的大海中，在巍峨雄奇的高山上，我都看到过月亮。这些月亮应该说都是美妙绝伦的，我都异常喜欢。但是，看到它们，我就立刻想到我故乡那苇坑上面和水中的那个小月亮。对比之下，无论如何我也感到，这些广阔世界的大月亮，万万比不上我那心爱的小月亮。不管我离开我的故乡多少万里，我的心立刻就飞来了。我的小月亮，我永远忘不掉你。

月是故乡明，我什么时候能够再看到我故乡里的月亮呀。我怅望南天，心飞向故里。

第四讲

第四讲 让我们的声音富于变化

一、理论基础

播读不同感情色彩和内容的稿件时，声音有抑扬顿挫、高低起伏、轻重缓急的变化。这种声音的变化不是固定不变的，更不是想当然的千变万化，一定是根据稿件产生思维情感的运动，继而使声音富于变化。有弹性的声音是在自然的声音基础上逐步培养出一种富于色彩、有感染力的声音。这样的声音更能与作品融合，适应作品思想感情的变化。这样的声音使听众听起来舒服、悦耳，伸缩性好，变化多，而且不生硬、不直接。

想要拥有富于变化的声音，除了坚持不懈地练习口腔控制、呼吸控制，还要通过共鸣练习调整自己的声音。人们常常把共鸣好的播音员形象地比喻为“自带音箱”。的确，共鸣不仅有对声音的扩大和美化作用，而且共鸣腔在调节过程中能形成不同的声音形式，完成不同感情色彩的表情达意。

我们的共鸣器官主要有：

①口腔——可调节共鸣腔。它是非常重要的共鸣腔。口腔打开，在发音过程中处于积极状态。同时，各咬字器官的力量集中，尤其是唇、舌力量的集中，舌位要准确、鲜明，过程要流畅、完整。

②鼻腔——不可调节共鸣腔。首先注意处理好鼻腔共鸣在区分鼻音与非鼻音上的作用。其次，使用鼻腔共鸣要适度，否则会降低语音清晰度，音色混浊，有堵、腻的感觉。

③胸腔——不可调节共鸣腔。它对低频声波共鸣作用明显。胸腔共鸣可以扩大音量，增加低泛音，使声音听起来洪亮、浑厚、结实。

④头腔——不可调节共鸣腔。鼻腔以上的共鸣。发声时，在高音区会产生头面部的振动感。

播音发声对声音的要求是：音域在自然音域内，中声区偏低的部分运用较多；音色朴实大方、圆润集中、明朗干净；装饰音较少，很少使用假声；强度不大、幅度不大、层次丰富多样的音量等。这几方面决定播音员主持人的共鸣方式是以口腔共鸣为主，以胸腔共鸣为基础的声道共鸣方式。虽然每个人受先天的嗓音条件所限，但是后天的“共鸣调节”能让声音美化。

除了共鸣调节以外，我们还可以通过调节吐字、呼吸、用声驾驭自己的声音，呈现声音的强与弱、高与低、刚与柔、明与暗、虚与实等变化，达到声音富于变化的目的。

二、实践练习

共鸣训练要从文字内容和感情出发，内容决定形式，形式反作用于内容，二者相辅相成。如果没有“预热”，没让思维和感情动起来，生硬的声音变化练习不仅起不到作用，还会对声带造成损伤。

（一）音域拓展训练（音频 4-1）

1. 单元音练习

练习：舒服地发出 ɑ 和 i 音。

【方法】想象自己的身体是柱子，声音从底端（小腹）向上环绕，不挤不捏。低处时，不压喉；高处时，不嘶喊。到顶端（眉心）处再向下环绕。

2. 短句练习

练习：伟大的祖国，伟大的人民。

【方法】从自己的中音开始不断重复朗读，每一次都要比上一次提高一点儿音高，直到不能再高；再从自己的中音开始不断重复朗读，每一次都要比上一次降低一点儿音高，直到不能再低。可以想象声音分别在五个高度发声：井底——地面——桌面——天花板——蓝天白云之上。

3. 诗词练习

炉中煤

——眷念祖国的情绪

郭沫若

啊，我年青的女郎！
我不辜负你的殷勤，
你也不要辜负了我的思量。
我为我心爱的人儿
燃到了这般模样！

啊，我年青的女郎！

你该知道了我的前身?
你该不嫌我黑奴卤莽?
要我这黑奴的胸中
才有火一样的心肠。

啊,我年青的女郎!
我想我的前身
原本是有用的栋梁,
我活埋在地底多年
到今朝才得重见天光。

啊,我年青的女郎!
我自从重见天光
我常常思念我的故乡,
我为我心爱的人儿
燃到了这般模样!

断 章

卞之琳

你站在桥上看风景,
看风景的人在楼上看你。
明月装饰了你的窗子,
你装饰了别人的梦。

4. 片段练习

电影《叶塞尼亚》台词片段。

叶塞尼亚(以下简称"叶"):当兵的,你不等我了?你不守信用。

奥斯瓦尔多(以下简称"奥"):我已经等了三天了。

叶:呵呵呵,我没跟你说我要来。那现在,你去哪儿?

奥:我想到你们那儿去,去找你。非要让你……

叶:怎么?哦,瞧你呀,你要是这么板着脸去,连怀抱的孩子也要吓跑了,哈哈哈。

奥:你就是喜欢捉弄人,对不对?我可是不喜欢人家取笑我,我现在要教训教训你。

叶:不,不,放开我,放开!……我教训教训你,倒霉蛋。你以为对吉卜赛人想怎么着就怎么着,那你就错了。我,我不想再看见你了。听见吗!……怎么他流血了?你这是活该,怪谁呢?怎么你死了?不,你这家伙别这样,求求你把眼睛睁开,你知道,你要是死了,我就得去坐牢的。

奥：你想杀死我？

叶：是的，是你逼得我。

奥：你就这么讨厌我亲你？

叶：只有两相情愿，才是愉快的。如果强迫，只能让人厌恶。

奥：好吧，对不起，我不该这样，可这还是你的错。

叶：我的错？

奥：你没有发现自己长得很美吗？这能怪我吗？

叶：你要是再来亲我的话，我马上就砸碎你的脑袋。我们吉卜赛人说了算。

奥：不，我只想看看你眼睛。

叶：我，我不是来看你眼睛的，你别胡思乱想了。

奥：谢谢。

叶：还疼吗？

奥：你的手真重，可我心里的创伤比头上的伤还重。没想到我会这么喜欢你。我不像你那么会算命，可我觉得我配得上你。我爱你，吉卜赛人。我们认识不过才一个月，虽然时间不长，可我越来越爱你了，叶塞尼娅。

叶：奥斯瓦尔多，我们必须分手了，以后别见面了。

奥：必须分手？！为什么？

叶：我们的人，绝不会答应的！

奥：不，你不用担心。我爱你！无论谁，无论什么，都不能把我们分开！

叶：我也爱你！……我爱你！奥斯瓦尔多！

(二)共鸣训练(音频 4-2)

1. 口腔共鸣

(1)打点练习

在口唇外一尺左右的距离找一个目标，发音时，在意念上像打靶似的，让声音集中打在目标上。整体感觉是：子弹从口腔里射出，击中某一个目标，音要从上颚打到硬腭前端，然后送出。发音时，鼻腔关闭(先用手捏住鼻子试几次，就感觉到了)。这个练习可以帮助我们找到“声挂前颚”的感觉。

bā—dā—gā　　　　bā—dā—gā

pā—tā—kā　　　　pā—tā—kā

bā—dā—gā　　　　pā—tā—kā

peng　pa　pi　pu　pai

pai　pu　pi　pa　peng

吧嗒嗒　　滴溜溜　　咕隆隆　　噼啪啪　　哗啦啦

当啷啷　乒乓乓　唰啦啦　蔫乎乎　绿油油

(2)弹发练习

一二三四,二二三四,三二三四,四二三四

好好学习,天天向上

保护环境,人人有责

节约资源,减少污染

(3)字词练习

开口音稍闭,闭口音稍开,体会共鸣的调节。

开口音与闭口音指的是复韵母舌位动程大小之间的对比关系,直接表现在韵腹元音舌位高低的对比上,普通话有6组相对的复韵母:ai—ei,ao—ou,ia—ie,ua—uo,iao—iou,uai—uei

白雪—背离	排场—佩服	来来往往—累死累活
贸易—谋划	跑堂—剖析	浩瀚无边—厚此薄彼
下课—斜角	假期—杰出	下不为例—歇斯底里
瓦片—窝藏	划船—火车	刮目相看—国计民生
销售—休息	敲门—秋天	娇小玲珑—九霄云外
外国—微笑	怀揣—威信	歪七扭八—惟妙惟肖

2. 胸腔共鸣

用中音区发声,想象是给琴调弦一样,先发出舒服的a音,接着向自己声音的最高处和最低处发a音,调试后,从中音起,体会胸腔共鸣。

(1)诗词

我爱这土地

艾　青

假如我是一只鸟,
我也应该用嘶哑的喉咙歌唱:
这被暴风雨所打击着的土地,
这永远汹涌着我们的悲愤的河流,
这无止息地吹刮着的激怒的风,
和那来自林间的无比温柔的黎明……
——然后我死了,
连羽毛也腐烂在土地里面。

为什么我的眼里常含泪水?
因为我对这土地爱得深沉……

一剪梅

〔宋〕李清照

红藕香残玉簟秋。轻解罗裳，独上兰舟。
云中谁寄锦书来？雁字回时，月满西楼。
花自飘零水自流。一种相思，两处闲愁。
此情无计可消除，才下眉头，却上心头。

(2)散文

最苦与最乐(节选)

梁启超

人生什么最苦呢？贫吗？不是。失意吗？不是。老吗？死吗？都不是。我说人生最苦的事莫苦于身上背着一种未来的责任。人若能知足，虽贫不苦；若能安分(不多作分外希望)，虽失意不苦；老、病、死乃人生难免的事，达观的人看得很平常，也不算什么苦。独是凡人生在世间一天，便有一天应该做的事，该做的事没有做完，便像是有几千斤重担子压在肩头，再苦是没有的了。为什么呢？因为受那良心责备不过，要逃躲也没处逃躲呀！

答应人办一件事没有办，欠了人的钱没有还，受了人的恩惠没有报答，得罪了人没有赔礼，这就连这个人的面也几乎不敢见他；纵然不见他的面，睡里梦里都像有他的影子来缠着我。为什么呢？因为觉得对不住他呀！因为自己对于他的责任还没有解除呀！不独对于一个人如此，就是对于家庭，对于社会，对于国家，乃至对于自己，都是如此。凡属我受过他好处的人，我对于他便有了责任。凡属我应该做的事，而且力量能够做得到的，我对于这件事便有了责任。凡属我自己打主意要做一件事，便是现在的自己和将来的自己立了一种契约，便是自己对于自己加一层责任。有了这责任，那良心便时时刻刻监督在后头……

这种苦痛却比不得普通的贫、病、老、死，可以达观排解得来。所以我说人生没有苦痛便罢，若有苦痛，当然没有比这个更加重的了。

翻过来，什么事最快乐呢？自然责任完了，算是人生第一件乐事。古语说得好，“如释重负”，俗语亦说“心上一块石头落了地”。人到这个时候，那种轻松愉快，真是不可以言语形容。责任越重大，负责的日子越久长，到责任完了时，海阔天空，心安理得，那快乐还要加几倍哩！大抵天下事，从苦中得来的乐才是真乐。人生须知道有负责任的苦处，才能知道有尽责任的乐处。这种苦乐循环，便是这有活力的人间一种趣味；却是不尽责任，受良心责备，这些苦都是自己找来的……

(三)声音变化练习(音频 4-3)

1. 情境练习

①想象距离的远近和场景的不同,朗读古诗《望庐山瀑布》,这首山水小诗,写得有声有色,情景交融,深深地激发着人们对庐山风光的向往和对祖国山河的热爱。

望庐山瀑布

〔唐〕李 白

日照香炉生紫烟,
遥看瀑布挂前川。
飞流直下三千尺,
疑是银河落九天。

情境 1:自己轻声低吟。

情境 2:设置不同的距离,让对方能够听见。5 米,10 米,50 米。

情境 3:想象自己站在舞台中央,台下有数百名观众听你朗诵。

情境 4:随着诗歌的意思,感觉自己的声音也跟着变化。

②结合不同情境,声音随之发生变化,试着发出不同的声音。

情境 1:阿毛是你五岁的小表弟,虎头虎脑的,很可爱,他就站在距你几步远的门口,你亲切地招呼了他一声:"来,阿毛。"

【用声提示】较小的音量,声音明朗而柔和,气息适中。

情境 2:阿毛走了过来,边走边喊:"我要出去玩,我要出去玩!"由于奶奶在隔壁房间午休,你担心阿毛的喊声吵醒了奶奶,忙竖起手指放在嘴唇上,说:"小声点,阿毛。"

【用声提示】小音量,低弱声,声音虚而弱。

情境 3:你连忙带他下楼,他和小朋友们玩皮球。几个小伙伴一起争抢着一个皮球,阿毛也挤在里面,你略带呵斥地说:"阿毛,回来!"

【用声提示】较大音量,中等强度的声音,声音较响亮,清晰度较高。

情境 4:阿毛不听话,好像就没听见你的话,依然夺抢着皮球,你高声喊:"阿毛!"

【用声提示】大音量,高强度的声音,声音靠前,气息下沉。

情境 5:抢到皮球的阿毛为了躲避小伙伴的追赶,抱着球朝马路对面跑去,正好一辆汽车飞驰而来,你惊慌地喊:"小心,阿毛!"

【用声提示】高强的呼喊声,声音靠前偏虚,气息压力增大。

2. 诗词练习

短歌行

〔东汉〕曹　操

对酒当歌，人生几何！
譬如朝露，去日苦多。
慨当以慷，忧思难忘。
何以解忧？唯有杜康。
青青子衿，悠悠我心。
但为君故，沉吟至今。
呦呦鹿鸣，食野之苹。
我有嘉宾，鼓瑟吹笙。
明明如月，何时可掇？
忧从中来，不可断绝。
越陌度阡，枉用相存。
契阔谈讌，心念旧恩。
月明星稀，乌鹊南飞。
绕树三匝，何枝可依？
山不厌高，海不厌深。
周公吐哺，天下归心。

橄榄树

三　毛

不要问我从哪里来，
我的故乡在远方。
为什么流浪，
流浪远方，流浪。

为了天空飞翔的小鸟，
为了山间轻流的小溪，
为了宽阔的草原，
流浪远方，流浪。
还有还有，为了梦中的橄榄树。

不要问我从哪里来，

我的故乡在远方。
为什么流浪,
为什么流浪远方,
为了我梦中的橄榄树。

不要问我从哪里来,
我的故乡在远方,
为什么流浪,
流浪远方,流浪。

3. 段落练习

①为了对付高一,我们已经累得瘦了一圈。而现在,又坐在这里参加什么"编班考试"。吓人!偌大一个教室一坐60人绰绰有余,这时候,只摆3行,每行5座。行与行之间可以跑汽车。每行一个监考官,全室一个总监考官。总监考官脸上毫无暖气,只有杀机。说:今天的考试是超级的。超级意味着什么?我们心里明白。这个编班考试是决定我们前途和命运的一招。

(节选自张立士《校花 校草》)

②一位外国朋友告诉我,他旅游西南某地的时候,偶于餐馆进食,忽闻壁板砰砰作响,其声清脆,密集如连珠炮,向人打听才知道是邻座食客正在大啖其糖醋排骨。这一道菜是餐馆的拿手菜,顾客欣赏这个美味之余,顺嘴把骨头往旁边喷吐,你也吐,我也吐,所以把壁板打得叮叮当当响。

(节选自梁实秋《吃相》)

③江南江北,黄河内外,早已习惯了浪迹和沉浮,早已分不清何处是异乡,而哪里才是故乡。异乡的屋檐下,有我家园的殷殷挂念;故土的小窗前,却是客枕的灯火阑珊。唯有这雨夜,每每陪伴在漂泊的岁月;唯有这雨打芭蕉的声音,始终萦绕在心头。

(节选自石望湘《巴山夜雨》)

4. 片段练习

电视剧《奋斗》台词片段

每个人都只能年轻一次,这是人生最邪恶的地方。有一天啊,你变老了,你可以不再轻信自己或者别人,你可以逃过很多伤害,但你也因此失去了活力,失去了猛地撞向尖刀那种切切实实的灼痛!没错,最终你是得到了平安、世故,那是逃避永恒痛苦的唯一方式。

话剧《恋爱的犀牛》台词片段

明明,我想给你一切,可我一无所有。我想为你放弃一切,可我又没有什么可以放弃。如果是中世纪,我可以去做一个骑士,把你的名字写上每一座被征服的城池;如果在沙漠中,我会流尽最后一滴鲜血去滋润你干裂的嘴唇;如果我是天文学家,有一颗星星会叫作明明;如果我是诗人,所有的声音都只为你歌唱;如果我是法官,你的好恶就是我最高的法则;如果我是神父,再没有比你更好的天堂;如果我是个哨兵,你的每一个字都是我的口令;如果我是西楚霸王,我会带着你临阵脱逃,任由人们耻笑;如果我是杀人如麻的强盗,他们会祈求你来让我俯首帖耳——可我什么也不是。一个普通人,一个像我这样普通的人,我能为你做什么呢?

5. 小说片段

孤独与奋斗

女:那老人再一次扛起他的桨,朝海边走去。

男:已经 85 天了,一条鱼都没打到,我好像已经老了,开始背运了,可是我的胳膊倒还是有着劲的。

女:他慢慢地升起那张补过的旧帆,那帆看上去就像一面永不失败的旗帜。

男:太阳升起来了,耀眼的阳光已经把我的眼睛刺痛了一辈子,我感到我有点力不从心了,可年轻的时候我曾经是个好的水手啊!

女:船划得久了,汗珠从脊背上一滴滴地流淌下来,老人想……

男:我可以任船漂流,打一个盹儿或系个绳扣,把鱼绳系在脚上。

女:他没有那样做,他相信那条大鱼就藏在附近的什么地方。不知过了多久,老人发现,那绿色的浮杆急速地往水底沉去,他拉了拉鱼绳,感到了沉重的分量。

男:我钓住的是一条什么样的鱼呀?!我还从来没有见过有这么大劲儿的,它只要一跳或向前一蹿,也许会要了我的命。

女:老人全身心地等待着他和那条大鱼最后的搏斗,他想他这辈子再也不会遇到这么大的鱼了,他要最后再赢一次。太阳落下去了,夜晚来临,那鱼拖着他的小船在海上游了一夜,他没想到等待一场搏斗需要那么长的时间。

男:我已经感到了你的力量,让我们面对面地斗一斗吧,我们谁也没有帮手,这很公平。来吧,我早已做好了准备,我不会后悔我死在一条金枪鱼的手里。

女:夜幕再次降临,老人筋疲力尽。

男:它不会有那么大,不会的!

女:它就是那么大,大得出乎老人的意料。

男:我只有一次机会,这是生死决斗,不是我叉死它,就是它撕碎我!

女:老人觉得自己快要撑不住了,他用绵软的双手努力握紧他的鱼叉,将鱼叉举过头顶,他把鱼叉举到了不可能再高的高度。

男:来吧!冲着这儿来吧!让我们来做临死前的最后一次决斗吧。我老了,没什么力气了,我跟你磨了三天,我等了你一辈子了,老兄,我这儿从来没见过比你更大更美更沉着的鱼呢。来吧,让我们来看看究竟谁杀死谁?!

女:那条大鱼挣扎着向老人的小船冲过来,老人拼尽他最后的生命将鱼叉扎入了大鱼胸鳍后面的鱼腰里,那鳍挺在空中,高过老人的胸膛。老人扎中了大鱼的心脏,那鱼生气勃勃地做了最后一次挣扎,而后"轰隆"一声落入水中。啊……老人赢了,他战胜了自己,战胜了那条大鱼,他没有发现一群无所畏惧的鲨鱼正嗅着血迹向这里涌来。

男:你们这群厚颜无耻的家伙,真会选择时机,但我不怕你们,不怕你们。人并不是生来就要给你们打败的,你可以消灭他,可就是打不败他,你们打不败他!

女:成群结队的鲨鱼向船边的大鱼发起猛攻,那撕咬鱼肉的声音,使老人再一次站立起来,他决心捍卫自己的战利品,就像捍卫他的荣誉。当老人终于回到他出海的那个港口,天空第三次黑暗下来。

男:人并不是生来就要给你们打败的,你可以消灭他,可就是打不败他,打不败他。

女:老人在船上睡着了,他梦见年轻时的非洲,他梦见了狮子。

(改编自海明威的《老人与海》)

无臂赛车手极速追梦

无论我们在人生的赛道上遇到多少艰难险阻,只要不臣服于命运的安排,只要坚定不移地朝着梦想的方向迈进,终有一日,再遥不可及的梦想也会在时光的砥砺下变得触手可及。

1987 年,他出生于波兰。从小受哥哥影响,他渐渐迷上了赛车,梦想着长大后可以成为一名职业赛车手。就在他按照既定目标一步步前行时,一场猝不及防的意外毁了他原本明丽的未来。

20 岁那年,他和哥哥约好去看一场赛车比赛,路上,他只顾加速,就在通过一个路口时,他违规猛冲出去,与一辆大货车相撞。醒来时,他很庆幸自己的生命还在。可下一秒,他却发现生不如死。为了保住生命,他被截去了双臂。就在那一瞬间,他的梦想戛然而止。

他终日眼神空洞地望着天花板,不敢再想与赛车有关的一切。

一天,邻居家的小男孩在院子里把玩一个收音机,无意中碰到了音量键。刺耳的声音毫无保留地将一条新闻灌进他的耳朵。内容是一个马拉松选手在比赛途中小腿抽筋,他本来是冠军的有力竞争者,可突发的意外让他与奖牌失之交臂。听到这儿,他不禁轻轻叹了口气,感叹命运的无常。令他没想到的是,这条新闻并未结束,马拉松选手在明知失败的情况下,仍未放弃,而是忍着疼痛奔跑到了终点。

他心中早已熄灭的梦想火焰在这一刻重燃,他陡然发现,马拉松选手可以放弃奖牌,但绝不会放弃奔跑到终点,而他虽然失去了双臂,但命运夺不走他追求梦想的初心。

他开始训练自己的双脚，让它们代替双手使他能独立完成生活中的琐事。在一次次失败及一次次的坚持下，他的双脚被训练得越发灵活，他的生活开始变得有条不紊。

搁浅的梦想就在那时被重拾，他要凭借自己的双脚去驾驭赛车。这看似不可能的事，竟在他的不懈努力下，一点点实现。他学会了用脚操控赛车上的各种按钮和装置，也习惯了用双脚控制方向盘。3 年后，他可以游刃有余地用脚驾驭赛车，并获得了国际赛车执照。那一刻，因为他的坚持，他的梦想终于璀璨绽放。

在车技日臻成熟后，他参加了欧洲拉力锦标赛波兰站的比赛，并成功挤进排名的上位圈。这一成绩使他信心倍增，他决定向更高的目标迈进。

第一个障碍迎面而来。他首先必须练习需要赛车手不停换挡和使用手刹的漂移。这次挑战对他而言难度巨大，为此，他成立了自己的团队。在成员们的帮助下，他对自己的赛车进行了全新改造。新的引擎和变速箱，以及专门改装的挡位和手刹，都让他使用起来更得心应手。当然，他没忘加倍练习，以便更好地驾驭它们。

只要努力，奇迹一定会与你不期而遇。其后，他成功进入 2014 年欧洲“漂移之王”的比赛，并取得了不俗的成绩。他，就是巴尔泰克，世界上首位无臂赛车手。

没错，只要初心还在，命运永远夺不走你追求卓越的梦想。

（选自《辽宁青年》2016 年 10 月）

第五讲

第五讲　如何准备稿件

一、理论基础

准备稿件(简称备稿),乍一看,大家并不陌生,就像是语文课上的分析课文。只不过,在播音主持的专业学习中,我们更多的是从符合播音主持创作的角度来备稿,为的是播音员主持人能达到"有稿播音锦上添花,无稿播音出口成章"的目标。

播音员主持人的每一次播出任务都是"有备而来"的。如何把稿件(或即兴表达)和自己的声音结合为一体,是需要动脑子的。如果只是简单地把文字变成语音,那可就成了"读字机器人"了,现在有好多机器合成的语音留言,如查询手机余额,会听到"您的账户余额是五十七元六角,有效期至 2022 年 6 月 1 日"。声音一字一顿的,听得很别扭,这就是没有经过"二度创作"的语言。

有感而发、有动于衷、有的放矢、有声有色的语言才是二度创作的结果。在"理解稿件—具体感受—形之于声—及于受众"的过程中,第一步就是理解稿件。理解的目的是表达,让别人听明白。稿件的种类有很多,内容包罗万象,形式多种多样。朋友们在备稿上狠下功夫,才能做到应付自如,把稿件变成自己要说的话,准确清晰地传达稿件内容,为受众服务。

备稿分为广义备稿和狭义备稿。

(一)广义备稿

广义备稿是播音创作的基础,播音员主持人表达稿件的能力反映出播音员主持人的文化修养。这就要求播音员主持人平时要注意各方面的学习和积累,培养较高的思想政治觉悟和理论水平,积累广博的文化知识和生活体验,具备较丰富的艺术修养和熟练的语言表达技巧。

广义备稿需要大家时时积累,处处留意。要准备的不仅是本专业的知识、某一稿件的内容,还要培养良好的职业习惯与准确的职业判断。广义备稿不能急于求成,要趁年轻多学、多听、多看。白岩松在回答做主持人需要具备的条件时曾经说过："做好长跑的准备，不能以短跑姿态参加到长跑的比赛之中。甚至根本就不是一个比赛，而是一个人的赛跑，必须按照长跑节奏。如果按照短跑节奏，流星瞬间消失可能很容易。"让我们做好准备，开始长跑吧！

(二)狭义备稿

狭义备稿是指播音员主持人播出一篇稿件的具体准备方法、要求和步骤。我们把狭义备稿概括为六个步骤，简称"备稿六步"。

第一步，划分层次。

层次指稿件的布局、结构。拿到一篇稿件后，首先要对稿件的句、段进行整理，将内在联系紧密的文字归类。稿件的自然段，是从写作角度形成的。层次是为播音的需要形成的，是对自然段的进一步整理。

第二步，概括主题。

主题不是主要事实，是指主要事实中包含的思想意义，也称"稿件的中心思想"。主题有利于揭示深刻思想含义和调动播讲者的思想感情。一般用"通过……表扬(或批评)揭示了……"的句型来概括主题。

第三步，联系背景。

背景主要指文章的播出背景。联系背景是为了更好地把握稿件中的政策精神和播音的针对性。背景包括两方面的内容：一方面，是指党的路线、方针、政策；另一方面，是指国际、国内的形势，各方面的现实情况及其变化。

第四步，明确目的。

了解播出背景后，还要明确通过朗读达到什么宣传目的。解决的是为什么要朗读这篇文章。

第五步，分清主次。

找出重点，由大处着手。重点一般是直接表现主题、体现目的、抒发感情、感染听众的地方。在重点上下功夫，其他只是重点的陪衬，为重点服务。

第六步，确定基调。

基调是指文章总的感情色彩和分量。播音时总的态度倾向不是指某一句或某一段的感情色彩和分量，不是声音的高低。基调体现的是播音员主持人对文章认识、感受的整体结果。基调的概括要贴切，态度要鲜明，要注意整体感。

【示例】

听课嘉宾(音频 5-1)

邓必彦

1. 哥哥从家里去广州做工,特地到学校来看我。

2. 哥只大我一岁,他很喜欢画漫画。高三那年,他没考上美术学院。眼看着我也要上高三,弟升高一,哥对妈说:“弟妹读书要很多钱,我不读了,我去广东打工吧。”钱啊,妈也没办法。哥这一去到如今,5 年了,他用每个月刷油漆、做木雕的 1000 块钱供着我和弟弟读书。

3. 哥站在我面前,笑着说:“大学生,带我去你们课堂上听听,看你们都学些什么东西。”

4. 这节是古诗创作与鉴赏课,同学们一如既往地聊天、睡觉、看小说。哥哥惊奇地问我:“你们这些大学生就是这样上课的呀? 也太浪费家里的钱了吧?”他无奈地摇摇头,认真听起课来。

5.“孔夫子”老师大声说道:“虽说古诗的形式已经不适应今天的时代趋势了,啊,可是能写出好句子、能品出好诗的神韵,可不是三脚猫的文学修养可以办得到的啊! 来来来,今天谁能对出我的下句,我就违反教学纪律——提前下课!”

6. 教室里顿时轰叫起来。“孔夫子”大叫:“乾坤容我静——”

7. 大家安静了一秒,又吵闹起来。哥哥很兴奋,然后好一会儿没作声,眨眨眼睛,在纸上写了几个字,推推我说:“阿妹,你试试这一句。”

8. 我一看,立刻举起了手。“孔夫子”眼睛一亮,指着我:“想必是位才女,念来听听!”同学们都笑着叫道:“才女,提前下课就靠你啦!”我却使劲推哥哥,小声催他站起来念。大家都惊奇地看着我俩。哥哥涨红了脸,只好站起来大声说:“乾坤容我静,名利任人忙!”

9. 全堂哗然! 大家忽然鼓起掌来,“孔夫子”眼睛大放光彩:“难得,难得! 才思敏捷,对仗工整,意境高超,实在难得! 你叫什么名字? 把学号报上来,我要给你加分!”

10. 课堂上一阵哄笑,“他是中央派来的听课嘉宾!”“孔夫子”连连称道:“那更是难得!”

11. 哥哥激动地坐下来,我知道,他很开心。

12. 下一节课,我们到多媒体教室去上外国文学史。哥哥看着墙上的电脑投影画面,很羡慕地说:“你们可真幸福,能享受这么现代的教学,怪不得学费这么贵!”

13. 我还带哥哥去上网,看我们学院的“容谷”网站,打开漫画频道让他看学生的作品,鸟山明风格的有,北条司风格的也有,还有蔡志忠的。哥哥仔细看完后,扭过头很认真地跟我说:“阿妹,要是我像你们一样有空,我绝对比他们画得都好,你信吧?”“那当然!”

14. 哥哥的神情却黯淡了下来:“我要是能上美术学院,现在或许已小有成就了。”我鼻子一酸说:“哥,以后你把你画的画寄过来,我帮你传到网上去,让别人也看到你的作品,还可以投稿呢。”哥哥长吁了一口气,伸出手来给我看:“这么久雕木头、刷油漆,我的手指都硬了,拿笔的感觉没以前灵敏了。”他又笑起来,“不过一有空,我还会画的”。

15. 晚上我送哥哥去车站搭汽车,车快开时,哥哥忽然从又臭又闷的车厢里探出身子来,叫我到面前来小声说道:“阿妹,认真点听课,挺好听的,别浪费钱。行了,你回去吧。”

16. 我站在车窗边抽着鼻子,不争气地流着眼泪。长大以后,我还没在哥哥面前哭过。我看着车子走了,我知道哥哥回去后,就像许多年少出门打工的人们一样,常常只靠成龙、周星驰的影片来获取短暂畅快的笑声。电影结束后,明天的劳苦又在等待着他们,冷酷而沉默。

(本文有删改)

第一步,划分层次。

这是一篇记叙文,有 16 个自然段,从字面上看,自然段较多。备稿不只是像中学语文分析课文结构,而是要找到稿件的线索,使内容紧凑、清晰、集中,让没有看过稿件的受众通过你的语言表达听明白故事的来龙去脉。

本文的线索是哥哥“听课”的过程,全文的层次可以划分为:

全篇稿件
- 第一部分 第 1—2 自然段
  交代哥哥辍学打工的背景
- 第二部分 第 3—14 自然段
  哥哥“蹭课”的整个过程
  - 层次一 第 3 自然段
    哥哥对大学的学习生活很感兴趣,要“听课”
  - 层次二 第 4—11 自然段
    哥哥课堂上的优异表现
  - 层次三 第 12—14 自然段
    哥哥对学校的向往
- 第三部分 第 15—16 自然段
  哥哥对妹妹的期许

第二步,概括主题。

通过辍学打工的哥哥到妹妹所在大学听课的故事,鞭挞了一部分现代大学生不珍惜学习机会的不良学风。

第三步,联系背景。

一方面,党中央、国务院对实施科教兴国和可持续发展战略进行了全面部署,特别是全国教育工作会议提出了深化教育改革,全面推进素质教育的目标和要求。近年来,高等教育对经济发展、社会进步和技术创新的重大作用,已经得到社会各界的高度认同。另一方面,多数大学生积极进取,学习自觉性不断增强,学习氛围愈见浓厚。但是仍有部分学生学风不正,致使“挂科”补考。

第四步,明确目的。

呼吁加强高校学风建设,呼吁大学生珍惜学习时间。

第五步,分清主次。

重点层次是第二层。

第六步,确定基调。

细腻真诚,意味深长。

二、实践练习

(一)诗词

元　旦

〔宋〕王安石

爆竹声中一岁除,
春风送暖入屠苏。
千门万户曈曈日,
总把新桃换旧符。

【提示】这首诗赞美了新事物的诞生如同“春风送暖”那样充满生机。基调喜悦明快,其中也含有深刻哲理,指出新生事物总是要取代没落事物这一规律。

水调歌头

〔宋〕苏　轼

丙辰中秋,欢饮达旦,大醉,作此篇,兼怀子由。

明月几时有?把酒问青天。不知天上宫阙,今夕是何年。我欲乘风归去,又恐琼楼玉宇,高处不胜寒。起舞弄清影,何似在人间。

转朱阁,低绮户,照无眠。不应有恨,何事长向别时圆?人有悲欢离合,月有阴晴圆缺,此事古难全。但愿人长久,千里共婵娟。

【提示】这首词上阕写“欢饮达旦,大醉”的情状,下阕写佳节思亲的惆怅,全词充盈着奇特的想象和俊逸的浪漫气息。基调豪放舒展。

(二)文章

生活赋

巷底住着一个还没有上学的小女孩,因为脸特别红,让人还来不及辨识她的五官之前就先喜欢她了——当然,其实她的五官也挺周正美丽,但让人记得住的,却只有那一张红扑扑的小脸。

不知道她有没有父母,只知道她是跟祖母住在一起的,使人吃惊的是那祖母出奇地丑,而且显然可以看出来,并不是由于老才丑的。她几乎没有鼻子,嘴是歪的,两只眼如果只是老眼昏花倒也罢了,她的还偏透着邪气的凶光。

她人矮,显得叉着脚走路的两条腿分外碍眼,我也不知道她怎么受的,她已经走了快一辈子的路了,却永远分别是一只脚向东,一只脚朝西。

她当日做些什么,我不知道,印象里好像她总在生火,用一只老式的炉子,摆在门口当风处,噼里啪啦地扇着,嘴里不干不净地咒着。她的一张丑皱的脸模糊地隔在烟幕之后,一双火眼金睛却暴露得可以直破烟雾的迷阵。在冷湿的落雨的黄昏,行人会在猛然间以为自己已走入邪恶的黄雾——在某个毒瘴四腾的沼泽旁。

她们就那样日复一日地住在巷底的违章建筑里,小女孩的红颊日复一日地盛开,老太婆的脸像经冬的风鸡日复一日地干缩,炉子日复一日地像口魔缸似的冒着张牙舞爪的浓烟。

——这不就是生活吗?一些稚拙的美,一些惊人的丑,以一种牢不可分的天长地久的姿态栖居在某个深深的巷底。

(节选自张晓风《生活赋》,略有删改)

老地名融入新生活

保护传统地名,不只是简单地保留地名称谓,更要将街巷里弄中镌刻的浓浓乡情、溪流河湖里流淌的乡土味道、轩榭廊舫间沉淀的城市文脉,都融入现代生活,在城市肌理的更新中留下历史的厚重与温度

北京市公示首批 583 处首都功能核心区传统地名保护名录,长沙市公布第一批 210 条历史地名保护名录,济南市公布第一批 100 个传统地名保护名录……近年来,城市更新步伐加快的同时,各地对传统地名的重视程度也不断提高,保护传统地名成为许多地方擦亮文化名片、提升城市形象的主动选择。

保护传统地名,贵在传承历史文脉。保护传统地名,不仅是把传统地名记起来,还要通过挖掘地名背后的故事,将其承载的历史文脉传续下去。比如,《首都功能核心区传统地名保护名录(第一批)》将北京东四街道 16 处地名列入其中,豆瓣胡同、石桥胡同、月牙

胡同等各具特色的地名勾连起廖沫沙故居、叶圣陶故居等文物保护单位。看着这些名字,“东四三条到八条历史文化街区”的整体格局与历史风貌便跃然眼前。

保护传统地名,重在留存城市记忆。传统地名不仅指向某一特定的地理空间,更蕴含着地方风物、人情习俗、语言习惯、历史事件等丰富信息。黄厝、石厝、曾厝垵,仪凤弄、鸳鸯弄、虎山弄……地域文化特色鲜明的地名,让城市道路名称体系丰富而独特。老地名有着当地人熟悉的文化与丰厚的情感基础,保护老地名也是保存人们对城市的记忆与情感,有利于增进人们对城市的文化认同感、归属感与自豪感。

保护传统地名,归根结底是要让老地名融入现代生活。传统地名要保护好,更要利用好。地名背后的文化价值与现代生活相融合,老地名产生新意蕴,旧街道焕发新活力。比如,杭州河坊街、苏州平江路、黄山屯溪老街、阳朔西街等地在保留老地名的同时进行因地制宜的改造,游客来到这里,口中念着的是老地名,心中留下的是兼具古韵与新意的城市印象。

生于斯,长于斯,念兹在兹。保护传统地名,不只是简单地保留地名称谓,更要将街巷里弄中镌刻的浓浓乡情、溪流河湖里流淌的乡土味道、轩榭廊舫间沉淀的城市文脉,都融入现代生活,在城市肌理的更新中留下历史的厚重与温度。

(选自《人民日报》2022 年 1 月 6 日)

搬家记

电话预约时,听到薛师傅的声气之壮,就定了由他来替我们搬家。见了真人,才知听声音辨人的高矮强弱是不科学的:预想中有 1.8 米的薛师傅只有 1.65 米左右,长得精瘦。他的搬家公司只有 4 个人——他老婆,他的高个子雇工,还有一位被晒得脸上有白框印的眼镜小子。薛师傅吩咐说,过重的东西别往眼镜小子背上招呼:“他是我儿子,过了这个暑假升大二,这是他第一回给我帮工。”

我们就笑,说最重最高大的柜子,当然给他的高个子雇工。薛师傅忙说:“最高的衣柜要往我和我老婆背上招呼,大个子不如我们小个子底盘扎实。还有,你们这种老楼,楼层高度紧卡着 2.6 米,高个子背大柜,半道上会被上面的楼梯面卡着,切记!”

他本人一看就是干熟了这一行的,片刻不离手的是一条又长又宽的布带子和一卷宽胶带。他一进来就撕胶带,把衣柜的门上下固定住。37℃的天,汗马上涌了出来,但背着柜子的人绝不会腾出手来拭汗,因为那么沉重高耸的实木衣柜,好不容易与身体贴合到位,抬手一擦汗,重心一错位,就有可能出岔子。因此,薛师傅事先跟儿子叮嘱道:“干咱这一行,讲究的是一鼓作气,再重再难,都不能半途撂下来歇气。这是保证家什的安全,也是保证自己的安全。”

下一趟就是薛师傅驮着实木书柜下楼,儿子背着书桌迟一步下楼。当父亲的一面留神脚下,一面抬眼看儿子的一举一动,还能开腔指点:“马上就要转弯了,再弯点腰,记着手要在腰眼上抵一把；转过弯来，千万别把重量放在脖子上，要往下一点，放在脖子和肩膀连着的那条筋肉上，对了对了，这下出气匀了吧。”

等到了楼下，卸下重家什，我才敢笑他：“薛师傅，你竟然让大学生来干这个，你老婆也舍得？”薛师傅一弹眉毛：“怎么舍不得？他又要换手机，我说你来尝尝一滴汗摔八瓣的滋味，跟我干一天，跟大个子一样领一天工资。干了 3 天，这小子浑身上下贴满了膏药，躺下去没有空调也能睡得死沉；干了俩礼拜，也不喊苦喊累了，学会任何分量上肩都咬牙撑着。他原来有点虚胖，现在也长出了腱子肉。这才是男人，要不吃这个苦，再过 5 年也没这顶天立地的一股劲儿。”

家具都搬完了，最后抬钢琴。薛师傅招呼 4 个人一起动手，两个人在下，两个人在上，薛师傅用宽布带挎在肩上兜住钢琴的踏板，同时用手抓住琴背的把手和键盘底部，让钢琴的背面朝墙壁，键盘朝楼梯的扶手，一鼓作气往下抬，薛师傅的儿子不停地招呼大家抬高点，说是踏板千万不能磕碰楼梯。等上了车，小伙子还很细心地拿出一床旧棉胎，抖开，包好钢琴。开车也要稳而慢，不能急刹车，不然钢琴前后一摇晃，内部的机件容易损伤，音准也会受到影响。

薛师傅笑道：“有我儿子，你放心吧。文化人就是对钢琴这样的家什最上心，我们的技术，一会儿你到了新家，掀开琴盖一弹就知道了——都不用请校音师。”

（选自《意林》2019 年第 11 期）

（三）新闻

正月初一至初三电影票房达 34.75 亿元

国家电影局初步统计数据显示：正月初一至初三，电影票房达 34.75 亿元，日均超 10 亿元；《长津湖之水门桥》等 3 部新主流电影的票房达 20.25 亿元，市场占比 58.26%，观众普遍给予较高评价。

走进影院，可以感受到浓浓的节日气氛和观影热情，许多观众手持电影票，与电影海报合影留念。在做好疫情防控的前提下，影院现场秩序井然，影厅保持较高上座率。

据了解，今年春节假期上映的影片题材多样、类型丰富。其中，新主流电影成为电影市场的重要支柱，在口碑和票房上取得双丰收。目前，我国已经成为全球银幕数最多的国家，也是全球最大的电影市场。

（选自《人民日报》2022 年 2 月 4）

杭州亚运会将于明年 9 月 23 日开幕

亚奥理事会 19 日宣布，将于杭州举办的第 19 届亚运会的最新举办日期定为 2023 年 9 月 23 日至 10 月 8 日。

亚奥理事会在声明中表示,第19届亚运会原定于2022年9月10日至25日在杭州举行。受新冠疫情影响,亚奥理事会执委会于2022年5月6日决定推迟本届亚运会后成立了特别工作组商讨最新举办日期。过去两个月,特别工作组与中国奥委会、杭州亚组委及其他有关方面举行了多轮协商,以寻找窗口期,确保不与其他国际综合性体育赛事冲突。工作组建议的日期获得了亚奥理事会执委会批准。

中国奥委会表示,这一日期是根据亚奥理事会、中国奥委会、杭州亚组委组成的特别工作组提出的建议,经亚奥理事会执委会批准后确定的,目前日期是综合考虑国际疫情形势和全球赛历等因素后提出的。杭州亚组委表示,将在亚奥理事会和中国奥委会的指导下,与有关各方共同努力,按照确定的举办日期全面做好筹办工作。

(选自《北京青年报》2022年7月20日)

我国将新增八个国家大气本底站

记者近日从中国气象局获悉,“十四五”期间,我国将在现有7个国家大气本底站和即将建成的广东新丰国家大气本底站基础上,新建8个国家大气本底站,实现16个气候系统关键观测区国家大气本底站全覆盖。

大气本底站观测温室气体和大气臭氧等反应性气体、气溶胶、太阳辐射等数十个要素,其观测结果体现较大尺度大气不直接受人为污染影响且混合均匀之后的平均状况。大气本底站站址选定工作要求严苛,一般选择在远离人类活动和污染源的地区,以最大限度“还原”大气的本来面目。作为较早开展该项观测业务的国家之一,目前,我国建立了“1(青海瓦里关全球大气本底站)+6(北京上甸子、黑龙江龙凤山、浙江临安、湖北金沙、云南香格里拉和新疆阿克达拉区域大气本底站)”共7个国家大气本底站,形成了国家级大气本底观测网络。

“十四五”是碳达峰的关键期、窗口期,结合气候系统关键观测区的观测要求,中国气象局将在环渤海陆海气、黄淮农田生态、四川盆地环境、锡林郭勒草原、敦煌沙漠陆面过程、青藏高原陆面与大气过程等8个综合观测区新增国家大气本底站。

在这8个尚未开展大气本底观测的气候系统关键观测区内新建国家大气本底站,将使每个气候系统关键观测区至少有一个国家大气本底站。

(选自《中国科学报》2022年6月20日)

进一步精准规范开展新冠肺炎疫情防控消毒工作

国务院联防联控机制5月31日发布《关于进一步精准规范开展新冠肺炎疫情防控消毒工作的通知》,要求充分认识精准规范消毒在疫情防控中的重要性,进一步规范各地消毒工作,指导各方精准落实消毒各项措施,巩固疫情防控成果。

通知明确,在疫情防控过程中,坚决杜绝入户消毒技术不规范、操作简单粗暴、执行跑偏走样等问题发生。要求从严格规范疫源地终末消毒、优化入户终末消毒技术操作流程、指导各行各业疫情期间开展预防性消毒等5个方面精准规范落实各项消毒措施。

根据通知，各地要将消毒作为当前疫情防控的重点工作抓紧抓实抓好，确保消毒效果和质量。对于检查中发现存在风险隐患的，要及时跟踪、整改到位，依法严肃查处违法违规行为。同时，进一步加大消毒相关政策解释说明力度，针对公众关心的消毒问题，及时做好回应和解读。

通知分别制定了针对专业人员使用的《疫源地终末消毒工作细则》、群众科普和公共场所使用的《公众预防性消毒指引》。

（选自《北京青年报》2022年6月1日）

第六讲

第六讲　调动思想感情的方法之情景再现

一、理论基础

文字作者用“妙笔”生花,我们用声音“升华”文字。文字变成声音不是简单地念出声音,而是我们经过一系列的准备、感受、酝酿,让自己的思想感情处于运动状态,再利用声音的多种表达方法,形成色彩丰富、变化自如的表达。如果我们没有充分感受文字稿件的思想感情,声音会显得“干巴巴”的,或者呈现“读书腔”。

从这一讲开始,我们会连续三讲谈谈如何让自己的思想感情“动起来”,先来讲“情景再现”。快,一起进入有声语言创作的美妙世界吧!

情景再现的定义是,播音员主持人以语言内容为依据展开再造想象,使稿件中的人物、事件、情节、场面、景物、情绪……在自己的脑海里不断浮现,形成连续的活动的画面,并不断引发相应的态度、感情,这个过程就是情景再现。这种方法就像在脑子里“过电影”,让平面的文字变得立体了、活动了,让我们的感受很生动、很具体。

情景再现分为以下几个步骤。

第一步:理清头绪。即脑海里连续活动的画面的展开。开头是什么?出场的人物是谁?有什么特点?接下来的变化怎么样?如何发展?结果怎么样?要把握结构,明确先后顺序,把握画面的主次详略及特点。

第二步:设身处地。就是通过想象,将自己置身于稿件所描述的情景中,缩短我们与稿件所述情景的时空距离和人物的心理距离等,使我们迅速地投入稿件所规定的情景中,获得现场感,感到“我就在”。

第三步:触景生情。这是情景再现的核心,播读中特别强调内心积极的反应,掌握两点要求:一是反应积极,一触即发;二是以情为主,情景交融。做到一个具体的“景”的刺激,马上能引起具体的“情”,又要完全符合稿件的要求。

第四步:现身说法。内心情感积累到一定程度时,就想把我“亲眼所见,亲耳所闻,亲身所历,亲身所感”的情景再现给受众,经过自己的消化吸收,加工制作,使听众产生某种情景的再现，从中受到感染。

以上四步并非界限分明，而是联系紧密，常常你中有我，我中有你。总之，情景再现是让我们的思想感情运动起来。

情景再现是调动情感的方法。我们在准备阶段可以对文字内容很细致地展开想象，甚至浮想联翩。真正在播读时，景物已不清晰了，情感却更加饱满。在这个阶段，我们不必再细致地展开想象，只需让情景稍加显露，重要的是快速唤起我们准备稿件时的具体感受和触动心灵的那一点。

【示例】

母　爱(音频 6-1)

故事发生在西部一个极度缺水的沙漠地区。这里，每人每天的用水量只有三斤，饮用、洗漱、洗菜、洗衣，包括喂牲口，全都依赖这三斤珍贵的水。这些水还得靠驻军从很远的地方运来。

人缺水不行，牲畜也一样。终于有一天，一头向来温顺的老牛挣脱了缰绳，闯到运水车必经的公路旁。运水的军车来了，老牛迅速冲上公路，司机紧急刹车，停了下来。老牛立在车前，任凭司机怎么呵斥驱赶，它就是不肯挪动半步。五分钟过去了，十分钟过去了，双方仍然僵持着。运水的战士以前也碰到过牲口拦路索水的情形，但它们都不像这头牛这般倔强。人和牛就这样对峙着，性急的司机反复按响喇叭，可老牛仍然一动不动。

后来，牛的主人来了。恼怒的主人扬起长鞭，狠狠地抽打瘦骨嶙峋的老牛。牛被打得哀哀叫唤，但还是不肯让开。它凄厉的叫声，和着沙漠中阴冷的风，显得分外悲壮。一旁的运水战士哭了，司机也哭了。最后，运水的战士说："就让我违反一次规定吧，我愿意接受一次处分。"他从水车上取出半盆水，放在牛面前。

出人意料的是，老牛没有喝水，而是对着夕阳，仰天长哞，似乎在呼唤什么。不远的沙堆背后跑来一头小牛。老牛慈爱地看着小牛贪婪地喝完水，伸出舌头舔舔小牛的眼睛，小牛也舔舔老牛的眼睛。静默中，人们看到了母子眼中的泪水。没等主人吆喝，它们掉转头，在一片寂静中慢慢地往回走去。

第一步：理清头绪。

《母爱》写的是在极度缺水的沙漠地区，一头瘦骨嶙峋的老牛强行拦住运水的军车，但它并没有喝那以死抗争得来的水。文章有三个层次：当地缺水极其严重；老牛挡住了送水车的路，主人寻来，发现老牛在拦车索水，恼羞成怒，用长鞭狠狠地抽打；老牛把以死抗争得来的水给小牛喝。这三个层次讲述了一份浓浓的母爱。三个层次有情有景，尤其最后一个层次是文章的核心。理清头绪后，对文章的发生、发展、结尾就很清楚了。

第二步:设身处地。

设想自己生活在缺水干旱的西部,“这里,每人每天的用水量严格限定为3斤。日常的饮用、洗漱、洗菜、洗衣,包括喂牲口,全都依赖这3斤珍贵的水。”这么一点点水却有这么多用途,让人有点不可思议。3斤水,也就是3瓶瓶装矿泉水那么多,倒在脸盆里不过才半盆,联系自己日常的用水情况,可知缺水的严重程度了。

就在这样的环境里,你试着把文章演绎成电影,一步步分解事件发生的过程,谁先出场?做了什么?谁又出场了?两者什么关系?出人意料的结尾中又出现了谁?你仿佛置身于故事发生的现场,真切体验到了整个故事的气氛转换变化的节奏。

文章虽然短小,却内涵丰富,情节一波三折:“老牛迅速冲上公路,司机紧急刹车”→“牛的主人来了。恼怒的主人扬起长鞭,狠狠地抽打瘦骨嶙峋的老牛。牛被打得哀哀叫唤,但还是不肯让开。”→“老牛慈爱地看着小牛贪婪地喝完水,伸出舌头舔舔小牛的眼睛,小牛也舔舔老牛的眼睛。”文章没有华丽的词语,基本上近似白描的写作方法,更容易让人根据日常生活中的体验把握老牛、小牛的心理活动。

第三步:触景生情。

不同的文章让我们有不同的情感体验,有的文章让我们高兴,高兴到手舞足蹈;有的文章让我们感动,感动到热泪盈眶;有的文章让我们忧虑,忧虑到茶饭不思……这篇文章让我们有什么样的情感体验呢?读了之后,你高兴了吗?悲伤了吗?痛苦了吗?忧虑了吗?愤恨了吗?同情了吗?生气了吗?感动了吗?惊讶了吗?抑或其他?还是这些感情都有?播读水平的高低恰恰体现在我们用什么样的感情色彩与态度将画面再现出来。在这篇文章中我们的感受是:

(1)西部缺水地区,干裂的土地,没有绿色,我们同情生活在那里的人们,缺水使得他们的生活举步维艰。3斤水是人类对水的最低要求,是生命之水,也只能维持生命。

(2)老牛拦路索水,以死抗争的细节描写,让我们体会老牛坚定的决心,衬托了老牛的爱子心切。牛的主人狠狠地抽打与运水战士的哭让人物定位清楚,主人的自律与战士的人文关怀色彩凸现。

(3)老牛慈爱地望着小牛将所有的水喝尽,我们从中可以进一步感受到母爱的无私与伟大。

第四步:现身说法。

前三步的准备,让我们从情感的角度出发,歌颂老牛无私的爱;从情感升华的角度,感谢所有母亲对孩子无怨无悔的付出。小爱上升到大爱,情感呼之欲出,随着脑海中情节的不断反复,我们把“过电影”变成有声语言的表达,听众跟着你的播讲一起进入情境当中。

二、实践练习

(一)片段练习

①那时是人类的黄金时代,世界上一年四季都是春天,茂林蔽日,盛开的花朵布满大地,熏风永拂,绿水长流,到处都可听到珍禽奇鸟的啼唱。大自然的美景,目不暇接。累累的苹果、香蕉、菠萝、蜜橘、无花果和其他各种各类的果实,满挂树上;还有紫得透亮的葡萄,香脆欲碎的甜瓜,密悬藤端。人们可以随时摘下来解渴充饥,而且取之不尽,用之不竭。

人们不需要汗流满面地去工作,因为大地上的万物,已足够他们过舒适的生活。人们没有“老”“病”的烦恼和痛苦,脸上永没有皱纹,两腿永不会蹒跚,终身健美,青春的活力一直充沛。

天气总是暖暖和和的,没有严寒,也没有酷热;没有狂风,也没有暴雨。

(节选自柏杨《天涯故事》)

【提示】从理想中的春天引发对美好生活的向往。想一想,春天里的色彩、声音。

②暴风咆哮着,几次的,他都要被吹下深谷,大雨倾盆,险恶的岩石又光又滑,使他寸步难行,冰雹夹着细砂,无情地向他猛扑,他的头上脸上,已开始流血了,但他一点也不气馁,他匍匐前进,把普罗美秀斯拉上来。

(节选自柏杨《天涯故事》)

【提示】恶劣的气候与人物“他”的坚强,让我们产生钦佩之情。如果在现场,你体会和感受到了什么?

③大雨由倾盆而瀑布,最初,还间或有几个晴天,几个月后,便接连着一直下起来了。太阳隐藏在天空一角,大地上昏暗如夜,一片凄凉,海被填满了,雨势不但没有稍减的趋势,反而落得更加凶猛,海水倒灌回平原,淹没了田野和丘陵。

(节选自柏杨《天涯故事》)

【提示】体会大雨的具体视觉感受,想象看到了雨的形状、雨的大小以及被“淹没了田野和丘陵”。

④兴奋的旅游者们纷纷从客舱出来,挤满边舷,向我们挥手呼喊,我们也向他们挥手致意。我站在舵房外面用望远镜细看那些无忧无虑、神情愉快的男男女女。一个穿猩红色连衣裙的女孩出现在我的视野。她最热情洋溢,又笑又跳又招手,久久吸引住我的视线,直到客轮远远抛在后面。

(节选自王朔《空中小姐》)

【提示】体会兴奋的游客与一个女孩裙子的抢眼色彩,想象你看到了他们的一举一动。

⑤一根蜘蛛网丝在空中拉好了:一头拴在图钉上,另一头拴在对面墙的一颗小钉子上。小蜘蛛在细细的蛛丝上工作着,她要把这根丝加粗一些。这根丝是网的“地基”。

(节选自郑渊洁《童话全集》)

【提示】体会空间感觉,想象小蜘蛛在空中织网的动作和路线。

⑥皮皮鲁走进妹妹的房间,什么吓人的事也没有呀!鲁西西把皮皮鲁叫到壁柜跟前,对他说:“你拉开门看看。”皮皮鲁大模大样地拉开壁柜的门,不禁“啊”地叫了一声,紧接着倒吸了一口凉气。

壁柜里的墙壁上出现了一个黑乎乎的大洞,洞口是长方形的,洞里一阵阵地往外喷射着寒气。

(节选自郑渊洁《童话全集》)

【提示】体会寒气带来的恐惧感,想象当你打开冰箱的一瞬间,冷气迎面而来。

⑦只有在半山腰县立高中的大院坝里,此刻却自有一番热闹景象。午饭铃声刚刚响过,从一排排高低错落的石窑洞里,就跑出来了一群一伙的男男女女。他们把碗筷敲得震天价响,踏泥带水、叫叫嚷嚷地跑过院坝,向南面总务处那一排窑洞的墙根下蜂拥而去。偌大一个院子,霎时就被这纷乱的人群踩踏成了一片烂泥滩。与此同时,那些家在本城的走读生们,也正三三两两涌出东面学校的大门。他们撑着雨伞,一路说说笑笑,通过一段早年间用横石片插起的长长的下坡路,不多时便纷纷消失在城市的大街小巷中。

(节选自路遥《平凡的世界》)

【提示】体会喧闹的听觉感受,想一想,你听到了什么?看到了什么?

⑧天黑严以后,他还没有回家。他一个人呆呆地坐在禾场边上,望着满天的星星,听着小河朗朗的流水声,陷入了一种说不清楚的思绪之中。这思绪是散乱而飘浮的,又是幽深而莫测的。他突然感觉到,在他们这群山包围的双水村外面,有一个辽阔的大世界。而更重要的是,他现在朦胧地意识到,不管什么样的人,或者说不管人在什么样的境况下,都可以活得多么好啊!在那一瞬间,生活的诗情充满了他16岁的胸膛。

(节选自路遥《平凡的世界》)

【提示】体会黑夜环境和人物充满希望的内心世界。

⑨雪纷纷扬扬,下得很大。开始还伴着一阵儿小雨,不久就只见大片大片的雪花,从彤云密布的天空中飘落下来。地面上一会儿就白了。冬天的山村,到了夜里就万籁俱寂,只听得雪花簌簌地不断往下落,树木的枯枝被雪压断了,偶尔咯吱一声响。

(节选自峻青《第一场雪》)

【提示】用视觉、听觉体会雪。

⑩那是力争上游的一种树,笔直的干,笔直的枝。它的干呢,通常是丈把高,像是加以人工似的,一丈以内,绝无旁枝;它所有的丫枝呢,一律向上,而且紧紧靠拢,也像是加

以人工似的，成为一束，绝无横斜逸出；它的宽大的叶子也是片片向上，几乎没有斜生的，更不用说倒垂了；它的皮，光滑而有银色的晕圈，微微泛出淡青色。这是虽在北方的风雪的压迫下却保持着倔强挺立的一种树！哪怕只有碗来粗细罢，它却努力向上发展，高到丈许，两丈，参天耸立，不折不挠，对抗着西北风。

（节选自茅盾《白杨礼赞》）

【提示】用空间感觉和视觉体会白杨树的笔直、刚正不阿，唤起赞美之情。

⑪阿诺德很快就从集市上回来了，向老板汇报说到现在为止只有一个农民在卖土豆，一共 40 口袋，价格是多少多少；土豆质量很不错，他带回来一个让老板看看。这个农民一个钟头以后还会弄来几箱西红柿，据他看，价格非常公道。昨天他们铺子的西红柿卖得很快，库存已经不多了。他想这么便宜的西红柿，老板肯定会要进一些的，所以他不仅带回了一个西红柿做样品，而且把那个农民也带来了，他现在正在外面等回话呢。

（节选自张健鹏、胡足青主编《故事时代》中的《差别》）

【提示】体会连续的说话场景，还要注意其中的因果逻辑关系，把话说清楚、说明白。

⑫韩麦尔先生站起来，脸色惨白，我觉得他从来没有这样高大。“我的朋友们啊，”他说，“我——我——”但是他哽住了，他说不下去了。他转身朝着黑板，拿起一支粉笔，使出全身的力量，写了两个大字：“法兰西万岁！”然后他待在那儿，头靠着墙壁，话也不说，只向我们做了一个手势：“放学了，——你们走吧。”

（节选自都德《最后一课》）

【提示】体会作为一个普通的老师和一个爱国知识分子的韩麦尔先生遭受异国统治的痛苦，以及他内心深处对祖国的国土和语言的热爱和留恋。

⑬天空的霞光渐渐地淡下去了，深红的颜色变成了绯红，绯红又变成浅红。最后，当这一切红光都消失了的时候，那突然显得高而远了的天空，则呈现出一片肃穆的神色。最早出现的启明星，在这蓝色的天幕上闪烁起来了。它是那么大，那么亮，整个广漠的天幕上只有它在那里放射着令人注目的光辉，活像一盏悬挂在高空的明灯。

（节选自峻青《海滨仲夏夜》）

【提示】体会天黑瞬间的画面，注意天空前后的对比变化。

⑭时间过得飞快，使我的小心眼里不只是着急，还有悲伤。有一天我放学回家，看到太阳快落山了，就下决心说：“我要比太阳更快地回家。”我狂奔回去，站在庭院里喘气的时候，看到太阳还露着半边脸，我高兴得跳起来。那一天我跑赢了太阳。以后我常做这样的游戏，有时和太阳赛跑，有时和西北风比赛，有时一个暑假的作业，我十天就做完了。那时我三年级，常把哥哥五年级的作业拿来做。每一次比赛胜过时间，我就快乐得不知道怎么形容。

（节选自林清玄《和时间赛跑》）

【提示】作者从外祖母去世的感伤中意识到了时间的珍贵，并时常和时间赛跑。体会作者每次跑赢时间的由衷的快乐和那份成就感。

(二)文章

樵夫与赫耳墨斯

有个樵夫在河边砍柴,不小心把斧子掉到河里,被河水冲走了。他坐在河岸上失声痛哭。赫耳墨斯知道了此事,很可怜他,走来问明原因后,便下到河里,捞起一把金斧子来,问是否是他的,他说不是;接着赫耳墨斯又捞起一把银斧子来问是不是他掉下去的,他仍说不是;赫耳墨斯第三次下去,捞起樵夫自己的斧子来时,樵夫说这才是自己所失掉的那一把。赫耳墨斯很赞赏樵夫为人诚实,便把金斧、银斧都作为礼物送给他。樵夫带着三把斧子回到家里,把事情经过详细地告诉了朋友们。其中有一个人十分眼红,决定也去碰碰运气,跑到河边,故意把自己的斧子丢到急流中,然后坐在那儿痛哭起来。赫耳墨斯来到他面前,问明了他痛哭的原因,便下河捞起一把金斧子来,问是不是他所丢失的。那人高兴地说:“呀,正是,正是!”然而他那贪婪和不诚实的样子却遭到了赫耳墨斯的痛恨,不但没赏给他那把金斧子,就连他自己的那把斧子也没给他。

这个故事说明,诚实的人会得到人们帮助,狡诈的人必遭到人们唾弃。

(节选自《伊索寓言》)

普通话测试作品 50 号

著名教育家班杰明曾经接到一个青年人的求教电话,于是与那个向往成功、渴望指点的青年人约好了见面的时间和地点。

等到那位青年人如约而至时,班杰明的房门敞开着,眼前的景象令青年人颇感意外——班杰明的房间里乱七八糟、狼藉一片。

没等青年人开口,班杰明就招呼道:“你看我这房间,太不整洁了,请你在门外等候一分钟,我收拾一下,你再进来吧。”一边说着,班杰明就轻轻关上了房门。不到一分钟的时间,班杰明又打开了房门并热情地把青年人让进客厅。这时,青年人的眼前展现出另一番景象——房间里的一切已变得井然有序,而且有两杯刚刚倒好的红酒,在淡淡的香水气息里还漾着微波。

可是,没等青年人把满腹的有关人生和事业的疑难问题向班杰明讲出来,班杰明就非常客气地说道:“干杯。你可以走了。”

青年人手持酒杯一下子愣住了,既尴尬又非常遗憾地说:“可是,我……我还没向您请教呢……”

“这些……难道还不够吗?”班杰明一边微笑着一边扫视着自己的房间,轻言细语地说,“你进来又有一分钟了”。“一分钟……一分钟……”青年人若有所思地说:“我懂了,您让我明白了一分钟的时间可以做许多事情,可以改变许多事情的深刻道理。”

班杰明舒心地笑了。青年人把杯里的红酒一饮而尽，向班杰明连连道谢之后，开心地走了。

其实，把握好了生命中的每一分钟，也就是把握了理想的人生。

（节选自纪广洋《一分钟》）

国务院批复同意在北京设立国家植物园

据中国政府网 4 日消息，国务院已批复同意在北京设立国家植物园。

根据国务院关于同意在北京设立国家植物园的批复，国家植物园由国家林草局、住房城乡建设部、中科院、北京市人民政府合作共建。

批复要求，国家植物园建设要坚持人与自然和谐共生，尊重自然、保护第一、惠益分享；坚持以植物迁地保护为重点，体现国家代表性和社会公益性；坚持对植物类群系统收集、完整保存、高水平研究、可持续利用，统筹发挥多种功能作用；坚持将植物知识和园林文化融合展示，讲好中国植物故事，彰显中华文化和生物多样性魅力，强化自主创新，接轨国际标准，建设成中国特色、世界一流、万物和谐的国家植物园。

批复指出，中科院和北京市人民政府共同成立理事会，形成共商、共建、共管、共享的管理模式，依托中科院植物研究所和北京市植物园现有相关资源，构建南、北两个园区统一规划、统一建设、统一挂牌、统一标准，可持续发展的新格局。国家林草局、住房城乡建设部、中科院要进一步统筹规划、合理布局，稳步推进全国国家植物园体系建设。

（选自《北京青年报》2022 年 01 月 05 日，有删改）

《第三极环境科学评估报告》全球发布

本报讯 近日，联合国环境署面向全球发布《第三极环境科学评估报告》（以下简称《报告》）。发布会以线上线下相结合方式进行，线下在中国科学院青藏高原研究所（以下简称青藏高原所）北京部举行。

地球第三极包括青藏高原及其周边山区。该《报告》是关于第三极环境变化的首个综合评估报告，从气候、水体、生态系统和生物多样性以及人类活动影响 4 个方面列出了多学科研究的群体共识。

作为《报告》主笔之一，中科院院士、青藏高原所研究员姚檀栋介绍，《报告》评估了第三极过去 2000 年和正在发生的环境变化，分析了气候变化、地表水体、生态系统和生物多样性、人类活动等不同过程对第三极环境的综合影响，预估了第三极未来水资源、高寒生态系统、生物多样性等过程的未来变化趋势及其复杂性，强调多学科交叉研究在应对第三极复杂环境变化方面的重要性。

“中国科学家在《报告》中发挥主体贡献。”青藏高原所研究员徐柏青向《中国科学报》介绍，“《报告》的核心是第三极整体呈暖湿趋势，生态趋好，但环境风险增加”。

自 20 世纪 80 年代以来，第三极生态系统整体趋好，具体表现为在人为保护干预下生物多样性保持良好,植物生长季提前,植被覆盖度增大,生产力提高。进入21世纪后,土壤质量整体恶化趋势和水土流失状况有所改善。与此同时,第三极周边的人类活动诸如黑碳排放、重金属污染和持久性有机污染物等的空气污染,对该区环境造成负面效应。区域经济发展需更充分协调与环境保护的关系。

“水资源利用既有机遇也有挑战,需要科学研判。”青藏高原所研究员张凡表示。

《报告》给出了模型预测,如果全球增温在21世纪末维持在1.5℃,那么第三极随海拔升高而加剧的增温将达到1.8℃左右。相应的,模型预估降水量将在21世纪末增加6%～15%。尤其在以冰川融水为主要补给源的流域,未来径流量将普遍上升,到达峰值后稳步下降。

(选自《中国科学报》2022年5月5日)

捅马蜂窝

爷爷的后院虽小,它除去堆放杂物,很少人去,里边的花木从不修剪,快长疯了!枝叶纠缠,阴影深浓,却是鸟儿、蝶儿、虫儿们生存和嬉戏的一片乐土,也是我儿时的乐园。我喜欢从那爬满青苔的湿漉漉的大树干上,取下一只又轻又薄的蝉衣,从土里挖出筷子那般粗的肥大的蚯蚓,把团团飞舞的小蠓虫赶到蜘蛛网上去。那沉甸甸压弯枝条的海棠果,各个都比市场买来的大。这里,最壮观的要数爷爷窗檐下的马蜂窝了,好像倒垂的一只大莲蓬,无数金黄色的马蜂爬进爬出,飞来飞去,不知忙些什么,大概总有百十只之多,以致爷爷不敢开窗子,怕它们中间哪个冒失鬼一头闯进屋来。

“真该死,屋子连透透气儿也不能,哪天请人来把这马蜂窝捅下来!”奶奶总为这个马蜂窝生气。

“不行,要蜇死人的!”爷爷说。

“怎么不行?头上蒙块布,拿竹竿一捅就下来。”奶奶反驳道。

“捅不得,捅不得。”爷爷连连摇手。

我站在一旁,心里却涌出一种捅马蜂窝的强烈欲望。那多有趣!当我给这个淘气的欲望鼓动得难以抑制时,就找来妹妹,乘着爷爷午睡的当儿,悄悄溜到从走廊通往后院的小门口。我脱下褂子蒙住头顶,用扣上衣扣儿的前襟遮盖下半张脸,只露一双眼。又把两根竹竿接绑起来,作为捣毁马蜂窝的武器。我和妹妹约定好,她躲在门里,把住关口,待我捅下马蜂窝,赶紧开门放我进来,然后把门关住。

妹妹躲在门缝后边,眼瞧我这非凡而冒险的行动。我开始有些迟疑,最后还是好奇战胜了胆怯。当我的竿头触到蜂窝的一刹那,好像听到爷爷在屋内呼叫,但我已经顾不得别的,一些受惊的马蜂轰地飞起来,我赶紧用竿头顶住蜂窝使劲地摇撼两下,只听“通”,一个沉甸甸的东西掉下来,跟着一团黄色的飞虫腾空而起,我扔掉竿子往小门那边跑,谁料到妹妹害怕,把门在里边插上,她跑了,将我关在门外。我一回头,只见一只马蜂径直而凶猛地朝我扑来，好像一架燃料耗尽、决心相撞的战斗机。这复仇者不顾一死而拼死的气势使我惊呆了。我抬手想挡住脸，只觉眉心像被针扎似的剧烈地一疼，挨蜇了！我捂着脸大叫，不知道谁开门把我拖到屋里。

当夜，我发了高烧。眉心处肿起一个枣大的疙瘩，自己都能用眼瞧见。家里人轮番用醋、酒、黄酱、万金油和凉手巾把儿，也没能使我那肿疮迅速消下来。转天请来医生，打针吃药，七八天后才渐渐复愈。这一下好不轻呢！我生病也没有过这么长时间，以致消肿后的几天里不敢到那通向后院的小走廊上去，生怕那些马蜂还守在小门口等着我。

过了些天，惊恐稍定，我去爷爷的屋子，他不在，隔窗看见他站在当院里，摆手招呼我去，我大着胆子去了，爷爷手指窗根处叫我看，原来是我捅掉的那个马蜂窝，却一只马蜂也不见了，好像一只丢弃的干枯的大莲蓬头。爷爷又指了指我的脚下，一只马蜂！我惊吓得差点叫起来，慌忙跳开。

"怕什么，它早死了！"爷爷说。

仔细瞧，噢，原来是死的。仰面朝天躺在地上，几只黑蚂蚁在它身上爬来爬去。

爷爷说："这就是蜇你那只马蜂。马蜂就是这样，你不惹它，它不蜇你。它要是蜇了你，自己也就死了。"

"那它干吗还要蜇我呢，它不就完了吗？"

"你毁了它的家，它当然不肯饶你，它要拼命的！"爷爷说。

我听了心里暗暗吃惊。一只小虫竟有这样的激情和勇气。低头再瞧瞧那只马蜂，微风吹着它，轻轻颤动，好似活了一般。我不禁想起那天它朝我猛扑过来时那副视死如归的架势，与毁坏它们生活的人拼出一死，真像一个英雄……我面对这壮烈牺牲的小飞虫的尸体，似乎有种罪孽感沉重地压在我的心上。

那一窝马蜂呢，无家可归的一群呢，它们还会不会回来重建家园？我甚至想用胶水把那只空空的蜂窝粘上去。

这一年，我经常站在爷爷的后院里，始终没有等来一只马蜂。

转年开春，有两只马蜂飞到爷爷的窗檐下，落到被晒暖的木窗框上，然后还在过去的旧巢的残迹上爬了一阵子，跟着飞去而不再来。空空又是一年。

第三年，风和日丽之时，爷爷忽叫我抬头看，隔着窗玻璃看见窗檐下几只赤黄色的马蜂忙来忙去。在这中间，我忽然看到，一个小巧的、银灰色的、第一间蜂窝已经筑成了。

于是，我和爷爷面对面开颜而笑，笑得十分舒心。我不由得暗暗告诉自己，再不做一件伤害旁人的事。

（选自冯骥才《灵魂的巢》）

第七讲　调动思想感情的方法之内在语

第七讲

一、理论基础

在我们的播音创作中常常有这样的情况，一篇稿件，初识乍看，平平常常；深入揣摩，回味悠长。其中的内在含意往往与字面表达的意思不同，因为性别、性格、语言习惯的原因，或限于说话的场合、环境，以及说话双方的身份、地位，或出于得体、礼貌和策略的需要，人们说话经常要委婉、含蓄，不那么直接。不仅如此，生活当中的交谈还会出现“话里有话，弦外之音”的情况，比如下面的这个笑话：

几个学生躺在被窝里闲聊。

甲：我的爱国心最强。

乙：我的爱国心才最强，我从不买外国货。

丙：我也从来不看外国电影。

甲(慢条斯理地)：还是我最强，你们想想看，我入学以来，哪次外语考试及格了？

笑话最后，甲的话不是一目了然能够明白，再一琢磨，才知道其中的含意。这个过程是需要动动脑筋思考的，这就是这一讲我们所讲的内在语，它是播音员主持人的心理活动，为播音语言表达提供充实的内心依据。

播音的内在语是指那些在文字语言中所不便表露、不能表露或没有完全表露出的语句关系和语句本质。语句关系是语句之间的逻辑关系，搞清楚全篇语句之间、小层次之间、段落层次之间的内在联系，使我们获得或并列，或递进，或因果，或转折，或分合等情况的逻辑感受，从而明了文章上下衔接、前后照应的逻辑关系，接着以内在语的形式把我们理解感受到的逻辑关系显示和引发出来。这样运用内在语的衔接转化作用，可以帮助我们找到自然贴切的语气，形成一气呵成、浑然一体的效果，增强有声语言的活力。语句本质就是语句的内在含意、感情态度。揭示了语句的本质，可以引发贴切的语气，使有声语言深刻丰富，耐人寻味。

既然内在语没有在文字中明确显示出来，就需要我们挖掘文字后面更深刻的含意，把握鲜明的语句关系。明晰、准确的内在语会激活我们的有声语言，使我们自然真实地把稿件的话变为自己要说的话，传达给受众。

内在语的把握表现在两个方面：一个是语句本质的差异，另一个是语言链条的承接。先来看第一个方面：语句本质的差异。

在一般情况下，语言和内在的含意是一致的。但有时语言和内在的含意是不一致的。语言表面上是“这个”意思，实际上是“那个”意思，而且两个意思还不一样，甚至是相反的。在播音主持中，如果把内在的意思播反了，立场、态度和观点就都变了。把语句的意思播反了，很大一部分原因是内在语用错了，当然也有表达方法不得当的原因。

来看小故事《中计》，看看其中内在语的用法。

中 计(音频 7-1)

七月初的一天，在辽宁省海城县一个小山村里。住在张大伯家的某部侦察排的战士们刚刚起床，就看见房东张大爷气冲冲地走进屋来。张大爷绷着个脸问道：“昨天，你们谁进了我家东菜园，把菜地弄得乱七八糟?”一句话把全排战士给问怔了，互相看了看，谁也没吭声。

这时候，有一个小战士脸一下子红到了耳根。他叫洪松彪，是今年才入伍的新战士，原来，昨晚上是他悄悄地跑到菜地里，帮张大爷干活的。小洪心里直打鼓，他想，是不是我铲地的时候伤了苗？是不是水浇多了淹了菜？小洪越想越不安。这时候，张大娘又跑进来火上浇油地说：“老头子，别跟他们说了，咱们去找指导员说个清楚。”话音未落，就拉着张大爷往外走。

刚刚十八岁的洪松彪，哪见过这个场面呀，小伙子沉不住气了，马上开口说：“大爷、大娘别发火，昨天是我跑到菜地里去的。我看你们二老年纪大，大爷成天忙着队上的事儿，顾不了家，就抽空帮你们干了点儿活。谁知道我不会干，给你们添了麻烦，真对不起你们，有多大的损失我一定赔。”说着就伸手掏钱包。

张大爷看到这个情景，倒哈哈大笑起来。张大娘也跟着笑起来，她疼爱地拉着小洪的手说：“孩子你受委屈了。”小洪纳闷地抬起头来看着两位老人，张大爷得意地说：“孩子，你中计了，从打你们到我们村来搞训练，给大家伙干了那么多的好事。可我们就是不知道是谁干的，昨晚上我和你大娘一合计呀，就想出这个小计策来。果不出所料，你们还真中计了。”

全排战士这才恍然大悟，和张大爷、张大娘一块儿笑了起来。洪松彪，这个虎头虎脑的小伙子却像大姑娘似的，羞涩地低下了头。

张大爷说的“中计”不是真的上了圈套的意思，所以这句话的语气应该是感谢的、诚恳的、疼爱的，而非字面意思上的得意扬扬。内在语为“(好)孩子，你中计了”。

第二个方面:语言链条的承接。

语言链条的承接是指语句、段落的前边或后边,运用内在语的转折、连接作用,造成一气呵成、浑然一体的效果。

内在语有如下作用。

一是,发语作用。在语句、段落之前,借助内在语把语句、段落播好。

昨天是西方母亲节。中华母亲节促进会会长、全国政协委员李汉秋表示,他已与45位全国政协委员联名吁请设置中华母亲节,日期将定在孟母生孟子之日,即每年的农历四月初二。李汉秋表示,今年中华母亲节(阳历5月18日),北京、天津、南京、福州等几十个城市的一些学校将率先开展起来。

这篇新闻导语前面加上内在语"中国现在时兴过'洋节'",可以把播音员主持人的态度和消息的目的结合起来,告诉人们维系中华文化血脉、培育中华民族精神,需要自己的母亲节。

二是,转换作用。由上一段、上一句到下一段、下一句,需要转换的时候可以借助内在语"过渡"。

示例是以上新闻导语的主体。导语与主体的转换,我们可以加上内在语"近年来,大家都知道已经有母亲节了"。这个内在语能够起到承上启下的过渡作用。用三个问题作为三个段落开头的内在语,可以使三个段落的层次更加清晰。

(近年来,大家都知道已经有母亲节了。)针对为何需要设置中华母亲节等相关问题,李汉秋等在吁请中做了详细的阐释。

(问题1:为何设置中华母亲节?答:中华母亲代表不是洋妈妈。)

不同文化的母亲节形象代表有不同的文化个性,流淌着自己民族文化的血液。当中华儿女吮吸母亲节的文化乳汁时,这位母亲代表却是洋妈妈,这样的事不宜再继续下去。我们要维系中华文化血脉、培育中华民族精神,需要自己的中华母亲节。

(问题2:为何让孟母做代表?答:孟母形象具备五大优势。)

为何让孟母做形象代表,李汉秋等委员认为有五个方面的原因。一是孟母实有其人,不是传说人物。二是孟母是中国贤母的典型代表,有关孟母的事迹内容翔实且材料丰富。三是时间较早,历代留有孟母遗迹供瞻仰。四是孟母家喻户晓,知名度高,影响力大。五是孟母教子成效大,孟轲成为我国古代的大思想家。

(问题3:为何定在四月初二?答:孟母生孟子之日是标志。)

李汉秋等委员认为,仉氏生孟轲才成为孟母,因此孟母生孟子之日是标志。一方面,以孟母生孟子之日作中华母亲节，让每个人在纪念孟子生日时都要感恩母亲；另一方面，孟子故里邹国（今山东邹城东南）世代相传在农历四月初二纪念孟子诞辰，已形成民俗。

三是，回味作用。上文结束，不管漾开缓收，还是戛然而止，都会给人以语已尽、情尚存的印象。

新闻的结尾是：

另外，我国传统节日以及上岁数人的生日都以农历计，只要社会重视，即使以农历计的节日也不怕不好记。建议每年的日历在这天标出中华母亲节，这样就更不会被遗忘了。

内在语是提倡过中华母亲节，尽管可能有农历计日的麻烦，也是可以解决的。新闻结束时，如这样的内在语“对不对?”体现倡导设置中华母亲节的可行性。

那么，拿到一篇稿件怎样挖掘它的内在语？可以从下述三个方面着手。首先，通读稿件，确定播出目的；其次，在稿件的大层次间体现出承接的特点和意图，主要体现在语句的衔接上；最后，在每个具体的语句中探察作者的态度和感情，看看作者在文字的后面藏着什么思想或感情色彩。要着重把握态度、感情的分寸。

【示例】

老海棠树（节选）

史铁生

1. 如果可能，如果有一块空地，不论窗前窗后，要是能随我的心愿种点什么，我就种两棵树。一棵合欢，纪念母亲；一棵海棠，纪念奶奶。

2. 奶奶，和一棵老海棠树，在我的记忆里不能分开。好像她们从来就在一起，奶奶一生一世都在那棵老海棠树的影子里张望。

3. 老海棠树近房高的地方，有两条粗壮的枝丫，弯曲如一把躺椅，小时候我常爬上去，一天一天地就在那儿玩……

4. 春天，老海棠树摇动满树繁花，摇落一地雪似的花瓣。我记得奶奶坐在树下糊纸袋，不时地冲我唠叨：“就不说下来帮帮我？你那小手儿糊得多快!”我在树上东一句西一句地唱歌。奶奶又说：“我求过你吗？这回活儿紧!”我说：“我爸我妈根本就不想让您糊那破玩意儿，是您自己非要这么累!”奶奶于是不再吭声，直起腰，喘口气，这当儿就呆呆地张望——从粉白的花间，一直到无限的天空。

5. 或者夏天，老海棠树枝繁叶茂，奶奶坐在树下的浓荫里，又不知从哪儿找来补花的活儿，戴着老花镜，埋头于床单或被罩，一针一线地缝。天色暗下来时，她冲我喊：“你就不能劳驾去洗洗菜？没见我忙不过来吗?”我跳下树，洗菜，胡乱一洗了事。奶奶生气了：

“你们上班上学,就是这么糊弄?”奶奶把手里的活儿推开,一边重新洗菜一边说:“我就一辈子给你们做饭?就不能有我自己的工作?”这回是我不再吭声。奶奶洗好菜,重新捡起针线,从老花镜上缘抬起眼,又会有一阵子愣愣地张望。

6. 有年秋天,老海棠树照旧果实累累,落叶纷纷。早晨,天还昏暗,奶奶就起来去扫院子,“刷啦——刷啦——”,院子里的人都还在梦中。那时我大些了,正在插队,从陕北回来看她。那时奶奶一个人在北京,爸和妈都去了干校。那时奶奶已经腰弯背驼。“刷啦刷啦”的声音把我惊醒,赶紧跑出去:“您歇着吧,我来,保证用不了三分钟。”可这回奶奶不要我帮。“咳,你呀你还不懂吗?我得劳动。”我说:“可谁能看得见?”奶奶说:“不能那样,人家看不看得见是人家的事,我得自觉。”她扫完了院子又去扫街。“我跟您一块儿扫行不?”“不行。”

7. 这样我才明白,曾经她为什么执意要糊纸袋,要补花,不让自己闲着。有爸和妈养活她,她不是为挣钱,她为的是劳动。她的成分随了爷爷算地主。虽然我那个地主爷爷三十几岁就一命归天,是奶奶自己带着三个儿子苦熬过几十年,但人家说什么?人家说:“可你还是吃了那么多年的剥削饭。”这话让她无地自容。她要用行动证明。证明什么呢?她想着她未必不能有一天自食其力。奶奶的心思我有点懂了:什么时候她才能像爸和妈那样,有一份名正言顺的工作呢?大概这就是她的张望吧,就是那老海棠树下屡屡的迷茫与空荒。不过,这张望或许还要更远大些——她说过:得跟上时代。

8. 所以冬天,在我的记忆里,几乎每一个冬天的晚上,奶奶都在灯下学习。窗外,风中,老海棠树枯干的枝条敲打着屋檐,摩擦着窗棂。奶奶曾经读一本《扫盲识字课本》,再后是一字一句地念报纸上的头版新闻。在《奶奶的星星》里我写过:她学《国歌》一课时,把“吼声”念成了“孔声”。我写过我最不能原谅自己的一件事:奶奶举着一张报纸,小心地凑到我跟前:“这一段,你给我说说,到底什么意思?”我看也不看地就回答:“您学那玩意儿有用吗?您以为把那些东西看懂,您就真能摘掉什么帽子?”奶奶立刻不语,唯低头盯着那张报纸,半天半天目光都不移动。我的心一下子收紧,但知已无法弥补。“奶奶。”“奶奶!”“奶奶——”我记得她终于抬起头时,眼里竟全是惭愧,毫无对我的责备。

9. 但在我的印象里,奶奶的目光慢慢离开那张报纸,离开灯光,离开我,在窗上老海棠树的影子那儿停留一下,继续离开,离开一切声响甚至一切有形之物,飘进黑夜、飘过星光、飘向无可慰藉的迷茫和空荒……而在我的梦里、我的祈祷中,老海棠树也便随之轰然飘去,跟随着奶奶,陪伴着她,围拢着她。奶奶坐在满树的繁花中、满地的浓荫里,张望复张望,或不断地要我给她说说:“这一段到底是什么意思?”——这形象,逐年地定格成我的思念和我永生的痛悔。

这篇文章真挚朴实,情真意切。作者细致描写了自己小时候与奶奶相处的生活画面,表现了奶奶对自食其力的执着、对知识的渴望,同时交织着作者对奶奶的思念和愧疚之情,也引发了人们子欲养而亲不待的悲叹。

挖掘内在语的第一步是通读稿件，确定播出目的。

挖掘内在语的第二步是在语句的衔接处发现起承转合的特点和意图。

挖掘内在语的第三步是找到作者在文字后面藏着的意思。着重把握态度、感情的分寸。

二、实践练习

穿错衣服

饭厅内，一个异常谦恭的人胆怯地碰了碰另一个顾客，那人正在穿一件大衣。

“对不起，请问您是不是皮埃尔先生？”

“不，我不是。”那人回答。

“啊，”他舒了一口气，“那我没弄错，我就是他，您穿了他的大衣。”

【挖掘内在语】是你穿了我的衣服。

鲍童智辩田贵人

齐国有个姓田的大臣，他拥有良田千顷，房屋百间，广有资产，单是收养的食客就有数十人，随时可供他使唤，为他服务。

一天，他在家里的大庭院里举行隆重的祭祖典礼。

参加盛典的客人纷纷献送各种礼物。有一位客人送上一条罕见的大鱼和一只珍奇的大雁。田氏看了十分高兴，不由得感慨地说：“苍天对于人类可算是太优待了啊！它不但命令土地生长出五谷，供我们食用，还命令世界出产这些大鱼、鸟类供我们尝鲜。啊，苍天多么仁慈和伟大啊！”

客人们听了，异口同声地奉承道：“田大人妙言妙语，真是不同凡响！”

这时，有个姓鲍的食客带着一个12岁的儿子赴宴会。那孩子这时忍不住站起来说道：“田大人，您的说法我不敢苟同。依我看，世界各种物类同我们是一起产生的，人也是一种物类。凡是物类，都没有什么高低和贵贱，只是因为智力大小的不同，因而产生相互制约、迭相食用的现象，并不是苍天有意安排的。我们人类无非是索取可吃的物类来享用，难道这些东西是苍天有心为我们生产出来的吗？”鲍家孩子说完这番话，他爸爸的面色白得像张纸，手儿索索抖着，硬拉着儿子的衣襟，叫他落座，不要再说话。

客人们听了反响不一：有暗暗赞成的，有不以为然的，有笑小孩口出狂言的，也有一个劲儿看着主人脸色的。

田氏倒也气度恢宏，宽容地对着小孩道：“你说得有点道理，可是我要请教一点：如果这大鱼和大雁不是苍天有意为人类制造的，为什么它们的味道这么鲜美呢？”

鲍家小孩"霍"地站起,从容地答道:"田大人,蚊子叮人吸血,吃得津津有味,虎狼撕咬人肉,也吃得津津有味。难道也是苍天有意为它们享用美味而安排的吗?按照您的逻辑,苍天生出我们这些人类,原来都是给蚊子和虎狼做美食的啊!"

客人们不禁哄然大笑。

田氏满面笑容,走下主桌,向鲍家小孩敬了一杯酒,欣慰地说:"想不到我家食客门下有此聪颖过人的孩子。哎,要做到不埋没天下任何一个人才,是很不容易的啊!"

(选自《中国上下五千年智慧故事》)

【挖掘内在语】鲍家孩子思维敏捷,从其和田大人的对话中找到内在语"这孩子有智慧"。

秋天的怀念

史铁生

双腿瘫痪后,我的脾气变得暴怒无常。望着望着天上北归的雁阵,我会突然把面前的玻璃砸碎;听着听着李谷一甜美的歌声,我会猛然把手边的东西摔向四周的墙壁。母亲就悄悄地躲出去,在我看不见的地方偷偷地听着我的动静。当一切恢复沉寂,她又悄悄地进来,眼边红红的,看着我。"听说北海的花儿都开了,我推着你去走走。"她总是这么说。母亲喜欢花,可自从我的腿瘫痪后,她侍弄的那些花都死了。"不,我不去!"我狠命地捶打这两条可恨的腿,喊着:"我活着有什么劲!"母亲扑过来抓住我的手,忍住哭声说:"咱娘儿俩在一块儿,好好儿活,好好儿活……"

可我却一直都不知道,她的病已经到了那步田地。后来妹妹告诉我,她常常肝疼得整宿翻来覆去地睡不着觉。

那天我又独自坐在屋里,看着窗外的树叶"唰唰啦啦"地飘落。母亲进来了,挡在窗前:"北海的菊花开了,我推着你去看看吧。"她憔悴的脸上现出央求般的神色。"什么时候?""你要是愿意,就明天?"她说。我的回答已经让她喜出望外了,"好吧,就明天。"我说。她高兴得一会坐下,一会站起,"那就赶紧准备准备。""哎呀,烦不烦?几步路,有什么好准备的!"她也笑了,坐在我身边,絮絮叨叨地说着,"看完菊花,咱们就去'仿膳',你小时候最爱吃那儿的豌豆黄儿。还记得那回我带你去北海吗?你偏说那杨树花是毛毛虫,跑着,一脚踩扁一个……"她忽然不说了。对于"跑"和"踩"一类的字眼儿,她比我还敏感。她又悄悄地出去了。

她出去了,就再也没回来。

邻居们把她抬上车时,她还在大口大口地吐着鲜血。我没想到她已经病成那样。看着三轮车远去,也绝没有想到那竟是永远的诀别。

邻居的小伙子背着我去看她的时候,她在艰难地呼吸着,像她那一生艰难的生活。别人告诉我,她昏迷前的最后一句话:"我那个有病的儿子和我那个还未成年的女儿……”

又是秋天，妹妹推我去北海看了菊花。黄色的花淡雅，白色的花高洁，紫红色的花热烈而深沉，泼泼洒洒，秋风中正开得烂漫。我懂得母亲没有说完的话。妹妹也懂。我俩在一块儿，要好好儿活……

【挖掘内在语】母亲的良苦用心与离世唤起“我”对生命的热情，让我们继续坚强地生活。

有些话无须明说

赵元波

说话应该直来直去，不拐弯抹角，让人一下子明白你的意思，殊不知，在有些特定的场合，说话却不能明言，点到为止，不捅破那一层纸，双方都意会而无须明说也是一种技巧。

曹操很喜爱次子曹植的才华，因此想废了长子曹丕，转立次子曹植为世子。当曹操将这件事征求贾诩的意见时，贾诩却一声不吭。曹操就很奇怪地问：“你为什么不说话？”

贾诩说：“我正在想一件事呢！”

曹操问：“你在想什么事呢？”

贾诩答：“我正在想袁绍、刘表的事。”

曹操听后哈哈大笑，立刻明白了贾诩的言外之意，于是不再提废曹丕的事了。

贾诩对曹操想废长立幼的想法的态度很明朗，言外之意很明显：袁绍、刘表废长立幼招致灾祸，你不想招致灾祸就不要废长立幼。意思很明显，却没有说出来，可谓高明之举。

南朝时，齐高帝曾与当时的书法家王僧虔一起研习书法。有一次，高帝突然问王僧虔说：“你和我谁的字更好？”

这问题比较难回答，说高帝的字比自己的好，是违心之言；说高帝的字不如自己，又会使高帝的面子搁不住，弄不好还会将君臣之间的关系弄得很糟糕。

王僧虔的回答很巧妙：“我的字臣中最好，您的字君中最好。”

皇帝就那么几个，而臣子却不计其数，王僧虔的言外之意是很清楚的。

高帝领悟了其中的言外之意，哈哈一笑，也就作罢，不再提这事了。

因此，在许多场合，有一些话不好直说，不妨来个旁敲侧击绕道迂回，让对方听出言外之意，弦外之音，不失为明智之举。

（选自乐读网 2013 年 1 月 27 日）

【挖掘内在语】说话也是一门艺术。有时候需要开门见山，但有些时候需要讲究另一种策略或是技巧，即委婉地表达自己的意思而又不使对方尴尬或难堪。

致十八岁

麦 家

我曾试图忘掉自己的年龄,尽量不回忆童年往事,想忘掉年龄的证据。但事实上,我比谁都知晓:我的年龄比18岁的你要大两轮。

两轮就是24年。

24年前,我在为自己的年轻而苦恼,在为朦胧的前程而苦读,内心充满向往和忧虑……不一样的是,我面前的路只有一条,就是考上大学。这桥又老又窄,100个人上桥,能通过的至多5人。5%的胜数,想一想都觉得可怕,何况我就读的中学不是名校,班级也非重点班。也就是说,5%还要打折扣,折扣下来胜算大概要以千分比来计了。我的很多同学因此而自暴自弃,我一度也加入了其中,把读书当作受刑,千方百计想逃避。我逃避的方式之一是读小说。

那时我并没有想到以后我会写小说,我当时读小说只是对现实的一种逃避、一种放弃。但是,谁也想不到——我也想不到,小说拯救了我。小说是纸上的世界,这个世界里有生动的故事,有鲜明的人物,有心跳声,有脚步声,有悲欢离合,有情仇恩爱,有强者的身影,有弱者的屈辱……总之,读小说让我提前领略了成人世界,让稚嫩的我变得有些少年老成起来。有时候就是这样,只要洞开一个小角、一条小缝,你就从黑暗中走出来了。我从小说里粗浅地明白了人生的一些道理,简而言之是一句老话:“少壮不努力,老大徒伤悲。”而正是这一点点道理,让我重新找回了自信和动力,并指引我走出困境。

回头想来,青春其实是很苦闷的,孤独是青春的通病,要治愈它,关键是要有人与你真心地交流。为什么小说能给年少的我注入活力和信心?大概是因为我在小说世界里找到了朋友,得到了交流。

我是1981年参加高考的,成绩好得“出人意料”:全班第三,榜上有名。第四那个就名落孙山了。也就是说,那年我们班上只有3人上了提档线。命运在关键时刻向我绽开笑颜,但这只是与我的同班同学相比,与众多上榜者相比,我的成绩还是很可怜:只比划档线多了3分半。那时高考录取的程序和现在不一样,所谓提档线其实是体检线,上了体检线的人依然有10%的淘汰率。不用说,如果体检人人过关,我这个可怜的成绩只能归入淘汰之列!

体检的前一天,一名大胡子军官悄悄来到我们学校。他是解放军工程技术学院负责招生的领导,他们学院要在我们县招收20名学生。我们学校领导热情地把他请来,希望他“关照一下”。结果,他挑三拣四,挑走了4名同学,都是高分的。自然不可能有我。我连大胡子军官这人都无缘见识,只是知道这件事。

第二天,我们都在指定的医院参加体检。被“工院”相中的20名同学,简直有点耀武扬威地出现在我们眼前,他们到哪里,我们都得让道。负责体检的医生也是一路关照,打乱已有的次序，优先给他们检查。我在一旁羡慕地望着他们，除了羡慕还是羡慕。

正在我落寞的羡慕之际，机会已经悄悄潜近我：原来拟定的 20 名人选中，有一半被军校严格的“体检线”挡在了门外。这个消息是秘密，我是偶然获知的。

那天很热，中午休息时，我在医院楼下的一棵小树下乘凉。不一会儿，一个戴眼镜的同志，50 来岁，胖墩墩的，从楼里出来，他显然是来乘凉的，站在我身边。正是中午时分，树是一棵小树，罩出的阴凉只是很小的一片，要容下两个人有点难，除非我们挨得紧紧的。见此情况，我主动让出大片阴凉给他。他友好地对我笑笑，和我攀谈起来，我这才知道他就是“工院”负责招生的首长。我当即主动向首长表示，我很愿意去他们学校。首长问了我的考分，认为我的分数确实低了，虽然对我“印象不错”，但跟他的要求还是“相差甚远”，他无法给我机会。但是，后来当首长获悉我的数学是满分、物理也有 98 分的高分时，他惊疑地盯了我一会儿，让我下午去找他，听他答复。到了时间，我去找他，他正在看我的体检报告。完了，他抬起头对我笑了笑，说：“你要重新体检。”就是说，他已经把我纳入了第二次拟定的人选中，只要我的身体经得起他们军校的考验，我就是他们的人了。

我的身体很棒。

就这样，大胡子给我签发了录取通知书。当通知书发到我们学校时，老师们都以为大胡子弄错了，专门把我叫去“当面对证”。大胡子见了我，肯定地说：“没错，就是他。”

我相信，当时肯定有人以为我在背后做了大量世俗的“公关”工作。其实，我知道，大胡子首长知道，我只是比旁人多了一点礼貌和主动——我的客气谦让赢得了首长的好感，我的积极主动又为自己赢得了机遇。

光阴荏苒，流年似水。回忆青春时光，我更加羡慕青春的美好。年轻真好！比住洋房豪宅好 N 次方，比开奔驰宝马好 N 的 N 次方。

归根结底，每一个人的世界都需要自己用信念去开启，用心血去铸造，用岁月去打磨，用成功去证明。

(选自《读者》2011 年第 11 期)

【挖掘内在语】虽说十八岁有十八岁的苦恼，但更多的是如梦的希望。寸金难买寸光阴。孩子们，加油，用自己的信念和行动，为青春的梦想插上一双飞翔的翅膀。

兄 长

梁晓声

我的兄长大我 6 岁，今年已经 68 周岁了。从 20 岁起，他一大半的岁月是在精神病院里度过的。他是那么渴望精神病院以外的自由，而只有我是一个退休之人了，他才会有自由。我祈祷他起码再活 10 年，不病不瘫地再活 10 年。我也祈祷上苍眷顾于我，使我再有 10 年的无病岁月。只有在这两个前提之下，他才能过上 10 年左右精神病院以外的较自由的生活。对于一个 48 年中的大部分岁月是在精神病院中度过的，并且至今还被软禁在精神病院里的人,我认为我的乞求毫不过分。如果有上帝、佛祖或其他神明,我愿与诸神达成约定:假使我的乞求被恩准了,哪怕在我的兄长离开人世的第二天,我的生命就必须结束,那我也宁愿,绝不后悔!

在我头脑中,我与兄长之间的亲情记忆就一件事:大约是我三四岁那一年,我大病了一场,高烧。母亲后来是这么说的。我却只记得这样的情形——某天傍晚我躺在床上,对坐在床边心疼地看着我的母亲说我想吃蛋糕。之前我在过春节时吃到过一块,觉得是世上最好吃的东西。外边下着瓢泼暴雨,母亲保证说雨一停,就让我哥去为我买两块。当年,在街头的小铺子里,点心乃至糖果,也是可以论块买的。我却哭了起来,闹着说立刻就要吃到。当年10来岁的哥哥,于是脱了鞋、上衣和裤子,只穿裤衩,戴上一顶破草帽,自告奋勇,表示愿意冒雨去为我买回来。母亲被我哭闹得无奈,给了哥哥一角几分钱,于心不忍地看着哥哥冒雨冲出了家门。外边又是闪电又是惊雷的,母亲表现得很不安,不时起身走到窗前往外望。我觉得似乎过了挺长的钟点哥哥才回来,他进家门时的样子特滑稽,一手将破草帽紧拢胸前,一手拽着裤衩的上边。母亲问他买到没有。他哭了,说第一家铺子没有蛋糕,只有长白糕,第二家铺子也是,跑到了第三家铺子才买到的。说着,哭着,弯了腰,使草帽与胸口分开,原来两块用纸包着的蛋糕在帽兜里。那时刻他不是像什么落汤鸡,而是像一条刚脱离了河水的娃娃鱼。那时刻他也有点儿像在变戏法,是被强迫着变出蛋糕来的,变是终归变出来了两块,但却委实变得太不容易了,所以哭。大约因为觉得自己笨。

母亲说:你可真死心眼儿,有长白糕就买长白糕嘛,何必多跑两家铺子非买到蛋糕不可呢?

他说:我弟要吃的是蛋糕,不是长白糕嘛!

还说,母亲给他的钱,买三块蛋糕是不够的,买两块还剩下几分钱,他自作主张,也为我买了两块酥糖……妈你别批评我没经过你同意啊,我往家跑时都摔倒了……

我已经几顿没吃饭了,转眼就将蛋糕狼吞虎咽地吃了下去。

而母亲却发现,哥哥的胳膊肘、膝盖破皮了,正滴着血。当母亲替哥哥用盐水擦过了伤口,对我说也给你哥吃一块糖时,我连最后一块糖也嚼在嘴里了……

是的,我头脑中,只不过就保留了对这么一件事的记忆。某些时候我试图回忆起更多几件类似的事,却从没回忆起过第二件。每每我恨他时,当年他那种像娃娃鱼又像变戏法的少年的样子,就会逐渐清楚地浮现在我眼前。于是我内心的恨意也就逐渐地软化了,像北方人家从前的冻干粮,上锅一蒸,就暄腾了。只不过在我心里,热气是回忆产生的。

(选自梁晓声《我心灵的觉醒》)

【挖掘内在语】文章的结尾意味深长。尽管作者对哥哥的其他印象不深,但哥哥为自己“冒雨买蛋糕”的情景却历历在目。手足情深啊!

倾听的价值

张书宁

古希腊哲学家阿那克西米尼晚年的时候声望很高，拥有上千名学生。一天，这位两鬓花白的老者蹒跚着走进课堂，手中捧着一摞厚厚的纸张。他对学生说："这堂课你们不要忙着记笔记，凡是认真听讲的人，课后我都会发一份笔记。一定要认真听讲，这堂课很有价值！"

学生们听到这番话，立刻放下手中的笔，专心听讲。但没过多久就有人自作聪明——反正课后老师要发笔记，又何必浪费时间去听讲呢？于是开起了小差。临近下课时，这些学生觉得并没听到什么至理名言，不禁怀疑起来：这不过是一堂普通的课，老师为什么说它很有价值呢？

课讲完了，阿那克西米尼将那摞纸一一发给每位学生。领到纸张后，学生们都惊叫起来："怎么是几张白纸呀！"阿那克西米尼笑着说："是的，我的确说过要发笔记，但我还说过请大家一定要认真听讲。如果你们刚才认真听讲了，那么请将在课堂上所听到的内容全部写在纸上，这不就等于我送你们笔记了嘛。至于那些没有认真听讲的人，我并没有答应要送他们笔记，所以只能送白纸！"

学生们无言以对。有人懊悔刚才听讲心不在焉，面对白纸不知该写什么；也有人快速地将所记住的内容写在白纸上。后来，只有一位学生几乎一字不落地写下了老师所讲的全部内容，他就是阿那克西米尼最得意的学生，日后成为古希腊著名哲学家的毕达哥拉斯。阿那克西米尼满意地把毕达哥拉斯的笔记贴在墙上，大声说："现在，大家还怀疑这堂课的价值吗？"

阿那克西米尼一贯主张，人生最大的财富是倾听。只有乐于并善于倾听，才可能成为知识的富翁，而那些不愿意倾听的人，其实是在拒绝接受财富，终将沦为知识的穷人。

（选自《环球人物》2012 年 7 月 19 日）

【挖掘内在语】成为一个善于倾听的有心之人，会让你收获更多的东西，不仅仅是知识。

人生就是选择的总和

冯国川

几个月前，我乘晚班飞机抵达印度海得拉巴。下飞机后，我发现几乎没有出租车。过了一会儿我才搞清楚，当地的司机正在进行大罢工。我耐心等了一会儿，还是没有，半小时过去，我连出租车的影子也没看到。

正当我打算给朋友打电话时，身后飘过来一个沙哑的声音："先生。去哪儿？"一个四十岁左右、面带微笑的男人朝我走来。"现在都在罢工，你打不到车的，我的车就在不远处。”他热情地递过来一张名片，上面写着他的英文名字罗摩、联系信息及所在出租车公司等细节。

简单的几分钟交流后，他的谈话风格和流畅的英语让我吃惊不小。我听说过很多关于司机利用机场偏远而宰客的故事；我也听说过，一些司机善于花言巧语取悦乘客，从而狠捞一笔的旧闻。所以，有两个选择摆在我面前：信任他或者等朋友来接我。不知何故，我选择了第一种。

事实证明，接下来的45分钟谈话十分有趣。

向目的地驶去的过程中，罗摩先生总是想办法找话题聊。我尽量不加入讨论，但是，罗摩先生的聊天兴致，让我越发感到好奇。

“你有英文硕士学位?”我好奇他的英语说得如此好。

“是的，坐监狱时修完的学位。”我一时间不知道说什么好。沉默片刻后，罗摩说：“我被指控谋杀罪，入狱五年。当时海得拉巴发生暴乱，死了人，我被警察抓去。我失去了家庭。那时我才20岁，有着浓厚的学习兴趣。”

“那么，之后发生了什么?”我问道。

罗摩笑着说：“我保持积极的态度，在狱中完成学业。”

“那你为什么要杀人?”我继续问。

“我没有，我是无辜的。”他平静地说。

“什么?”我彻底惊呆了。

又是一段时间的沉默，罗摩说：“当我很小的时候，母亲就告诉我，每天清晨起来我都有一个选择，决定当天发生的事情是好是坏。每当坏事发生时，可以选择成为受害者，或者从中学习到什么，我选择后者；每当有人向我抱怨时，我可以选择接受抱怨，或者指出事情积极的一面，我选择后者。”

“是的，道理没错，但是做到并不容易呀。在一定情况下，比如你无辜被逮捕，这怎么能够让人忍受呢?”我有些替他鸣不平。

罗摩说：“生活中，很多事情会砸到你头上，反过来，你也可以有力地回击，决定事情的发展方向。你遭遇的每个状况都是一道选择题，你可以选择自己如何反应，如何不让别人影响你的情绪。不管怎样，你的选择决定了你日后的生活方式。如今我出狱了，依然过着美好的生活，组建了美满的家庭。”

快要到达目的地时，罗摩先生留下最后一句话：“当我们作出的选择是遵从内心的想法，而不是为了取悦别人时，做选择就会容易一些。”

如今，仔细想想以前的时光，我才恍然意识到，很多时候，我们被卡在进退两难的境地，必须作出一个选择。一条路是轻便的小径，路上长满鲜花以及矮灌木，很容易越过，最终到达的却是个死胡同。另一条路或许非常漫长，而且中途地势复杂，几乎难以通过，然而终点却是一片广阔的果园和花园。当然，你选择了哪条路，就选择了哪种结果。人生这场戏的最终结局，就是这样一个个选择叠加起来的总和。

（选自《哲思》2013 年 1 月 22 日）

【挖掘内在语】人生，是一个很大的话题，但细究其中，人生又何尝不是由一道道选择题组成的呢？生活中，我们每天都面临选择，你的选择也就决定了你日后的生活方式以及未来。所以，人生掌握在自己手中。

第八讲

第八讲　调动思想感情的方法之对象感

一、理论基础

开始学习之前，要问问青少年朋友们：我们播音主持是给谁听的？给谁看的？

对了，我们是为听众、观众服务的。既然不是给自己播读，就需要我们时时刻刻考虑受众在收听收看时的所思所想，有了这样的心理活动和思想准备，你在播读时会有很强的交流感，而非自言自语、自我欣赏。交流感是生活中和朋友你一言我一语的交谈状态，能够具体感知到对方的存在，但是播音员主持人大部分的工作时间是在演播室，这里没有交谈对象，只有话筒或摄像机，看不到受众，那我们该如何调动自己的思想感情呢？这就需要大家有对象感。

所谓对象感，就是指播音员主持人必须设想和感觉到对象的存在和对象的反应，必须从感觉上意识到受众的心理、要求、愿望、情绪等，并由此而调动自己的思想感情，使之处于运动状态，从而更好地表情达意，传达节目的精神实质。对象感可以使播音员主持人体现人文关怀，表达上又显得丰富亲切。一起来看看《养生堂》的主持人是如何通过对象感体现亲和力的。

幸福生活睡当先

各位好！您现在收看的是北京卫视的《养生堂》节目。有一次呢，我一个特别抠门儿的朋友说要请我吃饭，去了一个特别高级的餐厅。第一道菜就是我爱的大鸡腿，色泽鲜艳。我抓起来刚要咬，突然，您猜怎么着？闹铃响了，原来是一个梦。我这一看呀，手里攥着一只臭袜子，亏是闹铃响了。(所以)说做梦很有意思。如果您做了一个特别开心的梦，早上起来以后心情特别好；如果您做了一个噩梦的话呢，难免要担心，是不是有事要发生呢？但是有人说了，这个梦呢，会预示着您的健康状况。那么到底梦跟健康之间有怎样的联系呢？掌声请出今天做客《养生堂》的嘉宾，我们欢迎中国中医科学院广安门医院副院长汪卫东教授，欢迎！

……

众所周知,《养生堂》节目的观众是社会中的大多数人,层次不一。为此,节目要通俗易懂、深入浅出。比如在本期节目中,主持人并不是一上来就开始介绍梦与健康之间的联系以及人体生理机能等方面的专业知识,而是以一个简短幽默的开场白,以人人都熟知的梦为由,区分"开心的梦"和"噩梦"以及由此引发的人们情绪上的变化,最后道出话题——这其实也是观众急切想要知道或了解的——"到底梦跟健康之间有怎样的联系呢"。主持人如同朋友似的聊天,亲切、自然,无形中拉近了与观众的距离。所以,播音员主持人虽然眼睛盯着摄像机,但心中装着观众。

为了使对象感具体生动,不笼统,我们应该具体设想:这样的稿件,这样的内容,这样的形式,这样的宣传目的,在今天,应该播给什么样的人听?哪些人最需要听?听到不同的地方会有什么不同的反应?听完了又会有什么反应?给什么样的人听最能增强我们的播讲愿望,最有利于达到播讲目的。这些设想是播音员主持人的内心活动,通过设想调动播讲的积极性,就达到我们的目的了。

那么如何获得对象感呢?我们通过不同媒体对同一人或事件的不同报道,来对比说明。

【示例一】

林书豪引发各界热议 奥巴马克林顿赞其"伟大"

(中新网2012年2月20日电)林书豪近两周在NBA联盟刮起了一阵"林旋风",他出色的表现带领尼克斯获得了八胜一负的战绩。半个月内的狂飙,令球迷认识了一个出身哈佛的篮球小子林书豪。在NBA的赛场上,有着一身黄皮肤的他显得如此与众不同。而关于他的爆发,也引发了各界的热议。

……

在上演了疯狂的奇迹以后,林书豪登上了《时代周刊》的封面。美国前总统克林顿在谈到林书豪时表示:"所有人都在问我关于林书豪的问题。我想说的是,我是纽约的支持者,我爱林书豪,他十分伟大。"

作为超级篮球迷的奥巴马也从未停止过关注林书豪的比赛,大赞林书豪的爆发是一个伟大的故事。两位美国总统都大赞林书豪,前阿拉斯加州长、美女政客佩林也为林书豪折服,林书豪让所有来自体育界的人叹服,更是在政界刮起林热潮。如今,世界上的每一个角落,无处不在都是林书豪。

新闻1是一则关于美国华裔职业篮球运动员林书豪带领尼克斯队获得了八胜一负的战绩,赢得人们广泛赞誉,甚至连美国总统都不例外。这则新闻没有特别指定受众人群,所以要把握住对象感,我们必须具体设想。如从新闻的题材内容上来考虑,因为它从属于体育新闻,可以设想受众就是体育爱好者,尤其是篮球爱好者。又比如从一个中国人的角度出发,可以设想受众是大多数期待为国争光的优秀华人。

要想把握住对象感,可以从以下几个方面着手:(1)对象感的“质”与“量”,质的方面又是最根本的。质的方面是指:环境、气氛、心理、素养等有关对象的个性要求。量的方面是指:性别、年龄、职业、人数等有关对象的一般情况。(2)依据节目内容所反映的主题和目的设想对象,获得对象感。(3)我们所设想的对象应该稳定统一。(4)播音员主持人与所设想的对象之间关系是平等的。(5)为了获得对象感,为了使设想的对象具体有依据,要尽可能多地熟知各种对象的情况,丰富生活体验。

中央电视台《新闻袋袋裤》节目是一档每天 15 分钟,以少年儿童的视角解读新闻、分析时事、提供全方位信息服务,并以少年儿童为对象的儿童新闻栏目。新闻 2 同为“热议林书豪”的报道,该栏目在报道方式、风格上与新闻 1 有着明显的不同,比较一下。

【示例二】

小主持人 1:新闻袋袋裤,大事小事事事关注。

小主持人 2:大家好,欢迎收看今天的《新闻袋袋裤》。

主持人:今天啊,我们要跟大家说说“灰姑娘”的故事。

小主持人 2:灰姑娘的故事,我知道,不就是辛德瑞拉嘛。

主持人:我们要说的是篮球场上的“灰姑娘”,他叫林德瑞拉。

小主持人 1:对了姐姐,我知道,他就是林书豪,他可是最近的大红人啊,估计现在有不少同学都对他感兴趣。那么今天我们就来说说他的故事。

主持人:我们赶快来说说美职篮赛场上的“灰姑娘”。在最近的一场比赛当中呢,林书豪所在的尼克斯队战胜了国王队,获得了七连胜。

小主持人 1:林书豪的表现真的可以算是一个传奇故事了。那么,他是突然从哪里冒出来的?他的篮球生涯又走过了什么样的路呢?

以上的示例很典型很具体,但这并不是告诉大家对象感就是“谁在听,我就播给谁”,因为我们无法预测到真正的受众是谁。有对象感,就是说,任何时候我们都不要忘记,我们的播音是向人民群众进行宣传。我们的每一次播音主持工作都有受众在专注地倾听。我们传播的内容是他们非常关心、急于知道的。因此,我们在备稿时,在播音主持中,都应该感觉到受众的存在,时时处处为他们着想。我们感觉到,他们的确在听、在想,并且随着我们播音内容的发展,随着播音员主持人思想感情的运动,产生着思想感情的共鸣。我们似乎感觉到了他们的喜悦、愤怒、悲伤、欢乐等各种反应。而这种反应,又引起了我们更强的播讲愿望,激发我们更饱满的感情,于是,对象感更强了。在我们的感觉上,似乎和受众之间已经建立起互相激励、互相鼓舞的无形的“默契”,甚至感觉到思想感情似乎有所“交流”。

二、实践练习

《小喇叭》广播故事：达尔文小时候的故事（音频 8-1）

达尔文是世界著名的生物学家。他很小的时候就特别喜欢花呀、草啊，还有小虫子。他小的时候啊，是个好奇心很强的孩子。有一次，小达尔文和小伙伴们在花园里玩，他们围着一群金灿灿的报春花，七嘴八舌地议论开了："花儿，为什么是金色的呢？它的颜色能改变吗？"小达尔文瞪大了眼睛，仔细地观察了好一会儿，然后，非常肯定地点点头说："嗯，这花儿是被太阳烤成金色的，想改变花的颜色嘛，我看没问题。"说完，小达尔文就跑回家去，他把爸爸书桌上的红墨水、蓝墨水都倒进了洒水壶里，然后，拿到花园。他胸有成竹地说："看我的吧，我给它浇上红水，就会开红花；浇上蓝水，就会开蓝花。"小朋友，你们猜猜，结果是怎么样的呢？

结果呀，小达尔文当然是失败了。但是，这件事却永远地留在了小达尔文的头脑里。就这样，从小到大，他积累了许多的问题。有了问题，就不断地探索，不断地学习，然后，又一个个地解答出来。最后，他终于写出了一部震惊全世界的伟大著作，那就是《物种起源》。

（选自中国广播网）

每天 360 克牛奶，健康风险最小

最近，"乳制品摄入越多，死亡风险可能越高"的说法在网上流传，让很多人疑虑重重，这到底怎么回事？其实，原文是"乳类食物摄入和男女两性死亡风险的关联性"。研究发表于《英国医学杂志》，数据来自美国的 3 项大型流行病学研究。纳入分析的流行病学研究数据中，共包括 16.8 万名女性和近 5 万名男性，跟踪时间长达 32 年。研究者把所有受访者按每天的乳制品摄入量从低到高分为 5 组，分别为 0.8 份、1.5 份、2 份、2.8 份和 4.2 份。研究中所说的 1 份乳制品，相当于 240 克牛奶，大约是 1 杯。需要说明，中国人每天喝 4 杯奶的人，比例非常低，人均奶制品的摄入量仅为 24.7 克。

结果显示，和摄入量最低的一组相比，摄入量最高的一组，总死亡风险只增加 7%。所以，并没有那么夸张的"早死"效果。从数据分析看，奶类摄入量和死亡风险、心脑血管疾病死亡风险之间，并不是直线关系，而是一条凹形曲线。每天摄入量为 360 克那一组，反而是总死亡风险和心血管疾病死亡风险最低的。但摄入量到最高那两组的时候，风险上升了。所以说，"多喝奶"不好，不等于少量喝奶也不好。或者说，少量喝奶是好的，有利于健康长寿。但物极必反，无论什么食物，过量摄入到一定程度，都可能产生负面效果。

乳制品当中，什么样的品种是增加死亡风险效果最强的呢？答案是全脂奶。在一杯

奶的基础上,每增加半杯奶,总死亡风险增加 11%,心血管病死亡风险增加 9%,总癌症死亡风险增加 11%。摄入量过高时会增加肺癌、卵巢癌和前列腺癌死亡风险。摄入脱脂奶或低脂奶较多时,对总死亡率和心血管疾病死亡率的影响较小,而且结肠癌的死亡风险还能略降低。没有发现奶酪和酸奶的摄入量与各种疾病的死亡风险存在关联。

研究者认为,之所以脱脂奶和全脂奶效果不同,可能是全脂奶摄入多时,会摄入过多的饱和脂肪酸,影响到血脂,导致动脉粥样硬化发生。脱脂奶为什么有利于预防结肠癌呢?这是因为充足的钙摄入量有利于预防这种癌症。以往调查也都证实了这一点。至于酸奶和奶酪摄入量为什么不影响死亡风险,奶酪饱和脂肪那么高却没事……作者没有给出答案。

事实上,在多项流行病学研究中发现,喝酸奶有利于预防糖尿病和肥胖。用酸奶替代部分全脂牛奶可能是一个好的选择。那么,少喝牛奶是不是会更有益健康呢?其实不一定。要看用什么食物替代牛奶。如果用豆类、坚果等植物蛋白质替代牛奶,全因死亡率会降低。这容易理解,因为其中含有膳食纤维和多种植物化学物,有利于预防心脑血管疾病和癌症。如果用红肉替代乳制品,反而会升高全因死亡率。红肉摄入过量会增加心脑血管疾病和肠癌的风险。

总之,这项研究提示:1. 每天只喝 1 杯奶的人,就不要考虑什么危害了,除非对奶类有过敏或其他不良反应。2. 与每天 1 杯奶相比,摄入 3～4 杯奶,可能增加死亡风险,不利于健康。3. 健康成年人每天摄入 360 克奶可能是一个健康风险最小的数量。4. 如果需要多喝奶,第二杯开始建议用脱脂奶或低脂奶,避免摄入过多的饱和脂肪。5. 用酸奶替代一部分牛奶可能是个好主意,前提是冷藏的活菌酸奶,糖不能太多。6. 中国居民膳食指南中,推荐国民每天摄入 300 克乳制品,包括牛奶和酸奶,这个数量是科学合理的。当然,对于正在长个子的青少年和孕妇、乳母来说,建议每天摄入 500 克,因为他们对钙和蛋白质的需求量都比普通成人高。

(选自《生命时报》2019 年 12 月 26 日)

我国科学家实现超越标准量子香农理论的量子通信

记者从中国科学技术大学获悉,该校郭光灿院士团队在量子通信实验研究中取得重要进展,首次实现超越标准量子香农理论的量子通信。

香农理论是经典信息论的基础,其中信息载体是经典系统。20 世纪 40 年代末,美国数学家、信息论创始人克劳德·香农根据经典物理定律建立了数据传输模型,发展出了信息论。对于建立在经典体系上的香农信息论来说,无论是信息载体(如光子)还是通信信道本身(如光缆),都被视作经典系统。它们具有定义明确、完全可区分的状态。一直以来,物理学家都想要发展出信息论的量子版本,以探索当信息载体是量子系统时会产生什么新的可能性。

如果把信息载体推广到量子系统则得到标准的量子香农理论，它是量子通信与量子信息的基础，已经在量子信息压缩、噪声信道中的信息传输、纠缠辅助的量子通信等方面取得了极大的成功。近两年的理论研究发现，当多个信道连接顺序处于相干叠加态时，经典信息和量子信息的传输速率相比标准的量子香农理论都有进一步的提升。

受此启发，李传锋、柳必恒等人通过构造光学量子开关，实现了两个信道两种连接顺序的相干叠加等技术，使得相干叠加操作的保真度达到97%以上。在此基础上，又分别实现了经典信息和量子信息的高保真度传输，实验结果均优于标准量子香农理论通信模型(传输路径不相干叠加)的结果。

该成果近日发表在国际物理学著名学术期刊《物理评论快报》上，由李传锋、柳必恒等人与香港大学理论物理学家合作完成，首次实现了量子信道因果序的相干叠加。

该工作是国际上首个利用量子信道因果序的相干叠加实现超越标准量子香农理论的量子通信原理性实验验证，是香农理论二次量子化的重要一步，对量子计算和量子精密测量以及在量子时空的模拟中也有重要用途。

(选自《中国科学院》2020年2月5日)

陕西长武县做好困难群众生活服务(音频8-2)

——爱心协管员 为民解愁盼

“以前，自己洗一次头得大半天，冬天怕着凉都不敢洗。现在，有了爱心协管员的帮助，洗头变得方便多了。”在陕西省长武县亭口镇亭北村幸福院，独居老人赵玉莲住在整洁又亮堂的房间里，拉着刚刚帮她打扫完卫生的爱心协管员李翠翠的手说。按照长武县爱心协管员制度安排，亭北村党员李翠翠每天都到这家幸福院查看院内困难群众生活情况，为院内独居老人打扫卫生、清洗衣物、洗头理发。

2021年以来，长武县探索加强农村党员联系服务群众的有效途径，创新建立“爱心协管”制度，开展生活服务、民事代办、照料协管等工作，将服务范围拓展到群众生活的方方面面，进一步提高为民解困、为民服务的质量。

通过网格管理，长武县实现党员“点对点”联系服务群众。村级后备力量、青年党员带头联系村组困难群众，深入开展关爱服务，为党员联系服务群众作出示范。采取“自愿选择+组织安排”的方式，由服务对象选择联系党员，党支部根据服务对象申请及党员状况，合理安排党员联系服务群众的户数，为群众提供更优质的服务。

“爱心协管”制度重点针对独居老人突发疾病等应急事件，制定服务预案，划分责任片区，确保协管对象日常生活有保障、应急情况有人管。截至目前，长武县153名爱心协管员共收集群众意见建议1 000余条，解决群众急难愁盼问题1 328件。

(选自《人民日报》2022年1月6日，有删改)

北京市属公园今推冬日赏景攻略

紫色的羽衣甘蓝、常青的松柏翠竹、浅黄的蜡梅……虽然冬日大多数植物颜色落尽，但市属公园仍有不少景点依然色彩丰富，值得观赏。市属公园管理中心今天推出冬日赏景攻略，在冬日冰雪游园季到来之前，邀游客体验公园的绿色生态冬境。

玉渊潭公园

今天上午，记者来到玉渊潭公园樱落花谷景区，占地4 000平方米的3万株羽衣甘蓝随处可见，“红心紫叶”和“白心绿叶”两种颜色的羽衣甘蓝呈现出紫、绿、白交织的景观效果，这里也是北京城区面积最大的羽衣甘蓝观赏区。“能在北京越冬的花卉植物不多，羽衣甘蓝特别抗冻，能从12月一直开花到来年3月。”工作人员告诉记者，羽衣甘蓝其实是百姓餐桌菜“卷心菜”的园艺变种，耐寒性极强，观赏期很长。为了让游客在冬日也能“打卡”拍照，玉渊潭公园利用回收的园林小品骨架、废木片等材料创作的“猫头鹰”“小熊”“蘑菇”“葫芦”等地景，让游客能在严寒冬日感受到暖洋洋的心意。

紫竹院公园

紫竹院的翠竹和颐和园的松柏能在一整个冬天持续为游客提供赏心悦目的绿色。紫竹院公园科技科高级工程师冯小虎介绍，公园内有40余个品种近百万株竹子，占园区陆地面积的22%左右，即使在最冷的冬天，筠石苑、八宜轩、翠筠烟雨等近10处景点，都可以呈现出青翠浓绿的景观效果。

颐和园

颐和园万寿山前山后山的各类柏树、松树，也在冬日呈现出独特的姿态。工作人员介绍，万寿山区域种植常绿树木2万余株，其中1 500余株古树散布其中。前山区域视野宽阔，冬季常青的松柏统一了整个山体，古松柏与冬季雾霭中的山峦形成明暗虚实的对比，增加了景深，丰富了画面层次。每逢降雪，白雪皑皑，更为万寿山增加一层“白纱”。

北京植物园卧佛寺

在北京植物园卧佛寺入门处，则可以在冬日里闻到蜡梅的幽香。往年蜡梅开花的时候，叶子已经脱落，但今年不同，蜡梅花、叶同在，而且很多叶子还是绿色。工作人员介绍，今年蜡梅在没落叶的情况下就开花主要是受天气的影响。最近一段时间一直较为温暖，蜡梅的叶子没有脱落，但花芽分化已经形成，因此形成了这种花、叶同在的景观。

(选自《北京晚报》2019年12月5日)

妈妈像一只龙猫

早上刚走出楼门，就听见头顶上方有人喊：“带晌了没有？”是我妈的声音，我朝着窗户回喊了一声：“带啦！”“晌”是胶东方言，午饭的意思，这个词近些年我早已不用，突然听见，觉得土气中带着一丝默默的亲切。此情此景，很熟悉的感觉，仿佛回到了小时候，出门被妈妈各种不放心地叮嘱。

吃早饭的时候，妈妈感慨说自己突然有一种紧迫感，因为她离大舅去世的年龄只有9年了——如果她也只能活到71岁的话。4年前妈妈在年度体检中查出肾脏长了肿瘤，确认是癌后，最终切除了一个肾脏。关于那次住院，我印象很深的一件事是，我和妈妈、小姨在等公交车的时候，不小心打碎了要带去医院的陶瓷碗，大家截住了想互相埋怨的话头，沉浸在面对未知的恐惧和焦虑中。后来，当医生遵照流程跟我说手术可能发生的危险时，我脸上的茫然让他觉得我大概被吓呆了，便建议换个家属签字。

好在一切还算顺利。医院里的那些日子仿佛时空里的黑洞，谁也不愿意多回想。不过或许是手术后束缚带没有坚持缠，妈妈的刀口处凸出一块肉来，几年后还是如此。妈妈个子高，皮肤很白，近些年来发了胖，肚子上的肉是软的，躺在床上像一只大龙猫。尤其小朋友趴在她怀里撒娇的时候，更像了。宫崎骏的电影《龙猫》里小梅走到树林深处，躺在龙猫雪白的肚皮上睡着了，那一幕给我留下很深的印象。这么简单的电影，却被很多人喜欢，或许就是因为它让你感受到了童年的呼唤。

我家小朋友摸着姥姥的肚皮说，姥姥的肚子上有个洞，现在长好了。我也喜欢依偎着妈妈，她身上散发着一种让我安心的体香，那是属于妈妈的味道，来自遥远的童年，一直没有消散过。我们仨在床上躺着瞎聊天，说了许多重复过千万遍的话。妈妈会说起我小时候她教我的古诗，跟我一起看的童书，我的各种童年趣事。我会背的第一首诗是林升的《题临安邸》，当时不曾了解诗句的含义，只是记得妈妈念“山外青山楼外楼”时的神情和语气，她不算标准的普通话，带着点方言味儿。

我妈并不总是温柔，有时候话说着说着，音量就高起来，让不熟悉的人不太习惯。我和爸爸倒是习惯了她的脾气，而且很早就知道，一个人看上去怒气冲冲的时候，内心很可能是脆弱的。小朋友也会在他写作业的时候，不断分心跟姥姥说：“姥姥你平静些，再忍忍。”

急脾气的妈妈却有很多朋友，比如，住院期间还特意让我从家里带一个土豆，因为同病房的人打吊瓶手肿了，贴土豆片能消肿。坐了一趟地铁，还帮助跟妈妈走散的小孩联系工作人员，被一起出行的邻居家小孩当作“好人好事”写进了日记。我从别人口中听到这些，心里很为她骄傲。

我没算过我能拥有她多久，也从来不敢去想。不管一个人长到多大年纪，总是需要和想念妈妈的。

（选自《中国新闻周刊》2019年第36期）

遇见真实的路遥

1991年3月29日，《平凡的世界》获得第三届茅盾文学奖；1992年11月17日，42岁的路遥英年早逝。

获得茅盾文学奖，荣誉加身后，这个“苦行僧”式的作家有着怎样的心态？重病住院的前后，这位刚强的陕北汉子，又面临怎样的境况？人民文学出版社出版的航宇的非虚构著作《路遥的时间》，全景式地记录了这一时间段内路遥的心理状态和生活遭遇。于是，我们看到了他获得茅盾文学奖之后的高光时刻，也看到了他拮据的经济状况、破碎的婚姻，以及遽然病倒后的疲惫、煎熬和兄弟失和带来的困扰。这本书呈现了多面的路遥形象。

当今许多名人传记，大都“为尊者讳”，对于那些被认为不利于传主的言行，写作者都会有意无意地舍弃。航宇则不然，40 万字的书稿，没有“为尊者讳”的掩饰。他以朴实的文风、细腻的笔触、真挚的情感，娓娓讲述了作品之外的路遥，生活中平凡的、真实的路遥，为我们留下了珍贵的文学史料。

在书中我们可以看到经济拮据的路遥。在人们的印象中，获得茅盾文学奖之后，路遥这颗文坛巨星，应该是名利双收，但《路遥的时间》展现给我们的，却是极度缺钱的路遥。

《平凡的世界》写了 6 年之久，路遥得到 3 万多元的稿费，获得茅盾文学奖后，中国作协和陕西省政府一共又奖给他 1 万元，这些奖金，他“一分钱也不敢乱花”。为了钱，他让航宇帮忙筹措编辑报告文学集，自己作序以赚生活费；他将创作随笔《早晨从中午开始》复印成几份，一稿多投。航宇提醒他这样做违反出版规定，小心人家告他，路遥回答说：“我顾不得那些，我要抓紧时间挣钱，现在用钱的地方实在太多。”

他直言：“钱那东西太折磨人了。”正所谓“床头黄金尽，壮士无颜色”，要养家糊口的路遥在经济上的窘迫，行将中年的我们也可能遇到，看到这些句子，不由得心有戚戚。

在书中我们还可以看到为情所困的路遥。他为爱人和亲人所困，可以说是困于情、扰于心。

他的婚姻走到了尽头，在协商离婚的那个晚上，他向妻子提出要求：去延安休息 10 天时间，回来就结束名存实亡的婚姻。曾经相濡以沫的爱人，却走到离婚的地步，这对他的打击不可谓不重。

在书中，让我喟叹和不解的是兄弟失和。甚至在路遥病重期间，弟弟王天乐都不愿意来延安，这让路遥感到心寒。在文中，航宇借王天乐之口，说兄弟二人断绝了关系，具体原因为何，书中没有具体展开，我们不得而知。

梁启超有句诗，“艰难兄弟自相亲”，从艰难困苦中一起摸爬滚打出来的兄弟，渐渐变得疏离、冷漠，这让病中的路遥痛苦不堪。

在书中我们也可以看到脆弱的路遥。1992 年 8 月，路遥住进了延安人民医院的传染科。这位刚强的陕北汉子，躺在病床上突然变得脆弱。

航宇提到，路遥多次流泪，他“相当脆弱，眼睛里总是闪着泪花”。当朋友来探望他时，路遥会很开心，对康复出院信心满满；而当他一天到晚躺在床上输液时，他又是那么的孤独和消沉。在航宇笔下，我们可以看到卧病在床的路遥的真实境况，病中的他承受着沉重的心理压力，遭受着难堪的精神折磨。

人生如逆旅。42 岁，正当文学创作盛年的路遥遽然离去，贾平凹评价路遥是夸父，“倒在干渴的路上”。

我悲叹这人世间少了一位卓越的作家，我们再也等不到他没有来得及写完的作品了。

（选自《新民周刊》2019 年第 38 期）

第九讲

第九讲　表达思想感情的方法之停连

一、理论基础

前面三讲从感情酝酿、思维活动等方面调动了我们的播讲愿望，光有愿望还必须要付诸实施，即如何把内心的情感通过有声语言表达得准确到位、生动自如呢？现在我们一起来学习表达思想感情的四种方法，分别是停连、重音、语气、节奏。虽然这四种方法分开来讲解，但是在使用时，它们可不是“孤军作战”，而是“并肩作战”。所以，不能把四者割裂开来，仅仅使用其中的一种方法。好，先来学习停连。

停连①是指在有声语言的流动过程中，声音的中断和延续。定义是在有声语言的表达过程中，那些为表情达意的需要所做的声音中断、休止就是停顿；反之，那些不中断、不休止的地方(特别是有标点符号而不中断、不休止的地方)就叫连接。停顿，是指人们朗读或说话时语音上的间歇。从生理上说，人播读或说话时需要呼吸换气，需要有间歇；从语言结构上说，为了层次分明、表达清楚，也需要停顿与连接互相作用来实现；从内容表达上说，要让听者有时间领会内容，突出重要信息，同样需要停顿。

逗号、句号等是文字语言的标点符号，停连则是有声语言的标点符号，我们的停连以标点符号作为参考，并不是完全按照标点符号停连的。有声语言停连的原则：标点符号是参考，语法关系是基础，情感表达是根本。看来，深入理解文章内涵，把握文章思想感情是确定停连的关键。有这样一个笑话：相传一主人请客，客人给他一封信：“无鸡鸭也可无鱼肉也可一盘青菜不可”。于是主人就做了几盘不同的青菜，搞得客人很生气。客人和主人不同角度的理解导致断句不同，客人的意思是“无鸡∧鸭也可∧∧无鱼∧肉也可∧∧一盘青菜不可”。主人却理解为“无鸡鸭也可∧无鱼肉也可∧一盘青菜不可”。所以，停连不是随随便便想停就停、想连就连的。下面具体看看如何确定停连的位置。

---

① 停连的标记符号：用∧表示停顿，▲表示停顿时间比∧稍短，∧∧表示停顿时间比∧稍长。用 ‿ 表示连接。

(一)如何确定停连的位置(音频 9-1)

1. 准确理解语句意思

过路人等不得在此穿行。

【提示】这句话正确理解为"此处不得穿行",可以处理为"过路人等∧不得在此穿行"。如果理解不正确,处理为"过路人∧等不得∧在此穿行",那意思就正好相反了。

2. 正确分析语句结构

出门∧走好路,出口∧说好话,出手∧做好事。

【提示】这是排比句式的结构,在每一个主语的后面设计停顿,加强气势,突出做人的日常所为。

3. 恰当体会情景神态

明月∧几时有?
把酒∧问青天。
不知天上宫阙,
今夕∧是何年。

【提示】开篇"明月几时有"一句,通过向青天发问,把读者的思绪引向广漠太空的神仙世界。诗人把酒问月,是对明月产生疑问、进而求索。"问青天""是何年"之前的停顿,营造出皓月当空,作者感慨宇宙流转的意境氛围。

4. 合理处置标点符号

记者从三亚市政府获悉,∧从本月起,▲三亚工商、物价、旅游、公安、综合执法等 15 部门▲将联合行动,对海鲜排档市场进行▲为期 3 个月的集中整治。采取▲"9 分倒扣整顿退市"等模式加强监管,对违法情节严重的▲实施"一次性死亡",吊销营业执照。

【提示】这句话虽然长,但是主旨很明确,即说明三亚市政府下决心整治海鲜排档,严打欺客宰客的不良行为。按照你对这句话的理解,根据主旨确定停连,合理处置标点符号,打破标点符号的束缚。

(二)停连的方式(音频 9-2)

为了让停连的表达方式更加贴切文章内容,需要对停连的方式有所要求。

1. 落停

在一个完整的意思讲完之后的句尾处用落停,停顿时间相对较长,句尾声音顺势而落,或急收或缓收,或强收或弱收,都要停住,不能失去控制,声音要随内容的需要进行落停,表示结束。

①据日本气象厅1月1日观测,日本本州岛东部海域当天下午发生里氏7.0级地震,地震没有引发海啸,目前尚无人员伤亡和财产损失的报告。

【提示】句号处用落停表示“地震级别虽高,但并未造成大的损失”意思的结束。

②想象你自己对困难作出的反应,不是逃避或绕开它们,而是面对它们,同它们打交道,以一种进取和明智的方式同它们奋斗。

【提示】句号处用落停表示“应该如何面对困难”意思的结束。

2. 扬停

用在一个意思还没有说完而中间又需要停顿的地方或在句中无标点处。停顿时间较短,停时声停但是气不断、意不断,停之前的声音或稍上扬或平拉开,停之后的声音或缓起或突起,做到停顿之后的意思完整,这些处理需要视内容而定。

①新北京方言里▲也许还留有一些其他方言带来的痕迹。比如现在北京人常说“耍大牌”,这个词▲就是从广东一带传来的。

②徒步鞋最好大一号。▲因为行走时间长了脚会肿胀,有的人指甲盖脱落就是被鞋抵破的。

3. 直连

一般用于有标点符号而内容联系又比较紧密的地方,它的特点是顺势连带,不露痕迹。有时甚至不用换气,只用胸中的余气就可以了。

①在进行河流科考时都会带上大比例的军用地图。如五万分之一,三万分之一,万分之一等。

②现在,电视气象节目中会报告紫外线指数。

4. 曲连

这种连接方式的感觉是似停非停,达到声断意连,环环向前的效果,一般用于较舒缓的内容,而且适合于一句或一段话当中的连接,也用于没有标点符号而内容又需要有所区分的地方。

①通常,语言学家根据汉语各方言之间的相互关系将其划分为八个方言区:北方方言区(官话区)、吴方言区、粤方言区、▲闽南方言区、闽北方言区、赣方言区、▲客家方言区、湘方言区。

②此外，很多家长营造的家庭气氛过于紧张，一切以高考为中心，反而进一步增加了孩子的心理压力。

由于每个人理解不同，示例分析仅供参考，而且有声语言当中停连的位置和方式没有固定的硬性规定，还需要具体分析具体掌握。在综合练习示例中还提供了非典型的停连练习。初学者尤其要克服"不敢停顿"和"该连不连"的倾向，仅以标点符号作为停连的标准是不能体现出有声语言创作的生命力的！朋友们不妨用各种句式、各种感情色彩的片段、文章做大量的练习，培养自己对语言的直觉和悟性，提高停连表达的水平。

【综合练习示例】

①回望2012，曾经的轰轰烈烈∧变成了▲淡淡的回忆。（音频9-2）

②作为一个人，对父母▲要尊敬，对子女▲要慈爱，对穷亲戚▲要慷慨，对一切人∧要有礼貌。（音频9-2）

③成长与成熟▲是一步步由父母身边走向外面广大的世界，是由家里的小公主、学校的小才女，走入社会，融合在当中，成为社会大机器中的▲一个螺丝钉或齿轮。（音频9-2）

④孩子，从现在起，就常把"电视"和"聊天"当作试探吧！每次你被电视节目吸引，或忍不住想找爸爸妈妈和朋友聊天时，都想想：▲是不是该适可而止？是不是要从现在就锻炼自己，在强大的诱惑下保持稳重，在一群朋友间掌握自我，在一片喧哗中保持宁静？（音频9-2）

⑤叶圣陶先生童话集，以《稻草人》为代表，另有《一粒种子》《玫瑰和金鱼》《聪明的野牛》《古代英雄的石像》▲《"鸟言兽语"》《熊夫人幼稚园》等十几篇短篇童话。

⑥你可以把本书▲当作一本富有诗意的哲理童话，∧平淡的家常话中饱含奇趣、幽默和讽刺，处处流露着一丝淡淡的伤感。

⑦中央气象台预计，今明两天，▲全国大部仍将继续拉响升温号角，且升幅较大。陕西、河南、山东及其以南大部地区▲最高气温升到10℃以上，江南南部、华南升至20℃左右，大气暖和很多。

⑧曾经有调查机构对3000多名网瘾患者的家庭状况进行统计，其中父爱缺失的▲占87%，位列第一；排名第二位的是父母溺爱，约占10%。因此，有不少网瘾患者在戒网中心康复之后，看上去完全恢复正常，但是回到家里，如果面对的还是缺乏亲情关怀和人际交流的环境，就很容易再度复发，这样的例子并不少见。专家呼吁，治疗网瘾的治本之举在于▲全社会都要行动起来，为青少年的成长▲提供积极健康的氛围。

⑨据天文专家介绍，金星是距离地球最近、光度最亮的行星，我国古代称它为"太白"。当它早晨出现时，人们称它为▲"启明星"；当它黄昏出现时，人们称它为▲"长庚星"。因其光芒美丽动人，西方称其为爱神"维纳斯"。

二、实践练习

(一)句段练习

①无知是智慧的黑夜,是没有月亮,没有星星的黑夜。

②聪明的资质、内在的干劲、勤奋的工作态度和坚韧不拔的精神,这些都是科学研究成功所需要的条件。

③世界上最快而又最慢,最长而又最短,最平凡而又最珍贵,最易忽视而又最令人后悔的就是时间。

④人生是海,希望是舵手的指南,使我们在暴风雨中不迷失方向。

⑤周恩来主持起草的,由中国人民政治协商会议第一届全体会议通过的《共同纲领》上说:“中华人民共和国的国家政权属于人民。人民行使国家政权的机关为各级人民代表大会和各级人民政府。”

⑥那是力争上游的一种树,笔直的干,笔直的枝。它的干呢,通常是丈把高,像是加以人工似的,一丈以内,绝无旁枝;它所有的丫枝呢,一律向上,而且紧紧靠拢,也像是加以人工似的,成为一束,绝无横斜逸出;它的宽大的叶子也是片片向上,几乎没有斜生的,更不用说倒垂了;它的皮,光滑而有银色的晕圈,微微泛出淡青色。这是虽在北方的风雪的压迫下却保持着倔强挺立的一种树!

⑦大雪整整下了一夜。今天早晨,天放晴了,太阳出来了。推开门一看,嗬!好大的雪啊!山川、河流、树木、房屋,全都罩上了一层厚厚的雪,万里江山,变成了粉妆玉砌的世界。

⑧忽然间,那晃动的枯枝上透出的一点青绿色,照亮了我们的眼睛,那枝头竟然有一点嫩芽了,多鲜多亮呵!我猛然觉得心头轻松好多。杨柳绿了,杨柳绿了,我轻轻地反复在心里念诵着。那时我的词汇里还没有“生命”这些字眼,但只觉得自己又有了精神,一切都又有了希望似的。

⑨命运就在性格中,性格就在习惯中,习惯就在行动中,行动就在态度中。

⑩有的同学认为,睡眠不足可以通过体育锻炼弥补,这种观点是错误的。睡眠之于身体健康,犹如水、食物一样对人必不可少。缺乏睡眠并不能靠运动来弥补,运动与睡眠对人的作用不同。充足的睡眠常常是人们解除疲劳,恢复体力、精力和增进健康的重要保证。运动的作用主要在于消耗体内能量,增强心肺功能,使血液循环畅通,避免焦虑,有利于睡眠,使神经系统处于最佳休息状态。运动只有在良好的睡眠下才可以保证精力充沛,适应各种环境的变化。

⑪天地萌生万物,对包括人在内的动植物等有生命的东西,总是赋予一种极其惊人

的求生存的力量和极其惊人的扩展蔓延的力量，这种力量大到无法抗御。只要你肯费力来观察一下，就必然会承认这一点。

(二)文章

北京的春节(节选)

老　舍

按照北京的老规矩，过农历的新年(春节)，差不多在腊月的初旬就开头了。“腊七腊八，冻死寒鸦”，这是一年里最冷的时候。可是，到了严冬，不久便是春天，所以人们并不因为寒冷而减少过年与迎春的热情。在腊八那天，人家里，寺观里，都熬腊八粥。这种特制的粥是祭祖祭神的，可是细一想，它倒是农业社会的一种自傲的表现——这种粥是用各种的米，各种的豆，与各种的干果(杏仁、核桃仁、瓜子、荔枝肉、莲子、花生米、葡萄干、菱角米……)熬成的。这不是粥，而是小型的农业展览会。

腊八这天还要泡腊八蒜。把蒜瓣在这天放到米醋里，封起来，为过年吃饺子用的。到年底，蒜泡得色如翡翠，而醋也有了些辣味，色味双美，使人要多吃几个饺子。在北京，过年时，家家吃饺子。

从腊八起，铺户中就加紧地上年货，街上加多了货摊子——卖春联的、卖年画的、卖蜜供的、卖水仙花的等等都是只在这一季节才会出现的。这些赶年的摊子都教儿童们的心跳得特别快一些。在胡同里，吆喝的声音也比平时更多更复杂起来，其中也有仅在腊月才出现的，像卖宪书的、松枝的、薏仁米的、年糕的等等。

在有皇帝的时候，学童们到腊月十九日就不上学了，放年假一个月。儿童们准备过年，差不多第一件事是买杂拌儿。这是用各种干果(花生、胶枣、榛子、栗子等)与蜜饯掺合成的，普通的带皮，高级的没有皮——例如：普通的用带皮的榛子，高级的用榛瓤儿。儿童们喜吃这些零七八碎儿，即使没有饺子吃，也必须买杂拌儿。他们的第二件大事是买爆竹，特别是男孩子们。恐怕第三件事才是买玩意儿——风筝、空竹、口琴等——和年画儿。

儿童们忙乱，大人们也紧张。他们须预备过年吃的使的喝的一切。他们也必须给儿童赶快做新鞋新衣，好在新年时显出万象更新的气象。

(选自《新观察》1951 年 1 月第 2 卷第 2 期)

陆良八老(节选)

云南省曲靖市陆良县龙海乡的 8 位普通老人，从 1980 年起，在土地石漠化程度严重的荒山上，造林 13.6 万亩。8 个兄弟，因为相似的付出和坚守，被视作创造了绿色奇迹的当代愚公和一种精神符号，他们在当地被称为“陆良八老”。

刚开始种树时,"陆良八老"中最大的51岁,最小的40岁。整个陆良龙海乡,受喀斯特地貌影响,荒山寸草不生、怪石嶙峋,乡里没有一条河流和一座水库,连年干旱,拉水的老牛都累得跪下。

"山下要有路,山上要有树,农民才会富。"这句话,是种树的带头人王小苗说的。这位曾经的龙海公社树搭棚村民兵营长,最先提出上山种树,其余7个人自愿加入。

1980年12月的一天,8个人各自带着一床草席和一件蓑衣,一头扎进山里。从此,他们的人生再也没和种树造林撇开关系。

31年里,8位老人先是种树,再是守林。没有住处,一床草席铺地,一件蓑衣搭身,天为幕,地为席;年纪大了,他们把儿女们叫上山一起守着,即使过年,山下村里鞭炮震天,山上备一点卤菜和土豆,就是年饭了。

种树人苦,跋涉在石头堆里,每个人的脚后跟都肿得像缺水的土地,皲裂着牙签粗细的小口。实在疼得走不了路,就把土豆煮熟捣碎,然后填到开裂的小口子里,再用针线缝上。自己缝不到时,几个人就相互缝——肿起来变硬的皮肤很干,针扎进去不会痛。

如今,沿着山路蔓延而上的林场,从空中看,宛若绿茸茸的外套。当年,8个人合计,将其称为"花木山林场",所寄托的寓意就是有花有木。

直到现在,王德映都记得当年第一锄头下去后,地上冒出的火星。硬着头皮,他们每天挖坑,撒种子,再填上,小苗却一直没有发芽。忍不住扒开一看,老鼠早就把种子吃了。为提高树苗成活率,8个人开始尝试先育苗,再移栽。他们将挑好的树种在营养袋里精心培育,长到10厘米左右高时,再移栽到山上。

更厉害的是,他们摸索出,50天的树苗移栽后,成活率能达到100%;80天的树苗,成活率只有60%;100天后的树苗,成活率不到10%。于是,风雨无阻,育苗50天后就要连夜移栽。

"一条直线一条直线地种。"4年时间,他们种植了7400亩华山松,原本赤裸嶙峋的荒山有了色彩。

8个人开始被请到别的乡镇帮助造林。1985年至1995年的10年时间,他们的足迹遍布陆良县9个乡镇,也影响了越来越多的人主动参与进来。王小苗开始组织专业造林队,招募到近800名青年上山植树。

1995年,人工造林结束,他们开始守山,这一守,就守到2010年8月。

王小苗烟瘾大,但为了预防火灾,他将打火机和烟斗放在家里。

每天,他们巡山到晚上10点,然后派出两个人轮流守在山头。

"我们都姓王,是一家人。"直到现在,王德映都记得,一次发现王小苗晕倒不省人事后,他驾着马车带着王小苗往医院赶。结果医生诊断,王小苗没有大毛病,就是3天没吃东西,饿的。

王家寿老人是八老中最先离世的,让家人遗憾的是,老人最终也没住进家里的新房。

王德映去过最远的地方是北京，去电视台讲述“陆良八老”的故事。老人没备讲稿，被扶到台上，想了许久，感叹一声：“我现在老了，种不动了。”

如今，“陆良八老”尚有4位健在。王长取说：“人死了，树活着就行。”

（节选自《封面新闻》2019年8月1日）

中国工艺美术馆开馆

本报北京2月21日电　中国工艺美术馆、中国非物质文化遗产馆近日正式开馆。由文化和旅游部主办的开幕展览“中华瑰宝——中国非物质文化遗产和工艺美术展”同时揭幕。

该展览分为“大国匠作”“旷古遗音”“万方乐奏”“丝路丹青”“粉墨传奇”“藉器传文”“神州迎春”“盛世重光”八大板块，共展出工艺美术、古琴艺术、传统乐器、丝路壁画、中华戏曲、金石篆刻、木版年画、民俗表演等多个门类1 298件(套)工艺美术和非遗珍品佳作。展览中80%的展品是第一次面向社会公众展出，大部分展品是中国艺术研究院70年积累的珍藏。展览设计了众多互动环节，观众可扫描二维码观看、收听展品的讲解，现场还设有拓本、书法、篆刻等演示体验活动，在多功能剧场设置了动态展示区域。

中国工艺美术馆、中国非物质文化遗产馆馆长韩子勇介绍，“中华瑰宝”展览与场馆相得益彰，是北京冬奥会期间一项重要文化活动。为此，该馆特别设计了冬奥主题的装置景观《从阿勒泰到北京》，置于馆内中央大厅入口处。这一装置将远古先民的滑雪起源和北京的冰雪文化用镜面不锈钢呈现出来，为北京冬奥喝彩。

（选自《人民日报》2022年2月22日）

反不正当竞争法司法解释3月20日起施行

最高人民法院17日发布《最高人民法院关于适用〈中华人民共和国反不正当竞争法〉若干问题的解释》，重点对仿冒混淆、虚假宣传、网络不正当竞争行为等问题作出细化规定。

最高法有关负责人介绍，随着经济快速发展，线上线下市场加速融合，新类型法律纠纷大量涌现。最高法发布该司法解释，为净化市场环境、激发市场活力、规范市场秩序提供司法支撑。

据介绍，人民法院运用一般条款认定市场竞争行为正当与否，核心是判断经营者是否违反了商业道德。司法解释规定，反不正当竞争法中的“商业道德”，不能简单等同于日常道德标准，而应当是特定商业领域普遍遵循和认可的行为规范。司法解释同时规定，人民法院应当结合案件具体情况，综合考虑行业规则或者商业惯例、经营者的主观状态、交易相对人的选择意愿、对消费者权益、市场竞争秩序、社会公共利益的影响等因素，依法判断经营者是否违反商业道德。

该负责人表示,2021年,全国各级法院共审结不正当竞争纠纷案件8 654件,仿冒混淆行为案件数量占有很大比例。司法解释用11个条文,重点从以下三个方面对反不正当竞争法第六条“仿冒混淆”的规定进行了细化:一是明确“有一定影响的”标识的含义和认定考量因素;二是明确属于商标法禁用禁注范围的标志也不能获得反不正当竞争法的保护;三是参照市场主体登记管理条例第二条的规定,细化了名称可以受到保护的市场主体的范围。

该司法解释自2022年3月20日起施行。《最高人民法院关于审理不正当竞争民事案件应用法律若干问题的解释》同时废止。

(选自《新京报》2022年3月18日,有删改)

我国科考队员成功登顶珠峰 珠峰科考创造多项新纪录

5月4日,珠峰科考队员架设世界海拔最高的自动气象站。

5月4日中午,13名珠峰科考队员成功登顶珠穆朗玛峰。这是我国珠峰科考首次突破8000米以上海拔高度,在青藏高原科学考察研究历史上具有划时代意义。

本次珠峰登顶,科考队员完成世界海拔最高自动气象站的架设。当日凌晨3时,以德庆欧珠为组长的珠峰科考登顶工作小组,携带科研仪器发起冲顶,第一项使命就是架设气象站。为此,他们在数月前反复练习,熟练操作流程。

中科院青藏高原研究所研究员赵华标说:“我国建设珠峰梯度气象观测体系,对高海拔冰川和积雪变化的监测意义重大。”

4日,科考队员还首次在“地球之巅”利用高精度雷达,测量峰顶冰雪厚度。在珠峰脚下海拔5 200米的总指挥会议室帐篷里,中科院院士、第二次青藏科考队队长姚檀栋现场宣布:“‘巅峰使命’珠峰科考登顶观测采样成功!”现场,大家热烈鼓掌,握手庆祝。

据介绍,科考队后续还将进行多项科学考察研究。

(选自《中国科学报》2022年5月5日)

第十讲　表达思想感情的方法之重音

第十讲

一、理论基础

在这一讲之前，我们先要弄明白两个概念的区别，即重音的“重”与词的轻重格式中的“重”可不一样。前者指的是“重点”；后者是“多音节词的几个音节有约定俗成的轻重差别，长而强称为重”。我们这里讲的重音是为了强调突出重点的声音，而非重读的意思，所以重音的“重”是比较出来的重点。

重音是指在播音中，那些根据语句目的、思想感情需要而给予强调的词或短语。如果在一句话里每个词都给予强调，那就是处处没有强调，所以，重音的确定原则是少而精，以能否突出语言目的为首要标准，综合考虑逻辑关系和感情表达的需要。重音标记使用下圆点“ ”。

比如：我喜欢。这句话只有三个字，但结合到不同的对话中能够得出不同的重音。当回答“谁喜欢”时，重音是“我”；当回答“对此你的态度是”，回答则强调“喜欢”。有了重音的突出，能够非常明确地表达语句的意思。

任何一个句子里都有重音。不过，因为句子在全文中的作用、地位不同，重音的强调程度、强调方法也不同。有时，一个句子里有两个以上的重音，这就要区分主要重音和次要重音，分别予以不同程度的强调。

（一）重音的确定方法（音频 10-1）

下面我们通过示例告诉大家重音的确定方法。

1. 重音应该是突出语句目的的中心词

突出语句目的的中心词指那些在语句中占主导地位和最能揭示语句本质意义的词或词组。它们是准确、鲜明地传达语句目的的核心。

2012 年我国土地供应政策基调是坚持房地产调控政策方向不改变、态度不动摇、力度不放松,在促进房价合理回归的同时努力保持土地市场平稳运行,避免土地供应总量、结构和价格大起大落。

【提示】重音为陈述事实的主要词语。这句话传达2012年我国土地供应政策调控基调不变,包括:方向、态度、力度方面。目标是:房价合理回归、土地市场平稳运行、避免大起大落。

记者今天从国家林业局获悉,国家林业局开展"绿盾二号行动",坚决打击乱砍滥伐、乱征滥占林地的违法行为。

【提示】重音为起说明解释、修饰等作用的主要词语。这句话突出了"绿盾二号行动"要打击什么内容的违法行为,交代行动名称,并给予说明解释,传达了语句目的。

尽管北京汽车"限购"政策在一定程度上延缓了汽车保有量的增加,但似乎并没有放慢车位价格的涨幅。记者调查发现,北京市区的车位价格普遍已经上涨到20万元以上,而四环内的车位已经达到50万元,基本相当于一辆宝马5系的价格。由于停车费的节节攀升,不少开发商对车位采取只租不售的策略。

【提示】重音为主要的数量词语。这句话中的数量词反映了目前北京虽然汽车"限购",但停车费高居不下,还有节节攀升之势。通过对这组数字的强调,使人们对高价车位的认知更加明确。

2. 重音应该是体现逻辑关系的对应词

体现逻辑关系的对应词是指那些具有转折、呼应、对比、并列、递进等作用的词语。它们是语句目的的实现过程中的重要逻辑线索。

(1)重音表现为线索性的重复出现的词语

母亲喜欢花,可自从我的腿瘫痪后,她侍弄的那些花都死了。"不,我不去!"我狠命地捶打这两条可恨的腿,喊着:"我活着有什么劲!"母亲扑过来抓住我的手,忍住哭声说:"咱娘儿俩在一块儿,好好儿活,好好儿活……"可我却一直都不知道,她的病已经到了那步田地。后来妹妹告诉我,她常常肝疼得整宿整宿翻来覆去地睡不了觉。

……

又是秋天,妹妹推我去北海看了菊花。黄色的花淡雅、白色的花高洁、紫红色的花热烈而深沉,泼泼洒洒,秋风中正开得烂漫。我懂得母亲没有说完的话。妹妹也懂。我俩在一块儿,要好好儿活……

【提示】史铁生的文章《秋天的怀念》先后两次重复出现"好好儿活",起到了呼应作用,又引出了作者内心的感悟,对于母亲和自己生命的理解有了重新认识,使得全篇的逻辑关系自然而严密。

(2)重音表现为相区别而不相重复的词语

与友分享欢乐者,无不欢乐倍增;与友分担哀伤者,无不哀伤减半。

【提示】尽管这句话没有明显的关联词,但是内容是相关联的实质。这是并列句,强调友谊的重要。

3. 重音应该是点染感情色彩的关键词

点染感情色彩的关键词是指那些对显露丰富的感情色彩、情景神态和烘托气氛等起重要作用的比喻、象声以及其他形容性的词或词语。它们可以使特定环境中的语句目的生动形象地突出出来。

壁炉里的火苗活像一只睡眼惺忪的大野兽,咕噜咕噜地哼哼着;炉膛里不停地向外释放出柔和的光和热。

有只鸽子口渴得很难受,看见画板上画着一个水瓶,以为是真的。它立刻呼呼地猛飞过去,不料一头碰撞在画板上,折断了翅膀,摔在地上,被人轻易地捉住了。

确定重音的方法和规律不止于此,朋友们一定要结合上下文和主题,多揣摩多练习,明确重点,确定重音。

(二)强调重音的方法(音频 10-2)

既然重音不是简单地重读,就需要大家掌握强调重音的方法。示例采用单一元素的对比,实际运用中,处理方法不仅是单一元素的运用,还可将强弱、快慢、虚实的方法结合起来综合使用,使语言色彩更加丰富,变化更有层次。

1. 强弱法

强弱法是一种用声音的轻重、高低变化来强调重音的方法。

据国家统计局公布的数据显示,9 月 CPI(居民消费价格指数)受到食品价格因素影响最大,食品类价格同比上涨 13.4%,其中,肉禽及其制品价格上涨 28.4%,影响价格总水平上涨约 1.86 个百分点,而其中猪肉价格更是上涨 43.5%,单项所占比例最大。此外,鲜果、蔬菜、水产、油脂价格与上月相比均有不同程度上涨。

【提示】这句话中我们可以用音高的变化强调“CPI”(居民消费价格指数),CPI 反映了由居民生活中的产品和劳务价格所统计出来的物价变动指标,通常作为观察通货膨胀水平的重要指标,每月公布一次。仍用音高强调“13.4%”“28.4%”“1.86 个百分点”“43.5%”。为了有变化,“食品价格因素”与数字相对应的“食品类价格”“肉禽及其制品价格”“猪肉价格”“最大”则用加重的方法强调,可以突出强调的内容。我们常说语重心长,加重的变化更容易让受众接受内容,尤其是青少年群体。

没有听见房东家的狗的声音。现在园子里非常静。那棵不知名的五瓣的白色小花仍然寂寞地开着。

【提示】由于重音是在语句中由对比而显现出来的,强中见弱、高中显低也是强调重音的有效方法。周围环境的安静突出了花儿"开着"的动态,结合内容,我们只在重音"开着"处用较高较强的声音强调,其余都弱化处理,只要能突出重音,不必拘泥于一种方法。

2. 快慢法

快慢法是一种用声音的急缓、长短、顿连等变化来强调重音的方法。

堵车,车之洪流被堵住了,高处往低处望,北京城成了五彩缤纷的停车场。

【提示】用较缓的变化强调重音"堵车"和"停车场",比较出车辆的静止相对于车辆流动的状态。声音的缓、长形象地表现了堵车时的无奈和作者的调侃。

当我从沉思中醒悟过来看远方时,小女孩和她妈妈的背影已消失不见了。

【提示】重音"醒悟"和"不见"用短促、加快、紧连的声音处理,在整个语句中显得符合人物内心情绪的变化及视觉的转换需要。

3. 虚实法

虚实法是一种通过声音的虚实变化来强调重音的方法。

女孩黑黑的,头发稀少,大嘴巴,不漂亮,但乖巧得让人心疼。

【提示】作者用近乎白描的手法刻画女孩的形象,实声处理显得真实可信,重音之一"心疼"是作者情感的流露,虚声的处理使这种油然而生的细腻感情得以体现。

大江东去,
浪淘尽,
千古风流人物。

【提示】苏轼的《念奴娇·赤壁怀古》开篇前三句,作者即景抒情,穿越古今,地跨万里,把汹涌的江水和历史人物联系起来,用较实的声音处理重音"风流人物",将读者带入历史的沉思之中,显得厚重而有历史感。

二、实践练习

(一)句段练习

①冬残奥人员踏上返程路

随着北京2022年冬残奥会闭幕，境外涉冬残奥人员从北京首都国际机场陆续踏上返程之路。

北京冬奥组委抵离中心副主任周玲此前介绍，针对残奥运动员可能有行动不便、视力障碍、辅助设备多等特点，各环节将增加引导人员和辅助人员，必要时提供“一对一”协助服务，从而确保代表团顺利离境。此外，民航、海关、边检等单位在优化运行保障上做了许多准备工作，包括升级改造无障碍设施设备等。

(选自《北京青年报》2022年3月16日)

②个人养老金制度落地

今天上午，国务院办公厅发布《关于推动个人养老金发展的意见》(以下简称《意见》)，提出在中国境内参加城镇职工基本养老保险或者城乡居民基本养老保险的劳动者，可以参加个人养老金制度。

个人养老金与基本养老保险、企业年金或职业年金共同组成我国养老保险体系的“三大支柱”，个人养老金不会影响已有的基本养老保险制度。

(选自《中国青年报》2022年4月22日)

③第二届“中国品牌强国盛典”播出

本报北京2月21日电　由中央广播电视总台举办的第二届“中国品牌强国盛典”于21日播出，活动推选出十大“国之重器”品牌、十大“国品之光”品牌以及“年度特别贡献”品牌。

第二届“中国品牌强国盛典”以“中国信心　品牌力量”为主题，以“信念、信心、信任”3个篇章，全面呈现在百年变局和世纪疫情的背景下，中国经济与中国品牌发展的大事件与高光时刻，通过呈现中国品牌重大价值，展现中国经济韧性强、潜力足、长期向好的基本面，表达中国经济高质量发展的定力和决心，在全球经济面临不确定性的当下，给中国经济加油鼓劲，给社会以信心激励。

2019年，中央广播电视总台推出“中国品牌强国盛典”系列活动，以品牌榜样的力量推动中国品牌发展，将品牌建设打造成为中国经济高质量发展的新引擎，形成了广泛的社会影响力。

(选自《人民日报》2022年2月22日)

④除了“少吃甜食和油腻的食物，多食蔬果”这一众所周知的原则外，一定要多吃富

含膳食纤维的食物,如芹菜、魔芋等,它们能让人有饱腹感,又不会增加体重。

⑤科学的灵感,绝不是坐等可以等来的。如果说,科学上的发现有什么偶然的机遇的话,那么这种“偶然的机遇”只能给那些学有素养的人,给那些善于独立思考的人,给那些具有锲而不舍的精神的人,而不是给懒汉。

⑥天才,就是1%的灵感加上99%的血汗。

⑦那沉甸甸的稻谷,像一垄垄金黄的珍珠;炸蕾吐絮的棉花,像一厢厢雪白的珍珠;婆娑起舞的莲蓬,却又像一盘盘碧绿的珍珠。

⑧昨夜,竟悄悄地下了一阵小雨,清晨打开窗口,飘进来湿漉漉的空气,很清新,并夹着一股甜滋滋的味道。

⑨曲径通幽,庭院掩映于林木中间,眼前就是两峰之间的一个峡谷,那树,枫呀、栎呀、樟呀、松呀,一片混交林,好奇地踮起脚尖,一棵一棵都站到了我们跟前。

⑩因此,在中学阶段,我们应该积极鼓励学生敢于尝试,敢于面对失败,敢于面对批评和指责,把他们的答案作为答案,让他们自由挥洒文采和智慧。另外,我们还应积极组织活动,为学生们提供自我表现的机会,锻炼他们的能力,满足他们的表现欲,树立他们的自信心。

⑪孩子的心灵是一块神奇的土地,你播种一种思想,就会收获一种行为;播种一种行为,就会收获一种习惯;播种一种习惯,就会收获一种性格;播种一种性格,就会收获一种命运。习惯对于孩子的生活、学习以至事业上的成功都至关重要。

(二)文章

爱的影子

经过一天学习倒腾,书桌一片狼藉,我几乎本能地把书桌收拾了一番,“把没有用的东西都扔掉。”“一切都要回到整整齐齐干干净净的状态。”是谁不厌其烦地在耳边念叨着?还成为我不知道奉行了多少年的原则,以至于看到一丁点儿不整洁都像眼里含了沙。

是父亲吧,我总是很像你,从生活小习惯到待人接物再到野心和欲望,某些方面甚至有过之而无不及。

我是记得的,小时候一不小心就把家里弄得乱七八糟了,衣柜、床上、书桌、客厅,哪里没有我作乱的痕迹?碍于“懒”,玩了去,没有收拾的工夫。这时你总是会板着一张脸,像黑的铁,硬的钢,紧皱着眉,义正词严地训斥我。小到一双鞋摆放的位置,而我又有多少次暗含不满,不甘不愿地去整理。不知不觉,习以为常。它的益处总是时不时显露出来,或找东西,或复习,或心烦意乱的时候,像喝完中药后的一颗蜜枣,苦中带甜。

出门,亲戚说:“你们父女长得真像啊!”在家,母亲也爱说我们相似:“你俩吃的菜最好做了，口味都那么像。"父亲在一旁乐得哈哈笑，笑得像慈眉善目的弥勒佛。而我在一旁哼哼唧唧，暗里不爽，我凭什么要像你啊？我为什么要带着你的影、你的标签过活？

我越是想要逃离这个影，越是囿于其中。想着阳奉阴违，不承想潜意识中内化于心外化于行。

我啊，越是想背向你，越是看见你。

你总说，人无远虑，必有近忧。要居安思危，做好计划才是。我吊儿郎当敷衍了几分，计划赶不上变化，随机应变才是真。你总说，要怎么做，要怎么做。我总是摇头，总是噘着嘴，以示反抗，而其中又有多少成为我的生活习惯或生活方式？这是掌控吧，是束缚吧，所以小的时候凡事你都爱"自作主张"，不让我去冒险，不让我和家人以外的人出远门，我像极了笼子里的金丝雀，被所谓"为你着想""这样安全"的牢笼关押着。哪里有我，哪里就有你。

我是这样过来的吗？是，又不是，少不更事的我有目如瞽，常常一叶障目以偏概全，未曾考虑过父母的顾虑，也不善于判断社会百态的是与非。现在细细思考，于我而言所作所为颇有一丝韬光养晦的意味。更贴切地说，父母是合理引导，是呕心沥血，是一片苦心。冒险，可以，走弯路，可以，但没有必要。如果可以，何不多些经验之谈和现身说法？何不先培养良好的习惯，而后厚积薄发？这个过程就像是登山攀岩，其中的气馁，懈怠，甚至想要放弃，诸如此类的行为和想法你怎么会不知道？你又何尝不想代我承受这些蜕变和成长的苦痛？但也正是深谙"宝剑锋从磨砺出，梅花香自苦寒来"的道理，你总是背向我，任我埋怨，任我郁闷和不平。越是背向我，越是历历在目，我的成长你都了然于心。

终于，我也可以像一枚种子一样，突破厚硬的泥土长出幼苗，享受阳光雨露的沐浴，坚韧地抵抗狂风暴雨的侵袭。

我是被领着成长的，这并不等于严苛的圈养。你未曾细致地管控我的钱财使用，未曾过多干涉我的交友，未曾探听过我的隐私，也未曾拆穿我撒过的谎……相比于其他同龄人，我已经拥有了极大的自主权了，我们间是有足够的信任、足够的默契的。

可能你就是这样的人吧，爱我数十载如一日，待我羽翼渐丰，放手给我所有碧海蓝天。

我越是背向你，越是看见你。航行在茫茫烟海中，你就是最亮的指明灯，为我指点迷津，排忧解难，引我避开歧路，躲开深海暗礁。

蓦然回首，山峦在，草木在，你也在。春去秋来，山峦岿然不动，草木欣欣向荣，你添了几丝白发，我多了几分成熟，未来，还是要乘风破浪，共同成长！

（选自《羊城晚报》2019 年 12 月 24 日）

枯荣有时

那一天，外面很冷，我和表弟在外婆家附近的稻田里走着。外公、外婆早已过世了，我们这些子孙如今分散在中国各地,做着一些毫不相干的事情。

小时候在树下一起嬉戏、打闹,许多记忆都已经消失得无影无踪。多年后,我甚至也是在偶然之间望见田间有这样两棵树,我想它们应该都是樟树吧。由于是冬天,其中一棵树的叶子已经掉光了,枯死了一般。就像我在诗里写的:“谁没有两颗心/一颗心枯,一颗心荣。”

小舅还住在外婆的村子里,他和我说那棵貌似枯死的树并不是樟树,而是和我们村里被挖走的那棵古树一样的朴树。它现在只是落光了叶子,其实并没有死掉。每年春天的时候,它会重新焕发生机,至暮春又将枝繁叶茂。

小舅的一生自顾不暇,如今儿女终于长大成人。我非常感激小舅还是孩子的时候曾经借给我不少小人书,并且给我做过一把木头手枪。

后来,我上了大学,在书里遇到另一位舅舅,那是小说《约翰·克利斯朵夫》里的高脱弗烈特。高脱弗烈特是个货郎,走南闯北,没多少文化,但他却是克利斯朵夫的人生向导。他不仅告诉克利斯朵夫作曲时要有真诚的态度,而且要对人生保持克制与耐心。

有一次,二人在冰天雪地的户外聊天。克利斯朵夫急急地说:“舅舅,怎么办呢?我有志愿,我奋斗!可是过了一年,仍旧跟以前一样。不!连守住原位也办不到!我退步了。我没有出息,没有出息!我把自己的生命蹉跎了,许的愿都没做到……”

高脱弗烈特舅舅说:“你得对着这新来的日子抱着虔敬的心。别想什么一年、十年以后的事。你得想到今天……现在是冬天,一切都睡着了,将来大地会醒过来的。你只要跟大地一样,像它那样的有耐心就是了。你得虔诚,你得等待……你干吗要抱更多的希望呢?干吗为了你做不到的事悲伤呢?一个人应当做他能做的事……竭尽所能。”

要竭尽所能,并从容面对万物荣枯有时。我是在人生最灰暗的时候读到这些话的。克利斯朵夫的舅舅,因此成了我另一位精神上的舅舅。

(选自《追故乡的人》)

香蕉式淘汰

当你走进水果店,面对琳琅满目的水果,是否设想过有一天你会和其中一种水果永远绝缘呢?最近,英国《自然气候变化》杂志的一篇报道称:英国埃克塞特大学的研究人员进行的一项研究发现,在全球广泛种植的香蕉正面临“香蕉枯萎病菌4号种”的困扰,而且正持续加重,最坏的可能性是在2050年全部灭绝。

再过30年咱就吃不上香蕉了?这个说法听起来有些耸人听闻。但你知道吗?在历史上,香蕉其实已经“灭绝”过一次了,我们现在吃的香蕉,只是“正版香蕉”的替代品。

如果你能穿越回20世纪50年代的美国,并吃到当时的香蕉,肯定会惊奇于那时的香蕉怎么那么好吃。作为一种出身于观赏植物的水果,香蕉的种类繁多,但真正好吃的其实只有有限的几种。近代,人们对这些品种进行挑选,最先被选中的,是一种叫作“大麦克”的香蕉。自19世纪初开始,“大麦克”香蕉的种植就已经遍布美洲、非洲以及欧洲,并向世界各地广泛出口。它与我们今天所吃的“华蕉”是近亲,但由于“大麦克”比“华蕉”好吃太多,在它存在的那段岁月里,“华蕉”只能屈居观赏蕉类。

“大麦克”的味道今天仍能尝到:你在超市买到的香蕉牛奶,最初就是20世纪50年代美国厂商以“大麦克”的口味为模板,通过调制食用香精配出来的。你是否也觉得香蕉牛奶比香蕉本身味道好太多呢?

到了20世纪中期,“大麦克”已经风靡全球,很多南美国家单纯依靠种植香蕉就能支撑整个国民经济,“香蕉共和国”所言非虚。

然而,作为一种美味的水果,香蕉有一个致命的软肋,它是一种“多倍体植物”。多倍体是植物在特殊环境下发生染色体加倍的现象,细胞内原有的全部遗传物质(统称基因组)都多了一倍甚至两倍。对这些植物而言,由于控制生长、营养及糖分合成的基因多了一倍以上,植株的茎秆往往更加粗壮,叶片、果实和种子更加巨大,果实也更好吃。但多倍体植物是无法正常繁殖的(所以香蕉是没籽的),只能扦插繁殖。从这个角度来说,同一种香蕉的不同个体,其实只是一棵母株的不同枝干。

这种特性导致香蕉在维持品种稳定性的同时,抗病性却极差。如果一种香蕉只在小范围种植,疾病大规模扩散的概率也许还小一些,但如果把某种香蕉种植得田连阡陌、遍布全球,其遭遇克星的风险几乎无法避免。这个道理就跟生活在大城市的人更容易得流感一样。

果然,自1927年起的30年里,一种叫“香蕉枯萎病菌1号种”的疾病缠上了“大麦克”,“大麦克”香蕉陆续在美洲、非洲绝迹,导致无数农场主破产。美国人民一度没有香蕉可吃,只能靠喝人工调制的香蕉牛奶回味一下当初的美味。

而“大麦克”香蕉的绝迹还导致巴西等国家的种植业遭遇毁灭性打击。说起来,这场灾难要对20世纪后半叶拉美经济的步履蹒跚负一定责任。

在“大麦克”被“团灭”后,育种学家不得不加快寻找可代替的香蕉品种。我们今天吃的“华蕉”便是当时作为“替补”上场的香蕉品种。“华蕉”虽然口味比“大麦克”稍差,但“香蕉枯萎病菌1号种”拿它没办法,可以在被病菌孢子污染后的种植园中继续种植,于是人们只好退而求其次了。

然而,出来混迟早是要还的。如今,随着“华蕉”越种越广,它终于也遇上了自己的克星“香蕉枯萎病菌4号种”,并且出现了与当年“大麦克”十分相似的产量衰退。如果未来没有新技术扭转乾坤,“华蕉”也会重蹈“大麦克”的覆辙。届时,人们也许会再从其近亲中选择另一种替代品,以满足全球香蕉爱好者的口腹之欲。

从香蕉的演变史,我们发现了一种有趣的现象:香蕉种植似乎在进行一场“劣币驱逐良币”的竞赛,在不考虑技术出现突破的背景下,越好吃的香蕉越先被选中推广至全球,也越先因为遭遇致命疾病而绝种,继而人们不得不选取差一点的替代品。

其实,这种“香蕉式淘汰”在社会生活中也很普遍。比如你是否经常觉得新歌不如老歌好听?在艺术界,那些最经典、最好的诗歌和乐曲往往最先被发现、被推广开来,也最早被人们习惯,不再能成为潮流,取而代之的则是一些如“梨花体诗歌”的“怪腔怪调”。再比如在一些公司中,某些最有活力的年轻员工可能率先被发掘,但如果公司机制不成熟,他们也会最早遭遇挫折,负气出走,留下来的则是一群平庸之辈。若真是如此,也许你正陷入一场“香蕉式淘汰”。

(选自《齐鲁晚报》2019 年 9 月 7 日)

肉

连俊超

风从北方来。这是在年关急于赶路的风,在狭窄的街道上像个撒酒疯的醉汉一样横冲直撞。这是年前最后一个集市,所有的卖家都在今天以低贱的价格打发掉所剩无几的存货。

我站在自行车旁,看守着父亲提过来的青菜。街很深,我看到提着一捆芹菜的父亲从人潮中“漂浮上来”。他把芹菜放在我身边,抬头看了看天,说:“看好菜,我再去割点儿肉。”然后转身又潜入人海中。

父亲再次回来的时候,手里没有提肉,而是叼着一支烟卷。母亲跟在他身边,拿着一小捆韭菜和一块豆腐。父亲把买来的菜整理到车后座上,然后招呼弟弟过来,说:“走,回家。”弟弟绕着两辆自行车转了一圈,说:“你们买的肉呢?妈说要包肉馅饺子的。”

母亲看了父亲一眼,脸上露出一丝难色。

母亲走到弟弟身边说:“咱的钱丢了,过几天再给你买肉。走吧,回家,听话。”

我走到父亲身边,爬上了他的自行车前梁。母亲又看了父亲一眼,说:“要不你去咱姐家借十块钱吧。”父亲没说话,转头环顾四周,默默抽了几口烟。然后他把烟头扔进近旁的水洼里,掉转车头,骑上车,头也不回地说了声:“你在这儿等着。”

我们的自行车拐了几道弯,走上了一条熟悉的街道,最后拐进了一个熟悉的家属院。我知道大姨家就住在三号楼的一楼。父亲停好自行车,对我说:“你看着车。”然后他拽了一下衣襟,拍打了一下裤子上的尘土,走进三号楼。

我听不到父亲在大姨家说话的声音,我希望他赶紧向大姨开口借钱。这时,我听到了大姨的声音:“就你们家还吃肉呢!我们吃的还是素馅儿。”然后,我听到一个声音,是手掌拍打在桌子上发出的声音。

过了一会儿,父亲出来了。他抱起我,将我放在车前梁上,出了家属院,按原路返回。母亲和弟弟在原地等着我们。母亲问:“借了?”父亲什么也没说,掏出十块钱给母亲,等她买回肉,仍然一声不吭地骑车出城,朝家走。

弟弟一到家就欢呼起来,嚷着要吃饺子。母亲说,明天才是大年三十。晚上,父亲把肉放进竹篮里，然后把竹篮挂在屋梁上。全家人睡前都看了一眼悬在半空的竹篮，像瞻仰一位远道而来的圣人，然后我们才各自上床，安心地睡去。夜里，我听到弟弟吞咽口水的声音。母亲在黑暗的房间里问父亲："姐借给你钱的时候咋说的？"父亲在床上发出点儿动静，似乎是翻了一个身。

当我在窗外一片明亮的雪光映照下醒来的时候，听到母亲在门口说话。我走到屋门口，看见白猫死在地上。母亲说："是刘柱家的吧，他们家也有一只白猫，咱家的可没这么肥。"这时弟弟发现了原本挂在屋梁上的竹篮滚落在屋角，竹篮里空空荡荡。父亲从白猫身上的一处烧伤认出了它是我们家的猫，他说："这猫撑死了！"

那个年三十的下午，我们把白猫拎到雪地里，为它刨了一个坑儿。父亲把白猫丢进土坑，它鼓胀的肚子使它看起来有着酒足饭饱之后懒洋洋的得意神气，仿佛只是躺在温暖的阳光中惬意地睡午觉。

（选自大象出版社《童年》）

第十一讲

第十一讲　表达思想感情的方法之语气

一、理论基础

生活中我们和别人交流的时候，常常是心里怎么想的，口中就说出来了。但是播音员主持人的语言要准确、鲜明、生动，这就需要播音员主持人经过一番琢磨，想一想这句话具体的语言环境、思想感情是怎样的，用什么样的声音形式表达更合适。这就是语气的概念，即具体思想感情运动状态支配下语句的声音形式。感情是语气的“神”，是灵魂。具体的声音形式是语气的“形”，是躯体。感情决定声音的形式。

(一)语气的思想感情

语气的思想感情包括两个方面：

一是，语气的感情色彩。主要指语句所包含的喜、怒、哀、乐、欲、恶、憎等态度感情方面的具体性质。

二是，语气的分量。指在把握语气感情色彩的基础上，还要把握好分寸、火候。

(二)语气的声音形式

丰富细腻的思想感情，决定了声音形式的千变万化。声音形式的变化主要是口腔状态、气息状态和声音各要素的变化造成的。通常来说，一个句子在思想感情运动状态下声音的态势叫作语势。语势分为五种基本形态。

一是，波峰类。指声音的发展态势由低向高再向低行进。特点是句头、句尾略低，句腰较高，状如波峰。例：世界上没有花的国家是没有的。“花”就处于波峰的位置。

二是，波谷类。指声音由高向低再向高发展。特点是句头、句尾较高，句腰较低，状如波谷。例：乔治・华盛顿是美利坚合众国的第一任总统。

三是，上山类。指声音由低向高发展。特点是句头最低，句尾最高，状如登山。例：

让暴风雨来得更猛烈些吧！

四是，下山类。指声音由高向低发展。特点是句头最高，而后顺势而下，状如下山。例：就在那年秋天，母亲离我们去了。

五是，半起类。指声音的发展趋向也是由低向高发展，但上至一半就止住了。特点是句头较低，而后呈上行趋势，行至中途，气提声止。因为没有行至最高点，所以称为半起。例：你的老家在哪儿？

理解了语气的概念，你就会发现，在处理同样的一句话时，试着用不同的语气来表达，就会有不同的声音形式和效果。比如“你好啊”这句话，不同场合、环境、面对不同的人以及不同的情感支配，会有不同的语意表达效果。

第一种语气：当你在车站迎接到很久没见面的好朋友，你激动地迎上前，说：“你好啊，好久不见”，声音是热烈喜悦的，气息饱满、高亢。

第二种语气：当你用斥责的口吻批评犯错误的弟弟，“你好啊，居然敢逃学！”声音是生气愤怒的，气息下沉。要注意的是，同样是愤怒的表达，这句话的愤怒带有“恨铁不成钢”的味道，而不是恶狠狠的势不两立。

第一种语气和第二种语气截然相反，说明了语气色彩的不同，即语句内在思想感情的积极运动的不同显露，它体现为创作主体声音与气息的变化。第二种语气在把握语气感情色彩“愤怒”的基础上，还区分了是非、爱憎的“度”。区分感情色彩不同的程度和不同的量级，并能使之付诸有声语言的表达，这就是语气的分量。

正如我们青少年朋友追求个性的发展一样，我们播读的每句话也追求着属于自己的“个性”。在积极运动的思想感情的支配下，声音形式也是不断变化着的，最终形成属于“这句话”的个性表达。这些个性表达有可能是赞扬、支持、亲切、活泼的，或批评、反对、严肃、郑重的；还有可能是喜悦、热爱、焦急的，或悲伤、憎恨、冷漠的。为了配合具体的思想感情，气息、声音、口腔状态的变化形成不同的声音形式。“文似看山不喜平”，而作为有声语言艺术也同样如此。语气有变化，不仅显得我们的语言表达千变万化、增强人们的听觉美感，还可以克服自己的“读书腔”“固定调”等不良习惯。

【示例】

人生不设限(节选)(音频 11-1)

——无四肢“海豹人”抱得美人归 靠演讲谋生

①一出生便没有四肢的“海豹人”“走”遍世界的励志演讲大师尼克·胡哲于情人节前夕步入婚姻殿堂，再一次向世人证明“人生不设限”。尼克在自己的个人网页上这样表示：“这是继我的出生之后得到的一个莫大的祝福。”

②今年年仅 29 岁的尼克已经在 25 个国家给超过 300 万人做过励志演讲。2011 年，

尼克出版了励志畅销书《人生不设限》,告诉大家他如何从一无所有,到一无所缺。他用自己的行动显示,什么叫"永不放弃"。

③尼克·胡哲1982年12月4日出生于澳大利亚墨尔本。他出生时身体就没有四肢,因此被称为"海豹肢症",多年来一直未能在医学上得到合理解释。尼克一生下来就没有双臂和双腿,只在左侧臀部以下的位置有一只带着两个脚指头的小"脚"。尼克是爸爸妈妈的第一个孩子,家族里没有任何遗传病史。

④在28年前,这个天生没有四肢的畸形儿一出生就吓坏了所有人,他的父亲甚至冲出产房大声呕吐了起来。直到尼克四个月大的时候,母亲才第一次抱起这个小小的婴儿。

⑤8岁以前,尼克只关注"自己没有的那一切"。10岁的时候,他曾想将自己溺死在浴缸里,但就连"自杀"也是一项无法完成的任务:肺占据了他身体体积的80%,他总是"像件救生衣一样竖直地浮在水面上"。

⑥经过长期训练,残缺的左"脚"成了尼克的好帮手,不仅帮助他保持身体平衡,还可以踢球、打字。他要写字或取物时,也是用两个脚指头夹着笔或其他物体。他还能打高尔夫球。击球时,他用下巴和左肩夹紧特制球杆,然后击打。2008年,尼克在美国夏威夷学会了冲浪。他甚至掌握了在冲浪板上360度旋转这样的超高难度动作。

⑦在19岁第一次充满动力的演讲之后,尼克开始了他的演讲生涯,与数百万人分享了自己的故事、经历。尼克说,他第一次向300人演讲时,紧张得"身体发软";但今天,他已是两家励志演讲机构的负责人。目前,演讲已成为他的职业,世界各地演讲邀请多达3万个。

⑧尼克至今已经来中国做过5次演讲。2011年11月8日、9日第五次来中国演讲,在上海讲述《人生不设限》。2011年5月,尼克为中南财经政法大学和武汉学院师生做了题为《怎么在挫折中永不放弃》的演讲。尼克在中国的网站开设了微博,粉丝已达40万人。

⑨在各地备受追捧的他说:"不要为没有拥有而感到愤怒。一个人要敢于有很大的梦想,不尝试,永远不知道自己能做什么"。

(选自《广州日报》2012年2月20日)

这篇稿件赞扬了"海豹人"尼克的人生"永不设限"。一出生就无四肢的尼克以坚强的意志和超人的毅力克服了常人无法想象的困难,用那只仅带着两个脚指头的小"脚"保持身体平衡,甚至踢球、打字。在生活的难题解决之后,他又把自己的演讲事业越做越大,最终收获了完美的爱情。节选的片段以尼克结婚为由头,回顾他走过的人生道路。片段的节奏为积极明快型。欢快喜悦、热情赞扬是总的感情色彩与分量,具体的每一句话又有不同的感情色彩和分量,分析如下。

第1自然段:开篇以由衷祝福的语气介绍人物出场,语气层层递进,祝福、喜悦的色彩与分量逐渐加强，节奏明快、活泼，气略上提，声音偏实。

第 2 自然段：描述了 29 岁“海豹人”尼克的骄人成绩。感情色彩以肯定、赞同为主，气息平稳，声音明亮，语气亲切，整个句子节奏明快。

第 3 自然段：客观描述了尼克刚出生时的状况。语气严肃、舒缓，且带有少许怜悯。声音略低、气息略沉，句子节奏与第 2 自然段的“扬”有所不同，“抑”的成分稍多。

第 4 自然段：讲述了父母当初不能接受“怪孩儿”尼克的情景。感情色彩以惊讶、悲伤为主，逐渐推进，直到四个月后母亲“第一次”抱起他，此时语气应以深深的怜悯、疼爱为主，因为母亲心中的痛苦和悲伤也许要胜过任何人，爱也大于任何人。声音由实渐变虚，节奏由快渐转慢。

第 5 自然段：第 1 句平淡的叙述背后，能感到小尼克的无奈和绝望。语气悲凉、伤感；第 2 句悲凉之情继续升级为自杀倾向，可特殊的生理状况又让尼克打消了这个念头，看来上天不愿收走这个可爱的孩子。语气由悲转喜，声音由“抑”转“扬”，而且带有几分调侃。

第 6 自然段：第 1、2 句讲述了尼克渐渐走出阴霾，找到了属于自己的生活方式。语气充满肯定、欣慰之情。声音活泼、明快。第 3、4、5、6 句中，我们看到了勇敢的尼克挑战自我，做到了常人难以做到的事情。语气中更有一种钦佩和喜悦，声音略高、气息略提，节奏欢快。

第 7 自然段：介绍了尼克演讲事业的起步、发展和壮大。需注意“第一次”和“今天”、“目前”这三个时间关联词，前后应有对比。语气应从紧张转为肯定，继而敬佩，声音也要渐渐充满自豪之情。

第 8 自然段：描述了尼克在中国的演讲情况及其微博人气之高。语气平稳，声音明亮、气息稳定。

第 9 自然段：点出本文中心思想。语气坚定有力，吐字掷地有声，气息沉稳，声音高亢，分量较重。

二、实践练习

第二十四届冬季奥林匹克运动会在北京隆重开幕

筑梦冰雪，同向未来。2022 年 2 月 4 日晚，举世瞩目的北京第二十四届冬季奥林匹克运动会开幕式在国家体育场隆重举行。国家主席习近平出席开幕式并宣布本届冬奥会开幕。中华文明与奥林匹克运动再度携手，奏响全人类团结、和平、友谊的华美乐章。

李克强、栗战书、汪洋、王沪宁、赵乐际、韩正、王岐山等党和国家领导人，国际奥委会主席巴赫，以及来自世界各地的领导人和贵宾出席开幕式。

夜幕下的国家体育场华灯璀璨、美轮美奂，这座以鸟巢造型闻名于世的建筑，即将创造历史，成为世界上首座举办过冬奥会和夏奥会“双奥”开幕式的体育场馆。

19 时 57 分，体育场中央上万平方米冰雪晶莹的巨幅地屏上出现“过年好”的中英文字样。在《和平——命运共同体》的乐曲声中，习近平和夫人彭丽媛同巴赫等走上主席台，向观众挥手致意。全场响起长时间热烈的掌声和欢呼声。

2 月 4 日，恰逢中国农历二十四节气中的第一个节气“立春”。20 时整，开幕式倒计时表演在中国传统历法的时光轮转中开篇，大屏幕上依次闪现二十四节气，全场观众随着数字变换齐声呼喊：10、9、8、7、6、5、4、3、2、1……在一片欢呼声中，体育场中央地屏上，一轮明月升起，翩翩彩蝶飞舞，蒲公英的种子飞向空中，绚丽的焰火点亮鸟巢上空，绽放出“立春”的中英文造型，在冬日传递着春的消息。

播音员向观众介绍中国国家主席习近平、国际奥委会主席巴赫，习近平和巴赫起身向大家挥手致意，全场再次响起热烈掌声。

(选自《人民日报》2022 年 2 月 5 日，有删改)

【提示】全文总体基调：喜庆、欢快、祥和。通过“倒计时”表达了人们喜迎冬奥的热情，也象征着人们对于奥林匹克精神的期待和向往。体会画线句子表达现场美轮美奂、令人激动的语气色彩。

挫折时只怪自己

吴　晶

遇到挫折，无论怎样怪别人，最终都是徒劳无益的。那么我们也只能怪自己没有选择好，因为任何时候只怪自己，始终是最明智、最正确的生活态度。

小时候，每当我们不小心摔倒后，第一个念头就是找找看是什么东西绊了脚，我们总是怪别人乱放东西，实在找不到什么还可以怪路不平。尽管那样做对于疼痛的减轻并没有直接效果，但能找到一个可以责怪的对象多少算是一种安慰，可以证明自己没有责任。

长大后每当我们遇到挫折时，也总是不自觉地找出许多客观原因来开脱自己，实在找不到原因时就说自己的命不好。我们并不认为这样开脱自己其实是一种绝对的幼稚，因为我们总在想方设法地一次又一次欺骗自己。

有一个早几年就下海开公司的朋友近来走了“霉运”，原本蒸蒸日上的业务突然间屡屡失败，公司里多年来一直忠心耿耿跟随他左右的两个业务副总管离开了他，甚至“跳槽”到他竞争对手的公司去了。

在内外交困之中，这个朋友并没有认真、及时反省自己，反而一味责怪过去的战友背叛了自己，因此沉湎于愤怒和伤心之中，不再相信别人，动不动就发脾气，结果是恶性循环，整个公司上下人心涣散，陷入了更大的困境。

其实公司经营上出现了问题，作为公司老总的他，首先就不能推卸自己的失误，即使是别人背叛也是他用人不当，如果老是怪东怪西，把所有的过错归咎于他人，那么必将面对更大的危险。所幸的是这位朋友在家人的提醒下终于醒悟过来，开始承认自己过去各方面的失误之处，并客观总结由于自己的固执已经带来的失败和教训。

怨天尤人其实是一种懦弱，更是一种不成熟的表现，不但掩盖了自己不能面对的现实，还留下了将来可能重蹈覆辙的隐患。而不客观地责怪他人还会衍生出新的矛盾。一个真正意义上的强者并不是一个一帆风顺的幸运儿，必然要经历各种痛苦和挑战，而战胜一切困难的人首先必须战胜自己，战胜自己的前提就是反省自身，只怪自己。

只怪自己是一种解脱。因为我们不肯认错无非是顾及自己的面子，不肯承认自己的失败。事实上这个世界上从来就没有常胜将军，所有自我的包袱和面子在勇敢地承认自己失误之时就已经悄然放下了，他会因此变得轻松。所谓"吃一堑，长一智"，善于总结自己的人就会把失败的教训变成自己的财富。

只怪自己是一种力量。而习惯于责怪他人的人迟早要招致怨恨，一个勇于律己的人无疑是高尚的，他会因此有包容整个世界的力量，让所有人钦佩其不凡的风度并乐于与他交往。

只怪自己是一种境界。其实就算别人真有可以谴责之处，过分地责怪他人也是于事无补的，生气更不能解决任何问题，而从自身检讨才是一条唯一可行的道路。在这个世界上最难以战胜的敌人其实就是自己，如果一个人已经到了只剩下自己这一个对手时，实际上他已经是天下无敌了。

（选自乐读网 2012 年 1 月 5 日）

【提示】体会全文亲切柔和、思考议论的色彩，尤其是画线句子的语气。

2022 高考的那些温暖瞬间

2022 年高考期间，首府公安全体民辅警出动，所有的付出与努力只为守护首府考生的青春梦想，让我们一起看一看，那些"警味"十足的温馨瞬间。

6 月 6 日凌晨 1 时许，天山区公安分局八户梁派出所社区民警接到两位考生求助，称发现自己的身份证已经过期，但因居住的小区暂时处于静态管理，无法补办身份证，十分焦急。民警接到求助电话后一边安抚考生的情绪，一边积极联系派出所户籍部门，连夜开通绿色通道，为两位考生办理临时身份证。

6 月 7 日 8 时 10 分，沙依巴克区分局西山派出所园丁小区便民警务站站长王朝峰正在辖区巡逻时，遇到考生家长宋先生紧急求助。当日他因外出有事，没有送女儿小美去考场，没想到小美早早就赶到了 46 中考场，才发现一紧张忘了带准考证和身份证，又给宋先生打电话，此时离进考场时间只有 20 分钟，宋先生想送过去又担心来不及，耽误了考试，路上正好遇到巡逻民警。

王朝峰得知情况后，立即驾驶警车带着宋先生赶到家中拿齐小美的所有考试证件，又赶紧驾驶警车赶往七八公里远的考场，8 时 35 分，民警赶到考场，将准考证和身份证交给小美，小美得以顺利参加考试。

(选自《腾讯新闻》2022 年 6 月 10 日，有删改)

【提示】体会全文温暖、感动的色彩，尤其是画线句子的语气。

2022 清明节 多种形式致敬缅怀公安英烈

4 月 3 日讯　公安部 2 日举行新闻发布会，介绍全国公安机关开展清明节缅怀公安英烈活动的相关情况。

公安部新闻发言人贯俊强介绍，新中国成立以来，全国公安机关共有 1.6 万余名民警因公牺牲，其中，3700 余人被评为烈士，30 多万民警因公负伤，“时时在流血、天天有牺牲”是公安队伍最真实的写照。党的十八大以来，全国公安机关有 3600 余名民警牺牲在他们所热爱的、奋斗的、奉献的公安事业上。仅 2021 年，全国公安机关就有 261 名民警、131 名辅警因公牺牲，4375 名民警、3420 名辅警因公负伤；今年一季度，又有 66 名民警、28 名辅警牺牲在工作岗位上。他们用生命践行着“为捍卫国家安全、维护社会安定、保障人民安宁而英勇奋斗”的铮铮誓言；用热血和生命诠释了对党和人民的无限忠诚以及对公安事业的无限热爱。

为深切悼念缅怀所有为人民公安事业献出宝贵生命的公安英雄们，2022 清明节期间，全国公安新媒体矩阵将通过统一开设“致敬 · 2022 清明祭英烈”话题、开设专题网页、短视频等新媒体作品，学习英烈事迹、弘扬英烈精神，联动开展网上祭奠、缅怀公安英烈活动。开设“网上英烈馆”等“指尖缅怀祭奠”渠道，为广大人民群众和公安民警、辅警提供网上献花、书信寄语等祭奠平台，向公安英烈表达敬意、寄托哀思。

(选自《齐鲁网 · 闪电新闻》2022 年 4 月 3 日 有删改)

【提示】体会全文严肃、感怀的色彩，尤其是画线句子的语气。

父亲的话费单

青草寒衣

2010 年初我结婚了。蜜月结束后，我和妻子就陷入了还住房贷款的危机中。整整半年，我没有和远在另一个城市乡下的双亲联系。

初夏的一天，沉默了一上午的手机忽然响了，一看是个陌生的号码。接通以后，对方的声音很陌生：我是你老家的四哥，你爹要和你说两句。

“我是你爹！”父亲的语气很重，我能听见他粗粗的喘气声。“我是你爹”这一句话父亲说了足有五遍，我哭笑不得。“三娃，你还好吧……”父亲的尾音很长。我耐心地应答着。父亲不停地说了五分钟，都是问我是否缺钱、日子过得好不好之类。电话挂断后，我感到很诧异，平常父亲不和我沟通啊，今天怎么婆婆妈妈的了？

第二天我在上班途中，手机又响了，还是昨天那个号码。父亲问我我们这里是否有大风，现在老家正在刮七级大风。我轻轻地说，没有。

第三天我正在赶一个文案，手机又响了。父亲说他养的羊下羔子了，各个白白胖胖，真可爱。我有些生气，我说，爹啊，我正在工作。爹不说了，挂了电话。

第四天我和妻在吃饭，父亲又来电话了。娃啊，爹今天看你小时候的照片了，小时候你长得多俊哪……我心里一酸。我说，爹啊，现在没工夫，等秋末我回去和你一起收拾庄稼。妻有些不耐烦：怎么现在你老爹比你妈还能絮叨，天天给你打电话！

第五天，父亲一天没来电话，我有些不习惯。到了晚上，手机终于响了。接通以后，很久都没有声音。我有点急了，说，爹啊，你有啥事就说吧。爹的声音有气无力：没事……爹只是有点想你……我心里一动，鼻子酸酸的，一句话也说不出来。

第六天到晚上我都没有接到爹的电话，心里竟有少许的空落。时钟指向了十点，手机响了。这次不是爹，是四哥。他用低沉的语气告诉我：老弟，你家我大叔，今天傍晚，突发心脏病……他走了……

我的手机掉落在地上，我僵在那儿。

父亲睡得很安详。望着他疲惫的样子，我终于明白这几天父亲一反常态、主动给我打电话的原因了！

母亲递给我一张单子，说那是父亲写的。纸上的字歪歪扭扭的，却震荡了我的灵魂——这是一张话费清单。

第一次：借你四哥手机通话大约七分钟，长途每分钟三毛，累计两元一角。

第二次：借你四哥手机通话大约一分钟，大约四毛钱。

第三次：借你四哥手机通话一分多钟，还是四毛钱。

第四次：……

总共话费十元零八毛。

最后末尾有一句话：你妈不识字。你告诉你妈，让她把钱给你四哥。

捧着这张话费详单，站在风里，我泪流满面。

（摘自北青网2012年4月12日）

【提示】体会全文朴实、感人，又带有深深遗憾的感情色彩，尤其是画线句子的语气。

旅行打包8原则（旅行小贴士）

旅行让人愉悦，但收拾行李恐怕是很多人的烦恼，东西带多了用不上，带少了又怕没得用。近日，美国《国家地理》杂志刊出“旅行打包8原则”，或许能给你下次出行提供参考。

1. 打包黄金原则：衣服减半，钞票加倍。很多人都有这样的经验，出发前装进旅行箱的衣服，旅途中可能很多都没穿过。所以，下次收拾行李时，不妨把打算带的衣物减少一半。同时,将计划带的钱增加一倍,有备无患。

2. 衣服混合搭配。旅行时,希望让自己看起来总有新衣服,拍照时留下完美的形象,衣服的混合搭配非常关键。比如,只带3件衬衫和3条短裤就可以搭配出9套服装。

3. 厚重衣服视情况带。夹克衫和毛衣会占用大量空间。如果目的地气温在零摄氏度以上,只需要适当带些较厚的衣物,感觉寒冷时一件件套起来穿即可。需要提醒的是,牛仔裤最好只带1条,并随身穿着。因为牛仔裤最舒适、耐磨,但它较厚重,容易吸灰尘及异味,而且清洗之后,需要好几天才能晾干。

4. 生活物品尽量减少。旅途中不宜过分讲究,比如电吹风就可以不带,因为很多旅馆都会提供;如果怕着凉,可以带上一条干发巾,能节省不少空间。

5. 贵重物品随身带。一些贵重物品如果无法放入背包中,那就最好别带,以防失窃。电脑和相机等物品放入背包后,背在身前更安全。

6. 只随身携带必需品。旅行过程中,一些暂时用不上的东西就不要随身携带,以免背包过重。这些物品可以放入旅行箱托运。

7. 携带电子书和旅游指南。书籍和音乐都是旅游好伴侣。为了给行李包减负,可以使用电子书,并下载有关目的地的旅游指南,以及自己喜爱的音乐。

8. 给行李做个醒目标记。在托运行李上,贴上一个独特的标签,比如贴画,或者系上一根彩色丝带(红色最显眼),可以让你在下飞机取行李时一眼就能认出来。

(选自《生命时报》2013年1月25日)

【**提示**】体会全文亲切、提醒的感情色彩,尤其是画线句子的语气。

天堂超市酒吧相关负责人被刑事立案

14日的北京疫情防控新闻发布会上,北京市疾控中心副主任刘晓峰通报,6月9日至14日15时,北京市累计报告287例新冠肺炎病毒感染者,均涉天堂超市酒吧聚集性疫情。

天堂超市酒吧不落实四方责任造成聚集性疫情。6月6日,全市陆续恢复正常生产生活秩序,天堂超市酒吧在经营期间,未严格执行测温、扫码、查验核酸阴性证明等防控措施,未落实控制人流密度等防控要求。目前,对天堂超市酒吧涉及相关负责人涉嫌妨害传染病防治的行为,警方已依法刑事立案侦查。对其涉嫌行政违法行为,市文旅、卫健、商务、市场监管、公安、文化执法等部门已组成联合调查组立案调查,从快从严查处。

北京市文化和旅游局一级巡视员周卫民通报,北京对全市酒吧、夜店、KTV、网吧等娱乐场所进行全覆盖大检查,地下空间以及不合格的娱乐场所全部关停,各区要强化督导检查,所有公共场所都要严格落实逐人测温、扫码验码,不能以亮码代替扫码,并查验72小时内核酸阴性证明等扫码查验"四方责任",确保"逢进必扫、逢扫必验、不漏一人",共同筑牢织密首都疫情防控网。

(选自《新京报》2022年6月15日,有删改)

【提示】体会全文严肃、否定的感情色彩，尤其是画线的语句。

梧桐飘落的深秋

金　泳

许多年后，我还会忆起30年前母亲为我送米的那个下午。

那时我在县一中念书。对于第一次远离父母到城里念书的农村孩子来说，想家是难免的，很多同学都在夜里哭过。由于交通不便，同学们一学期都在学校度过，因而家长按月送米到学校便成了同学们每月的巴望。

那是深秋的一个晴朗的下午，晚餐时我仍在教室里写作业，省得去食堂排长蛇阵。当同桌告诉我母亲来了时，我便向宿舍飞奔而去。路过操场，我看见了晒在双杠上的我的被子，那一定是母亲晒的。远远地我望见了母亲，她站在宿舍前的台阶上，中等个儿，一身朴素整洁的打扮，傍晚的阳光把她的半身染成了金黄。我高兴地跑上前去："妈，还没到时候呢，想不到你就来了。"

"妈想你了，就来了，现在得闲，过几天就忙了。"

说话间我们进了宿舍，两份饭摆在床前的木箱上，还有母亲从家里带来的一包油炸小鱼，一罐头瓶肉烩咸菜，床上是她送来的夹衣。"这是你的。"她把一份饭递给我，里面的菜是粉蒸肉，她自己吃只有南瓜的那份儿。哟！粉蒸肉，是我最喜欢吃的菜了。现在想想，为什么当时不和母亲的那份儿换换呢？难道这是天经地义的吗？母亲见我狼吞虎咽，三下五除二地吃完了，就把自己的饭分给我一些。她说："我来时吃得多，现在还不饿。"真的，现在回想起来，那是我学生时代吃得最香的一顿饭。

饭后，母亲把买来的饭菜票给我。她告诉我她是下午三点到的，背着米从车站一路问到学校。她说还是年轻时同我父亲一起来过县城，原来这里都是棉田，二十年了，已经大变样了。在两个小时内，她找到学校后勤处，交了米，买了饭菜票，再找到宿舍认出我的床铺，为我晒了被子，又帮我洗了床下一双放了很长时间、很脏的运动鞋，然后打扫了寝室卫生，再到食堂打来饭菜。可想而知，这其间她一定问了不少人，流了不少汗。

是夜，母亲就留宿在这里，她睡我的铺，我和上铺的同学挤。等我们下了晚自习，她已经睡了，知道我回来，她又坐了起来，从蚊帐里露出脑袋仔细地打量我，喃喃地说："这孩子怎么瘦成这样？是不是有什么病？"我说："没事，学生都这样子。"我不想把上月患夜盲症的事告诉她，她叹息一声，依旧睡下。

"啪！啪！"窗扇猛烈地拍打着，将我惊醒。窗户上的玻璃早没有了，蒙上的塑料纸也所剩无几，夜里起风了，风吹窗扇发出阵阵响声，吹得蚊帐一鼓一鼓的。我探出身子，低头倾听母亲细微的鼾声，室内一团漆黑，远处高塔上的灯光映照着窗前摇曳的树影，估计时间尚早，我又放心睡下。

睡梦中，感觉有人用手指戳我，我便倏地坐了起来，揉揉眼，一看是母亲。"我要走了,你睡吧。”她低声说。我急忙穿衣下床,她说:“外面起风了,你要把夹衣穿上。”随后,她从衣袋里掏出一些零钱,说:“这次出门带了十元钱,车票花了一元四,买菜票是六元,就剩这些了。”她清了清,把一元二角钱递给我,说:“拿着,恐怕急用,想吃点什么就买点。”我“嗯”了一声,接过钱。突然她又把手上的四角钱也塞给我,我说:“你的车钱……”她说:“我搭一元钱的车,再去走一截。”我忙塞给她说:“这怎么行,我还有钱。”她疑惑地看着我,我拍了拍口袋说:“是真的,上个月的钱我还没用完呢。”她没再推托,脸上显出为难的神色。

我和母亲走出宿舍,外面的景物一片朦胧,整个校园还沉浸在宁静的睡梦中,风比昨夜小了些,梧桐叶落了一地。无意中我发现食堂那边一片灯光,烟囱浓烟滚滚,便对母亲说:“妈,我去买几个馒头你车上吃。”我们来到食堂,里面黑黢黢的,只有两个窗口透着点亮光。从窗口望去,里面雾气弥漫,十几个工人围着案板捏包子。我贴在窗口喊:“买馒头。”窗口出现一张黑红的男人的脸。他歪着脑袋打量母亲,问道:“你买馒头?还没熟呢。”母亲说:“请问还要多久?”“半个小时吧。”母亲喃喃地说:“半个小时,等不及了,走吧!”的确,从县城到我家,每天只有早出晚归的一趟车,要是误了车,今天就回不去了。

我送母亲走出校园,心中若有所失。出了校门,母亲说:“你回去吧,下个月再来看你。”我点了点头。在昏黄的路灯下,我看见母亲齐肩的头发,身穿天蓝色大襟衬衣,深色长裤,脚穿一双白塑料底的布鞋,腋下夹着来时装米的白布口袋,渐渐消失在早行的人群中。

我蔫头耷脑地回到宿舍,宿舍依旧沉静,同学们还没起床。我坐在床沿上一时不知所措,睡吧,眼看就要打起床铃了;去教室吧,黑咕隆咚的,又没开门。对了,食堂里的馒头这时候也许熟了吧,想到这里,我的心不由得一阵激动,急忙向食堂跑去。

一进餐厅就闻到了馒头的芳香,这时,白胖的馒头已经出笼,在案板上腾着热气。我对着窗口大喊:“我买馒头。”“哪个这么早就鬼吼鬼叫的?还没到点呢。”有人在里面吼道。“我买馒头。”这一次我几乎是哀求了。“算了,算了,他等了一会儿了,卖给他吧。”一个小个子女人离开案板走过来问:“买几个?”“买五个。”我递过票去。她点了票,拿来馒头给我,我双手捧起馒头,说了声“谢谢”就飞奔而去。等她在里面问我要不要稀饭时,我已出了食堂的门。

我一路小跑来到车站,心里惦记着母亲走了没有。候车室里的灯光格外明亮,我焦急地搜寻着母亲的身影。突然,我在几排购票队伍里发现了母亲,因为冷,她把口袋当作头巾包在头上,她已经接近售票窗口了,我惊喜地大喊一声:“妈——”这一声引得所有人都回头看我。母亲看见我了,她先是一愣,紧接着笑容就在她的脸上绽开。她离开队伍走过来,我捧着馒头迎了上去:“妈,馒头,给你!”她双手接过馒头,用惊喜的目光打量着眼前喘气的我,一时不知所措。我高兴地说:“妈,我买到了!”她说:“你,吃了吗?”我喘着气说:“没有,我再去买。妈,我要走了。”她连连点头,脸上荡漾着幸福的喜悦。当我跑出候车室时，听得她在后面喊："你慢点！小心……"那天，我迟到了，但我心里高兴。

下月送米来的，是我的父亲，他告诉我，那天母亲是走回家的，那一元四角钱她省下了。我当时就愣然了，不解地问："怎么会呢？她不是在买票吗？"父亲说："没有，接到馒头后她就改变了主意。"

"那她是什么时候到家的？"

"天还没黑，我们在等她吃晚饭。"

"怎么会这样呢？难道她不觉得累吗？"

"没有，她高兴着呢。她吃了两个馒头后动身，中午又吃了一个，剩下的带回来我们吃了。"说着，父亲的眼眶就湿润了，他吧嗒了一口烟又补充道："中途，她只讨过两次水喝。"

天啊！我家离县城有一百多里路，中间要过两条河，这一路上的情形，我实在无法想象。

等我长大成人，到身为人父，我终于体会到母亲的伟大，她在接到馒头后不是继续买票上车，而是尽可能地为儿子节约每一分钱！她是在用行动来回馈儿子的一份孝心啊！由于积劳成疾，母亲过早地离开了我们。子欲养而亲不在，每当见到飘落的梧桐叶，我就会忆起她给我送米的日子。

今天，又是梧桐叶落时……

（选自乐读网 2011 年 12 月 14 日）

【提示】体会全文深情怀念的色彩，尤其是画线句子的语气。

梦想需要接近地气

琴　台

一个 15 岁的男孩，为了逼迫父母出钱赞助自己学习音乐当歌星，于是割腕自杀、离家出走，最后，流落到收容站，彻底中断了学业。

还有一个是 45 岁的中年男人。在繁华城市的城乡接合部，住十平方米不到的出租屋，每天为了生存，苦苦挣扎。他与那个男孩唯一不同的是，每天早晨，在熙熙攘攘的锅碗瓢盆交响曲中开始一天的生活。他，臂膀上搭一条白毛巾，端着帕瓦罗蒂的姿势，高歌一曲《我的太阳》。

同那个 15 岁的少年一样，中年男人 40 多年来，心中始终都藏匿着一个瑰丽的音乐梦。所不同的是，这一路走来，他的音乐梦融化成血液流淌在琐碎平凡的日子里。而那个少年的音乐梦，却马上就要为个人的固执和莽撞所戕害。

更大的不同之处还在于，中年男人的音乐梦只是为歌而歌。而那个少年，他的终极目的怕不是音乐，而是舞台之上炫目的烟火以及舞台下沸腾的粉丝和无边的名利。

一个 15 岁的少年尚有机会从弥天大梦中醒来，而这个世界上还有一些人，中的梦想的毒太深,等到迷途知返的时候,才知道,积重已然难返。

我认识一个流浪歌手,年过三十,一直矢志不渝地在皇城根下做着北漂,全部的生活来源皆出自女友拮据的工资和寡居妈妈那点可怜的退休金。女友想结婚,哪怕裸婚,只要他有个正常的职业即可。妈妈想看到儿孙绕膝,哪怕他一事无成,只要他能够懂得脚踏实地便是幸福。女友与母亲的这点最简单最基本的要求,流浪歌手却都不能满足。他一再叫嚣:我距离成功只有半步之遥了,为什么你们就没有耐心等待?

在所有梦想狂人的眼里,只要他愿意等,梦想总有一天会施与怜悯和恩宠。可梦想不是慈善家,永远不会因为哪个表现得过分可怜就悲天悯人地给予关怀。它需要的从来都是板上钉钉的成功份额,比如才华,比如勤奋。

但奢谈梦想的同时,首先应该区分开,梦想和渴望的不同。世间所有人都热望名闻利养,可名闻利养远不是梦想。真正的梦想是无关名利的一份美好,当事人从中能得到的,不只是形式上的愉悦,更是灵魂上的满足。

还记得多年以前,央视报道过一个来自西安某山区的女人的故事。那个 30 岁的女人从小到大的梦想就是走出大山,像个职业女子那样去生活。可彼时的她,有需要照顾的老公,有嗷嗷待哺的孩子,还有大片需要打理的农田。走出大山的梦,对于一个没有受过太多教育的山里女人来说,不仅遥不可及,而且也不现实。

十年之后,我再次看到了这个女人的故事。此刻的她,满脸都是骄傲和满足。她没有走出大山,却在距离村子几十公里远的县城做了一名售货员。成为都市白领的梦,散了,但取而代之的,却是更贴近生活更具现实感的圆梦的风景——她终于看到了山外的风景,也终于有了自强自立的平台。

所有梦想都像高高飞在天空的风筝,是一直仰头看着风筝越飞越远,还是尽可能地拉回奢望的线,让梦想接近地面,具有踏踏实实的烟火感,这是所有人都有可能面对的人生命题。毋庸置疑的是,梦想只有接近地气,才能更具有生气和活力。这份勃勃生机的营养与厚重,只有地气能给,也只有脚踏实地才能行得通。

(选自《海安时报》2012 年 2 月 7 日)

【提示】体会否定、议论的色彩,尤其是画线句子的语气。

脂肪:女性的健康之友

薛　东

25 岁的玛丽小姐看上去苗条动人,然而有一天,她突然晕倒在健身房里。

经过检查,医生认为玛丽的体重低于正常标准,同时还有营养不良、低血糖等一连串和饮食有关的异常发现。大家发现,每次在餐桌上,玛丽总是只吃些蔬菜,不吃主食和肉菜。

为什么年轻人宁愿让自己虚弱不堪,冒着搞垮身体的风险,也要追求长跑运动员的体型？道理很简单，当今这个社会过分看重身材。广告、电影、选美，一次又一次地向人们强化瘦身模型。即使健康、卫生宣传也常常偏重强调肥胖的害处，很少提到营养不良的危险。

事实上，脂肪是人体特别是女人身体不可缺少的组成部分。脂肪关系到下一代。脂肪组织是人体的能源储备，它保证母体和下一代在孕期、哺乳期都能够有充分的营养供应。早在青春期，每一个女性体内产生的雌激素就已经开始为当母亲做准备。就在父母为女儿准备嫁妆的时候，雌激素也在加紧脂肪的运输和储藏。在这一时期，如果女人饮食不足或运动量太大，身体就会用停经的方式发出警告。事实上，月经不正常还只是表面现象，它暗示着卵巢发育和排卵周期已经出现问题，将会影响到受孕机会。

（选自《健康是福——健康生活的130个新主张》）

【**提示**】体会全文善意批评、科学建议的色彩，尤其是画线句子的语气。

“友邦惊诧”论（节选）

鲁　迅

好个“友邦人士”！日本帝国主义的兵队强占了辽吉，炮轰机关，他们不惊诧；阻断铁路，追炸客车，捕禁官吏，枪毙人民，他们不惊诧。中国国民党治下的连年内战，空前水灾，卖儿救穷，砍头示众，秘密杀戮，电刑逼供，他们也不惊诧。在学生的请愿中有一点纷扰，他们就惊诧了！

好个国民党政府的“友邦人士”！是些什么东西！即使所举的罪状是真的罢，但这些事情，是无论那一个“友邦”也都有的，他们的维持他们的“秩序”的监狱，就撕掉了他们的“文明”的面具。摆什么“惊诧”的臭脸孔呢？

可是“友邦人士”一惊诧，我们的国府就怕了，“长此以往，国将不国”了，好像失了东三省，党国倒愈像一个国，失了东三省谁也不响，党国倒愈像一个国，失了东三省只有几个学生上几篇“呈文”，党国倒愈像一个国，可以博得“友邦人士”的夸奖，永远“国”下去一样。

几句电文，说得明白极了：怎样的党国，怎样的“友邦”。“友邦”要我们人民身受宰割，寂然无声，略有“越轨”，便加屠戮；党国是要我们遵从这“友邦人士”的希望，否则，他就要“通电各地军政当局”，“即予紧急处置，不得于事后借口无法劝阻，敷衍塞责”了！

因为“友邦人士”是知道的：日兵“无法劝阻”，学生们怎会“无法劝阻”？每月一千八百万的军费，四百万的政费，作什么用的呀，“军政当局”呀？

（选自《二心集》）

【**提示**】体会全文怒斥、否定的色彩，尤其是画线句子的语气。

第十二讲

第十二讲　表达思想感情的方法之节奏

一、理论基础

我们听歌曲时，常常说这是“快歌”或“慢歌”，这个快、慢指的就是节奏。通常热烈的情绪用快的节奏，抒情的内容用慢的节奏。播音主持有声语言表达也有节奏。在播音中，节奏是由全篇稿件生发出来的、播音员思想感情的波澜起伏所造成的抑扬顿挫、轻重缓急的声音形式的回环往复。

节奏就是给这篇稿件的感情色彩进行“声音包装”，从声音形式的强弱、起伏、快慢、停连等方面给予变化，这个变化从全篇稿件来看，具有相对稳定的鲜明个性，这就是稿件的基本节奏。不同于上一讲针对“每一句”的语气，节奏是立足于稿件“整体”基调的声音形式的回环往复。

节奏一般分为六种类型：轻快型、凝重型、低沉型、高亢型、舒缓型、紧张型。

节奏类型的划分告诉我们要把握住声音中“回环往复”的规律性的变化，从而通过声音传达文章的感情色彩。这种规律性的变化集中体现为四对矛盾：抑扬、停连、轻重、快慢，这些变化形成类似于歌曲主旋律的节奏。

运用节奏的方法：

一是，欲扬先抑，欲抑先扬。

声音向高的趋势发展，称为“扬”；声音向低的趋势变化，叫作“抑”。以抑作扬的铺垫，或以扬作抑的衬托，才能突出扬和抑。

二是，欲停先连，欲连先停。

如后面要一气呵成，前面一定要有适当的停顿；后面要有必要的停顿，前面一定注意要有连接。

三是，欲轻先重，欲重先轻。

即在加重声音之前，一定要先弱化声音；在轻化声音之前，一定要先强化声音。

四是，欲快先慢，欲慢先快。

这样能避免单一、刻板的弊病，实现“慢而不拖”“快而不乱”的理想效果。

在实际运用中，四种方法交错重叠使用。只有综合使用它们，才能使节奏更为灵活多样。四种方法的核心是：加强对比，控纵有节。

【示例一】

忆江南

〔唐〕白居易

江南好，
风景旧曾谙。
日出江花红胜火，
春来江水绿如蓝，
能不忆江南？

这首词的节奏为舒缓型，描绘江南春色。首句点名江南好，可用欲扬先抑的方法，突出江南春色，“好”字的上扬把作者的赞颂之意与向往之情尽寓其中。首句和末句呼应对照，“能不忆江南”用欲扬先抑结合欲停先连的方法，营造一种悠远而又深长的韵味。第三、四两句对江南之“好”进行形象化的演绎，多层次的对比方法能够突出渲染江花、江水红绿相映的明艳色彩，给人以光彩夺目的强烈印象，可用欲重先轻、欲连先停、欲慢先快处理。

【示例二】

麻　雀

〔俄〕屠格涅夫

我打猎回来，走在林荫路上。猎狗跑在我的前面。

突然，我的猎狗放慢脚步，悄悄地向前走，好像嗅到了前面有什么野味。

风猛烈地摇撼着路旁的梧桐树。我顺着林荫路望去，看见一只小麻雀呆呆地站在地上，无可奈何地拍打着小翅膀。它嘴角嫩黄，头上长着绒毛，分明是刚出生不久，从巢里掉下来的。

猎狗慢慢地走近小麻雀，嗅了嗅，张开大嘴，露出锋利的牙齿。突然，一只老麻雀从一棵树上飞下来，像一块石头似的落在猎狗面前。它挓挲起全身的羽毛，绝望地尖叫着。

老麻雀用自己的身躯掩护着小麻雀，想拯救自己的幼儿。可是因为紧张，它浑身发抖了，发出嘶哑的声音。它呆立着不动，准备着一场搏斗。在它看来，猎狗是个多么庞大的怪物啊!可是它不能安然地站在高高的没有危险的树枝上,一种强大的力量使它飞了下来。

猎狗愣住了,它可能没料到老麻雀会有这么大的勇气,慢慢地,慢慢地向后退。

我急忙唤回我的猎狗,带着它走开了。

这个片段的节奏为紧张型,为了铺垫紧张气氛,中间穿插较为舒缓的少量段落。建议青少年朋友们实践时大胆运用对比的手段,敢于突破自己日常习惯的表达方法,这样才能够自如驾驭多种节奏类型的稿件。

二、实践练习

(一)节奏的类型(音频 12-1)

1. 轻快型

多扬少抑,声轻不着力,语流中顿挫少,且顿挫时间短暂,语速较快,轻巧明丽,有一定的跳跃感。全篇重点处的基本语气、基本转换都比较轻快。比如:

春天的梦

冬天褪下了棉袄,枝头上,渐渐有了生机,或绿或红,那一朵朵小蕊在探头张望,张望这熟悉又陌生的世界;鸟儿们也欢实起来,它们在开歌友会,春天让它们一首一首唱开了。

四月,风暖了,吹面不寒,那扬着鞭子的农人驱赶的不是摇头摆尾的骏马,而是一匹花意芬芳的田野。广场上,人们迎着东风放纸鸢,让笑声顺着线飞到天上。

我的记忆和泥土一起苏醒,和泉水一起苏醒,再和小溪一起流淌。走在松林里,看树隙眨动的阳光,看头顶滚动的白云。松树为森林提供纯正的香水,我贪婪地吸着。我甚至在不期然地等待,等待眼前或身后有松树的眼泪滴下,滴在某个小精灵的身上,再凝结成一颗晶莹剔透的琥珀。

那一季香雪海是你我的约定,梅花随风而落,化作你我相思的雨。曾以为我们可以一起看长流的细水,一起携手于古城新区,让青春的欢笑在你我身边来回奔跑,让清晨的梦呓飘到房檐外远去。也曾约定今生今世,走过岁月里每一个这样的春天。

"年华似水匆匆一瞥,多少岁月轻描淡写"。尘埃无论飞多久总是要落下的,它会如一阵风飞走,咬着过往的寂寞。那寂寞或许会有一个世纪长久,又像这刚刚离去的冬天,思绪蛰伏着,期待被唤醒,被带向远方。

心情被这春水一洗,就有了适合这个季节的韵律。我们总是喜欢听春姑娘的脚步,那期待的心情像极了约会时的羞涩,心儿那个跳啊,激动着,雀跃着,我可是等了你漫长的一季呢！我挣脱开心灵的枷锁，投入新生的世界，我也已经不是往昔的我了。

我站在窗台边，看春姑娘兴奋地垂泪。她的泪霏霏地落着，浇到花上，花儿们便张开嘴大口大口地喝；浇到叶上，叶儿们便旋转了身子来淋浴；浇到湖面，湖面呵呵地笑出了皱纹，说："痒！"春天，是这样一滴一滴浇出来的。

我透过窗台，把手伸向窗外，雨携着风扑到脸上，舔舔，有花叶的甘甜。还带着春姑娘的体温呢，温暖，善良，慈爱，她是心系着苍生的天使。雨是天与地共做的梦，这梦泛着荼蘼花的香。那滴滴的雨是我们滴滴的记忆，在岁月的时空里飘落。梦醒的时候，记忆便又是一次春暖花开。

在春天里，在自己的房子里，看阳光和煦，看落雨垂滴，还有比这更幸福的吗？这是一幅馨香的田园牧歌啊！不远处是青青的山，房前是我的菜园，房后是玉米地。我一直渴望着，在房后种几株树，是的，我喜欢那艳粉的白，一簇簇的白，那么热烈，像是一场轰轰烈烈的爱情，在今生今世痛快地开，痛快地爱。

这或许只是个期待！又或许我只是个"春闺梦里人"。但爱着生活的你我，为何不梦呢！春天就是让人可以随意做梦的时刻，你看那新生的嫩芽、各色的杂花、欢叫的小鸟、蹦跳的孩子……他们的成长无不是从一个梦走到另一个梦。

所以，在这个充满希望的季节，拉起岁月的手，与过去告别；振奋起全身的力量，去实现我们那一个个春天的梦。

（选自《心理与健康》2017 年 6 月 5 日）

2. 凝重型

多抑少扬，多重少轻，音强而着力，色彩多浓重，语势较平稳，顿挫较多，且时间较长，语速偏慢。重点处的基本语气、基本转换都显得分量较重。比如：

后父的老

刘亮程

我很小的时候，奶奶就已经老了，我们一家为奶奶养老，给她送终。奶奶去世后，轮到母亲老了，但她不敢老，她要拉扯一堆未成年的孩子。现在我五十多岁，父亲、后父都已经不在，剩下母亲，她老成奶奶的样子了，我们为她养老，也随着母亲一起变老。因为有她在，我不敢也没有资格说自己老。老是长辈享有的，我年纪再大，也是儿子。真正到没了父母，前面光秃秃的，我成了后一辈人的挡风墙，那时候，就可以心安理得地老了。但老终究不是一件容易的事情。

记得有一年，我陪母亲回甘肃酒泉老家，在村里看望一个叔叔。院门锁着，家里人下地干活去了。等到大中午，看见两个老人扛农具走来，远看着一样老，都白了头，一脸皱纹。走近了，经介绍才知道，是叔叔和他的父亲，一个 60 多岁，一个 80 多岁，活成一对老兄弟，还在一起干农活。

我父亲没有和我一起活到老。

我 8 岁时父亲去世,感觉自己突然成了大人。13 岁时,母亲再嫁,我有了后父,觉得自己又成了孩子。后父的父母走得早,他的前面光秃秃的,就他一个人,后面也光秃秃的,无儿无女。我们成了他的养儿女,他成了我们的养父。

我 18 岁时,有一天,后父把我和大哥叫在一起,郑重地给我们交代一件事。后父说:"我已经是 50 岁的人了,你们两个儿子,该操心给我备一个老房(棺材)了。"这都是当儿子要做的。听说后面的张家,儿子早几年就给父亲备好了老房。

备老房的事,在村里很常见。到一户人家的院子,常会看见一口棺材摆在草棚下,没上漆,还是木头的原色,是给家里老人备的,或是家里老人让儿子给自己备的。棺材有时装粮食、饲料,或盛放种子,顶板一盖,老鼠进不去。

我们小时候玩捉迷藏,也会藏进老房里,头顶的板一盖,就仿佛到了另一个世界,外面的声音瞬间远了。待到听不见一丝声响时,恐惧便来了,赶紧顶开盖板爬出来。

家里的老人也会躺进去,试试宽窄长短,也会睡一觉再出来。

其实这些老人都不老,五六十岁或者六七十岁,因为送走了前面的老人,自己跟着老了。

老有老的样子,留胡须,背手,吃饭坐上席,大声说话。一般来说,男人五六十岁便可装老了,那时候儿女二三十岁,能在家里挑大梁,干重活。装老的目的,一是在家里、村里塑造威严,让人敬;二是躲清闲,有些重活、累活,动动嘴使唤儿女干就可以了。

也是我 18 岁那年,后父开始装老:突然腰也疼了,腿也困了,有时候抽烟呛着,故意多咳嗽两声。去年秋天还能背动一麻袋麦子,今年突然就不背了,让我和大哥背。其实我们两个的劲加起来,也没他的大。

后父打定主意,要盘腿坐在炕上,享一个老人的福了。

可就在这个节骨眼上,我大哥外出开拖拉机,我外出上学,留在家里的三弟、四弟都没成人,指望不上。后父只好忘掉自己已经 50 岁的年龄,重活、累活又亲手干了。

后父吩咐我们备的老房,也因为种种原因,一直没有做。其间我们搬了 3 次家,第一次,从沙漠边的太平渠村搬到天山半坡上的元兴宫村,过了些年又搬到县城边的城郊村,后来又搬进县城住了楼房。想想也幸亏没给后父备老房,若备了,得一次次地带着它搬家,且终究没有一个安放它的地方。

后父活到 84 岁,走了。距他给我和大哥交代备老房那年,已经过去 34 年。

后父去世时我在乌鲁木齐,夜里 12 点,家人打来电话,说后父走了,我们赶紧驱车往回赶。那晚漫天大雪,路上少有车辙,天地之间,雪花飘满。

回到沙湾已是半夜,后父的遗体被安置在殡仪馆。他老人家躺在棺材里,面容祥和,嘴角略带微笑,像是笑着离开的。

听母亲说,下午的时候,后父把自己的衣物全收拾起来,打了包,说要走了。

母亲问:“你走哪去,活糊涂了。”

后父说要回家,马车都来了,接他的人在路上喊呢。

后父在生产队时赶过马车。在临终的时光里,他看见来接他的马车,要把他接回村里。

可是,我们没有让一辆马车把他接回村里。我们把他葬在了县城边的公墓。

但我知道,他的魂,一定被那辆马车接走了,回到了故乡。我们在县城的殡仪馆为他操持的这一场葬礼,已经跟他没有关系。公墓里那个写有他名字和生卒日期的墓碑跟他没有关系。在离县城70公里的老沙湾太平渠村,他家荒寂多年的祖坟上,他几十年前送走的老母亲的坟墓旁,一定有了一串轻微的脚步声,一个儿子回到了那里。

(选自《文汇报》2019年6月26日)

3. 低沉型

声音偏暗偏沉,语势多为落潮类,句尾落点多显沉重,语速较缓。重点处的基本语气、基本转换多偏于沉缓。比如:

活着活着就懂了

张曼娟

年少时如此沉溺于美,曾经用梦幻的腔调说:“我希望活到十九岁就死掉,永远不要成年。”轻易过了二十岁,将近三十岁时,又升起一个念头:“活到二十九岁就够了,过三十就老了。”如今已迈入知天命之年,六十在望,才发现,三十岁时以为的老,哪里是老!三十岁时理解的人生,原来只是个轮廓,还没有上色呢。很多事,真的要活着活着才能渐渐懂得。

我曾经和大多数女孩一样,走过婚纱店时总要在橱窗外伫立,想象着自己披上白纱的那一天,憧憬一场浪漫婚礼,与钟爱的男人永结同心,白头到老。活着活着,突然发现,白纱虽然美,却只能穿在新娘身上;婚礼很浪漫,婚姻生活却很实际;钟爱不一定能持续一生,男人对妻子有时冷淡、有时欺瞒,婚约无法约束爱。当我确立了自己的方向,找到可以倾注一生的志业,因着投入而神采焕发时,也就有了一种热恋的感受,这是自给自足的、笃定的幸福。

常有媒体询问我:“作为一个大龄单身女子,有哪些甘苦滋味?”我认为单身铸造了我的人生,让我过着想要的生活,成为一个完整的自己,我并不感觉匮乏或苦涩。“难道没有寂寞孤单的时候吗?”人生而孤独,能享受孤独的人才能与自己好好相处。我现在的生活确实不是当初所设定的,但我感谢一切的失去与追寻,成就了此刻的我。

我发现人们总是喜欢回顾,留恋往昔的美好,懊悔那些失去的人与事;人们也习惯性地等待别人,等待别人的肯定与认同,等待别人的给予,浪费许多时间去等待,却低估了自己的力量。在《我辈中人》一书中,我用了许多篇幅去谈自我实现的重要性,避免“人生过处唯存悔”,真正的解药其实是自己。很惊讶地发觉,竟有这么多年轻读者,在阅读中得到了共鸣与疗愈。也许是因为,我们自小被教导要优秀、要成功,却没人教我们该如何与自己好好相处,当挫折与变故来临时,又当如何面对。

大约三年前,父亲的思觉失调突然爆发,我才猛然意识到,老去并不只是身体机能的衰颓,还可能是精神错乱、失智……让老人与照顾者一起陷入流沙中,不断沉陷。五十几年来,我那原本秩序井然的世界,因着父亲的病而颠破碎裂。母亲被确诊患了失智症,新的挑战迎面袭来。大龄子女独自照顾高龄父母,人生道途突然阴暗下来。

许多事都是必须经过才能理解的,我开始觉得活得久一些是好事,生活中挑战不断也是好事。人生上半场,追求的是成功;人生下半场,只愿能好好承担,便是大圆满。这都是活着活着才能懂得的事。

(选自《我辈中人:写给中年人的情书》)

4. 高亢型

声多明亮高昂,语势多为起潮类,峰峰紧连,扬而更扬,势不可遏,语速偏快。重点处的基本语气、基本转换都带有昂扬积极的特点。比如:

海　燕

高尔基

在苍茫的大海上,狂风卷集着乌云。在乌云和大海之间,海燕像黑色的闪电,在高傲地飞翔。

一会儿翅膀碰着波浪,一会儿箭一般地直冲乌云,它叫喊着,——就在这鸟儿勇敢的叫喊声里,乌云听出了欢乐。

在这叫喊声里——充满着对暴风雨的渴望!在这叫喊声里,乌云听出了愤怒的力量、热情的火焰和胜利的信心。

海鸥在暴风雨来临之前呻吟着,——呻吟着,它们在大海上飞蹿,想把自己对暴风雨的恐惧,掩藏到大海深处。

海鸭也在呻吟着,——它们这些海鸭啊,享受不了生活的战斗的欢乐:轰隆隆的雷声就把它们吓坏了。

蠢笨的企鹅,胆怯地把肥胖的身体躲藏到峭崖底下……只有那高傲的海燕,勇敢地,自由自在地,在泛起白沫的大海上飞翔!

乌云越来越暗,越来越低,向海面直压下来,而波浪一边歌唱,一边冲向高空,去迎接那雷声。

雷声轰响。波浪在愤怒的飞沫中呼叫,跟狂风争鸣。看吧,狂风紧紧抱起一层层巨浪,恶狠狠地把它们甩到悬崖上,把这些大块的翡翠摔成尘雾和碎沫。

海燕叫喊着,飞翔着,像黑色的闪电,箭一般地穿过乌云,翅膀掠起波浪的飞沫。

看吧，它飞舞着，像个精灵，——高傲的、黑色的暴风雨的精灵，——它在大笑，它又在号叫……它笑那些乌云，它因为欢乐而号叫！

这个敏感的精灵，——它从雷声的震怒里，早就听出了困乏，它深信，乌云是遮不住太阳的，——是的，遮不住的！

狂风吼叫……雷在轰响……

一堆堆乌云，像青色的火焰，在无底的大海上燃烧。大海抓住闪电的箭光，把它们熄灭在自己的深渊里。这些闪电的影子，活像一条条火蛇，在大海里蜿蜒游动，一晃就消失了。

——暴风雨！暴风雨就要来啦！

这是勇敢的海燕，在怒吼的大海上，在闪电中间，高傲地飞翔；这是胜利的预言家在叫喊：

——让暴风雨来得更猛烈些吧！

5. 舒缓型

声多轻松明朗，略高但不着力，语势有跌宕但多轻柔舒展，语速徐缓。重点处的基本语气、基本转换都显得舒展徐缓。

刹那芳华

正是樱花盛开的时节，一树一树的樱花在和煦的阳光下含苞怒放，像燃烧的生命，热烈而激扬。

烂漫的樱花，柔如绸、薄如翼、轻如纱，灿灿若云霞，层层叠叠、朵朵相系，一团团一簇簇你拥我挤、相亲相爱地耸立在枝头，争奇斗艳，姹紫嫣红，把整个景区点缀得分外亮丽。融融春风中，树枝摇曳，连片花枝如波浪上下起伏，粉嫩花瓣如白雪纷纷飘洒，让人充分领略着春的神韵，此情此景如画，绚人眼目，令人心驰神荡、遐思翩翩。游人们三五成群前来踏青赏樱，或轻轻地抚摸花枝，或聚在花树下摄影留念，定格这美丽的瞬间。

我则席坐在一棵粗壮的樱花树下，望着那一张张迎风起舞的明媚笑脸，享受那绚美至极的生命给人的心灵带来的震撼和感动，沉浸在弥漫着樱花气息的春天里。在我的眼中，一树树樱花就是一首首诗，是献给春天的赞美诗。迎面走来了一对含情脉脉的情侣，他们轻轻呢喃着，把自己的心语寄予这春天，寄寓于这如火如荼的樱花季节，心花和着樱花同时绽放着，而此时，浪漫的樱花就成了爱的见证，让人怦然心动。

樱花开放时间很短，只有七日左右，故又有“樱花七日”之谚，也许今天它还缤纷多彩，明天一阵风雨，就可能落英缤纷了。听去过日本的小弟说，那里是世界上樱花最多的地方，漫山遍野，随处可见，蔚为壮观，因而日本人在春天看樱花会出现举国若狂的盛况，但在樱花凋谢期，就会蔓延起一种阴郁低沉的情绪。有人把人生比作樱花，认为人生和樱花一样短暂，但我不这样想，其实，世相百态，花落纷飞，只要持一种博大胸怀，持一种平和的心境去解读，一切便就美了。花本身就是温柔淡雅的，樱花在乍暖还寒的春风中竞相绽放，最终将一身傲骨归于尘土，质本洁来还洁去，这未尝不是一种笑看人生的姿态。

我对樱花的由衷喜爱，并不仅仅因为它们的浪漫美丽或者淡雅清香，而是因为它们的团结。樱花总爱一树一树地开，一城一城地甚至一国一国地开，它们会占据整个春天，只要春潮一动，春风一吹，就像被施了魔法，整株树仿佛一夜之间被装点成粉色一团，轰轰烈烈，淋漓尽致，流光溢彩。樱花是春的使者，向人们捎来春天的消息，它积累了一生的能量，厚积薄发，只为刹那芳华。

(选自《心理与健康》2017 年 6 月 5 日)

6. 紧张型

声音多扬少抑，多重少轻，语速快，气较促，顿挫短暂，语言密度大。重点处的基本语气、基本转换都较急促、紧张。

84 名乘客的生死表决

牧徐徐

这是一则惊心动魄且无比真实的故事。

1990 年 5 月 26 日早上 6:10，型号为 BAC-1-1 的英航 5390 班机和往常一样，从伯明翰机场准时起飞，它的目的地是西班牙马拉加机场。机长是拥有 21 年飞行驾驶经验的西蒙，副驾驶员则是刚来 5390 上班的阿拉史泰尔，除此之外，飞机上还有一名乘务长和 3 名空姐，以及 84 名乘客。

飞机起飞 13 分钟后，到达 1.3 万米的高空处，机长西蒙将飞机调到自动驾驶状态，然后起身想去弄杯饮料，可就在他刚站起来的那一刹那，只听见“嘭”的一声，西蒙左侧的一块风挡玻璃猛地一下被炸开了！之后，舱内舱外巨大的气压差差一点将西蒙吸到机舱外。万幸的是，在被吸出机舱的过程中，西蒙本能地用一只脚死死地勾住了驾驶室里的一把椅子，然后又被随即赶来的乘务长和两名空姐死死拽住，这才没有被完全甩出去。

风挡玻璃一碎，舱外冰冷刺骨的狂风便以时速 390 公里的速度朝舱内灌，飞机内的 3 个警报器都不停地响，并且和空管中心失去了联系。80 多名乘客顿时惊慌失措，乱成一团。飞机开始快速朝下降落。

作为大副，还对 BAC-1-1 不太熟悉的阿拉史泰尔，只好临危受命，靠着直觉和以前的经验将飞机又拉升起来。

但危险却远没有就此结束，由于舱内的气压失去原有的平衡，如果不能即时阻住炸裂开的进风口，舱内供乘客呼吸的氧气至多只能维持 30 分钟，之后，所有的人都将会因为缺氧而开始陷入昏迷，直到最终窒息而死。

但是，机长西蒙还在机舱外，也就是说，如要阻住进风口，就必须丢掉西蒙。看着趴在－20℃机舱外，已经被冻成毫无生息、仿佛是睡着了的机长，乘务长和空姐陷入了极大的痛苦中——他们实在不忍心放手，都希望奇迹能发生。

按照英航的规定，飞机在空中遭遇事故时，机组人员有义务牺牲一切来确保乘客的安全，除非乘客不要他们那样做。因此，丢不丢下机长，只有问问乘客了。在乘务长的授权下，另一名空姐走到客舱内，她稳定了自己的情绪，然后说："我们遭遇到了一点小麻烦，生死不明的机长被吊在寒冷的机舱外，丢不丢下他事关我们的生死，请大家考虑后表决，赞同丢掉机长的人请举手，举手的人超过半数，我们就将丢下机长。"

空姐说完后，慌乱的场面一下子安静了下来，几秒后，有人迅速而果断地开始举手，2个，5个，10个，20个……

看到这一状态，空姐努力地控制着自己悲伤的情绪，不让眼泪流下。她强迫自己数清每个举手的人，可就在她快要数到过半数的42个时，突然，有一个一直举着手的人，把手慢慢放了下来，紧接着，又有一个人把手放了下来，接下来是第三个，第四个……

最终的结果是，举手的人竟然为零！看着这突然的转变，空姐再也忍不住了，眼泪哗地一下冲了出来。

接下来，更好的消息传来，通过不懈的努力，大副阿拉史泰尔终于和空管中心取得了联系，依靠他们的指挥和引领，在发生事故后的22分钟，飞机成功降落在6公里之外的英国南安普顿机场！机长西蒙也被随即赶来的救护车接走。

让人不敢相信的是，受到巨大撞击和在极寒中被冰冻了20多分钟的机长西蒙，居然在医院里被救活了，而且在3个月后重新回到了工作岗位上。

后来的调查表明，这场事故是由于机械维修师在更换飞机风挡玻璃时，粗心上错了螺母而引发的。更让人后怕的是，多亏当时没有丢下机长，因为一旦机长被丢下，他百分之百会被卷入机翼上转动的引擎里，结果只能是机毁人亡，谁也救不了！

84名乘客改变表决结果，既拯救了机长，也在冥冥之中拯救了他们自身。

（选自《哲理》2011年第6期）

（二）运用节奏的方法（音频12-2）

行路难（其一）

〔唐〕李　白

金樽清酒斗十千，玉盘珍羞直万钱。
停杯投箸不能食，拔剑四顾心茫然。
欲渡黄河冰塞川，将登太行雪满山。
闲来垂钓碧溪上，忽复乘舟梦日边。
行路难！行路难！多歧路，今安在？
长风破浪会有时，直挂云帆济沧海。

时光

席慕蓉

一锅米饭,放到第二天,水气就会干了一些,放到第三天,味道恐怕就有问题了。第四天,我们几乎可以发现,它已经变坏了。再放下去,眼看就要发霉了。

是什么原因,使那锅米饭变馊变坏?

是时间。

可是,在浙江绍兴,年轻的父母生下女儿,他们就会在地窖里,埋下一坛坛米做的酒。十七八年后,女儿长大了,这些酒就成为嫁女儿婚礼上的佳酿。它有一个美丽惹人遐思的名字,叫女儿红。

在人世间,我们也曾看到过天真的少年一旦开始堕落,便不免越陷越深,终于变得满脸风尘,面目可憎。但是 相反的,时间却把温和的笑痕、体谅的延伸、成熟的风采、智慧的神韵添加在那些追求善良的人身上。

同样是煮熟的米,坏饭与美酒的差别在哪里呢?就在那一点点酒曲。

同样是父母所生的,谁堕落如禽兽,而谁又能提升成完美的人呢?是内心深处,仅仅环抱不放的,求真求善求美的渴望。

时间怎样对待你我呢?这就要看我们自己是以什么样的态度来期许我们自己了。

第十三讲　综合练习之文学作品朗读

第十三讲

一、理论基础

这一讲是基于本书第五讲到第十二讲内容，结合诗歌、散文、寓言童话的文体特征进行讲解的。文学作品朗读需要深厚的文学底蕴、广博的知识结构、丰富的人生阅历，以此理解作品，感受作品，形之于声，及于受众。

（一）诗歌（音频 13-1）

诗歌，从语言上看，凝练，语义丰富；从形式上看，分行排列，有韵律；从写作手法上看，思维跳跃，有意境；从朗诵上看，强调的是节奏和意境。

1. 古诗

古诗讲究韵律感和音乐感，尤其是押韵的韵脚，体现出古诗的对仗与工整。朗读时根据诗歌内容划分节拍。古诗最基本的节奏单位一般是由两个字构成的。五个字的诗，可分为两顿，三个节拍；七个字的诗，可分为两顿，也可分为三顿。这些规矩是非常灵活的，按照具体内容确定节拍，使得韵律回环往复，形成节奏。

意境往往通过顿挫、节奏来表现。我们要深入理解古诗的背景、内涵，确定节奏，读出味道，不要刻意追求节拍，丧失了意境。

春　晓

〔唐〕孟浩然

春眠/不觉/晓，
处处/闻/啼鸟。
夜来/风雨/声，
花落/知/多少。

【提示】这是一首惜春诗，言浅意浓，景真情真，悠远深沉，韵味无穷。

早发白帝城

〔唐〕李　白

朝辞/白帝/彩云间，
千里/江陵/一日还。
两岸/猿声/啼不住，
轻舟/已过/万重山。

【提示】这首诗描摹自白帝至江陵的行程。首句写白帝城之高；第二句写江陵路遥，舟行迅速；第三句以山影猿声烘托行舟飞进；第四句写行舟轻如无物，点明水势如泻。全诗把诗人遇赦后愉快的心情和江山的壮丽多姿、顺水行舟的流畅轻快融为一体，运用夸张和奇想，写得流丽飘逸，自然天成。

2. 现代诗

现代诗在节奏上虽然比古诗更加自由，但是还具有诗歌的外在形式，所以不能一味“自由”地追寻意境，脱离了节奏。

假如生活欺骗了你

〔俄〕普希金

假如生活/欺骗了你，
不要悲伤，不要/心急！
忧郁的日子里需要镇静：
相信吧，快乐的日子/将会来临。
心儿永远向往着/未来；
现在/却常是忧郁。
一切都是/瞬息，
一切都将会过去；
而那过去了的，
就会成为亲切的/怀恋。

【提示】这是普希金在被流放的日子里写的。那时俄国革命正如火如荼，诗人却被迫与世隔绝。在这样的处境下，诗人却没有丧失希望与斗志，他热爱生活，执着地追求理解，相信光明必来，正义必胜。全诗共有两节：第一节劝告人们在苦恼时要学会忍耐，朗读时体会黎明前黑暗的意境；第二节告诉人们当越过艰难困苦之后，那过去的一切会变得美好起来，朗读时体会作者自豪、充实的心情和丰富的人生感受。

(二)散文(音频 13-2)

散文多是作者从主观视角观察世界万物,从中有所感悟,有感而发,抒发自己的感想。散文朗诵形散神不散,关键在于创作者的“神聚”与“情浓”。散文朗诵既不大起大落,也不绘声绘色,主要用朴实、真切的声音表达真情实感。

1. 抒情散文

抒情散文以抒情为主。我们在朗读这一类型的散文时,可以以作者的感受为线索。

胡杨祭

刘湘晨

人们常说:野生胡杨树,一千年不死,一千年不倒,一千年不朽。

——古维吾尔语

几乎所有见诸文字的表述中,都将这里称作“死亡之海”。沙漠腹地的克里雅人,却执拗地以此为故乡,他们把这里称作原来居住的地方。

这种古老的故乡情结,最早很可能与这些胡杨树有关。若许多年后,好景不在,失去了故乡的克里雅人,一定是世界上最为悲伤的族群;如同秀色尽去、满目斑痕的胡杨树。

望着大漠荒原,让人遐想万端。树木已被伐尽,荒原正处在退化的某一过程中。我注意到地面的车辙,已远不是农人和牧民擅用的牛车或小毛驴车的轮迹,而是地道的季节轮痕。拖拉机、汽车都在频频进入荒漠,这意味着什么呢?不能不让人觉其无限恐怖!

走一路,寻索一路。每有胡杨树,我必仔细浏览,驻足长久,如急于兑现一个久远的梦。每每在一株或一片胡杨前伫立,不知道我何以会有那么深的怜惜。

仅在二百年前后,发源于塔克拉玛干四周众山间的河流,多还处在发育盛期。水源充足,水势旺,一气呵成,倾泻而去,一直抵达沙漠腹地,最终汇入万宗之宿的罗布泊。如今,罗布泊一片干涸。从前所有最终汇入罗布泊的河流尽数萎缩,就连通贯整个塔克拉玛干的那条母亲河——塔里木河,也缩短了几百公里。

河水汛期来得格外迟,枯季却变得更长,让人盼而无期。死去的胡杨兀立荒原,树皮尽褪,树心被掏空,在碧蓝的天幕之下,一具具躯干愈显得惨白,铭志着已失去的无数沧桑岁月。胡杨树倒后仅剩的一段残根也被掏空了,如一口巨缸的缸洞。

伴随着河流的退化和它们每次的改道,像牧人丢弃揩屁股的土块儿一样,与河水伴生的大片胡杨林终被抛弃了,最终尽数枯死。在塔克拉玛干,常看到成片成片的胡杨林,静若一片坟场,就是这个原因。

河道收缩和胡杨林退化,又是人不断迁徙的原因——从沙漠的深处,逐步向距水源更近,也更有利于生存的地方靠近。这段历史有多长呢?没有人知道。我努力想象这里从前确有一座桥,还有一处傍河而居的人家,这是一处隔世的田园。风尘远去了,只有家的宁静与温馨。一位即将从远处来的亲戚,会让一家人长久处在期待与兴奋之中。他们会倾尽所有,来表达自己的心境。这或许是这个家一年的盛事,而更多平常的日子,如同荒原本身一样朴实无华,如同岁月流逝一样不露形色,只守着一份心的宁静与知足。后来呢? 谁也不知道那个傍河而居的人家,因什么原因离开了这里……

胡杨树严重退化,只有次生林生机勃勃,生长期多在五十年到百年之间。上一代的胡杨,已是一片与荒原本身实在不再有什么差异的景观。树干裸露,树冠褪去,虬枝枯老,似是终期不远的老人。在更大的视界里,胡杨林与尘土一色,寒风吹过,摆动的树干和那些永远不能再摆动的树干,还有慢慢成灰的一座座胡杨坟,都在诉说一个久远又在眼前的故事。

我尊敬胡杨是荒漠中的英雄树,给人以绝境中生的启示。夏季,披一身油绿犹如沙漠中的绿色火炬;秋季,抖动着金色的双臂装点着原野的苍茫;冬天,像一位长发及肩的女孩子挟着一股寒气向你跑来。

我们还会拥有一个长有胡杨树的梦吗?

人类最后的痛苦就是家园的失去,祖先最初的热土,该不是家园最后的墓志吧?

【提示】这是一篇感人的胡杨颂歌,篇幅不长,但极具艺术魅力。文章以饱蘸感情的笔触,分析了塔克拉玛干大沙漠里的胡杨树退化死去的原因,找到了环境变化是胡杨树致死的凶手。告诫人们如果不注意保护环境,人类将失去自己的家园。作者没有把胡杨仅看成树,而是赋予它生命。

以作者对胡杨痛惜——怜惜——爱惜的感受为线索,直抒胸臆,基调沉重深情。

2. 叙事散文

叙事散文中穿插着一些人和事。有时,正是这些人和事给了作者启示,让作者由此而产生了感慨。我们应该把其人其事作为散文的一个组成部分而不是把他们作为一个故事来读,着重刻画人或事的“神”,不必拘泥于叙事的细节。

想想十年后自己什么样

周 迅

18 岁之前,我是一个不知道自己想要什么的孩子。那时,我每天在浙江艺术学校里跟同学们一起唱唱歌,跳跳舞。偶尔有导演来找我拍戏,我就会很兴奋地去拍,无论是多小的角色。

如果没有老师跟我的那次谈话,也许直到今天,仍然没有人知道周迅是谁。

那是 1993 年 5 月的一天,教我专业课的赵老师突然找我谈话:“周迅,你能告诉我你对未来的打算吗?”

我愣住了,不明白老师为什么会突然问我如此严肃的问题,我不知道应该怎么回答。

老师又问我:“你对现在的生活满意吗?”我摇摇头。

老师笑了:“不满意就证明你还有救。你现在就想想,十年后你会是什么样?”

老师的声音很轻,但是落在我心里却变得很沉重,我的脑海里顿时开始风起云涌。沉默了许久,我看着老师的眼睛,坚定地说:“我希望十年后的自己成为最好的女演员,同时发行一张属于自己的音乐专辑。”

老师问我:“你确定吗?”

我慢慢地咬紧嘴唇,然后回答“Yes”,而且拉了很长的音。

“好,既然你确定了目标,我们就把这个目标倒着算回来。十年以后,你28岁,那时的你是一个红透半边天的大明星,同时出了一张音乐专辑。”老师接着说。

“那么你在27岁的时候,你除了接拍各位著名导演的戏以外,一定还要有一个完整的音乐作品,可以拿给很多的唱片公司听,对不对?”

“25岁的时候,在演艺事业方面,你要不断地进行学习和思考。在音乐方面,你一定要有很棒的作品开始录音了。”

“23岁必须接受各种艺术方面的培训。”

“20岁的时候就要开始作词和作曲,在演戏方面要开始接拍大一点儿的角色了。”

老师这番话说得很轻松,但是我听了却感到一阵恐惧。这样推算下来,我应该马上就开始为实现自己的理想做准备了,可是,我现在什么都不会,什么都没想过。我忽然觉得有一种强大的压力朝自己袭来。

老师平静地笑着说:“周迅,你是一棵好苗子,但是你对人生缺少规划,太散漫了。我希望你能在空闲的时候想一想,十年后的你到底要过什么样的生活,到底要实现什么样的目标。如果你确定了目标,希望你从现在就开始做起。”

一年后,我从艺校毕业了,老师那番话一直刻在我的心底:想想十年后自己什么样。当我意识到这是一个重要的问题时,我整个人都觉醒了。

从艺校毕业后,我忙于接拍各种各样的影视剧。我始终记得,我答应过老师,十年后我要成为一个成功的大明星,所以我很认真地筛选角色。后来我拍了《那时花开》,拍了《大明宫词》……我慢慢地被大家接受,也渐渐尝到了成功的快乐。

2003年4月,正好是老师和我谈话后的十周年,我不知道这是偶然还是必然,我居然真的拥有了第一张属于自己的音乐专辑——《夏天》。

如果你能及时地问问自己:“十年后我会怎么样?”你就会发现,你的人生会在不知不觉中发生变化。时刻想着十年之后自己的样子,你就会离自己的梦想越来越近。

(选自乐读网2011年11月5日)

【提示】这篇散文描述了十年前作者的老师跟她的一席谈话,正是这次谈话,让作者有所醒悟,也才有了今天的成就。朗读时,语气应先是吃惊、懵懂,继而渐渐有紧迫感,最终“整个人都觉醒了”。作者十年后再回首,发自内心感慨“如果你能及时地问问自己:时刻想着十年之后自己的样子,你就会离自己的梦想越来越近”。这篇稿件虽然文字平淡朴实,却蕴含着深刻的哲理:成功的人生需要规划。

(三)寓言童话(音频 13-3)

寓言童话里有作者的观点及文章的寓意,常使用感性的语言表达理性的思考,想象力丰富,语言鲜活生动。用声音进行角色造型时,首先从生理层面、心理层面考虑角色的定型;其次,理解角色内涵,声音造型为主题服务。

钻石与鹅卵石

“为什么我们非要学习这些没用的东西呢?”

这是老师所听到的学生们的抱怨与质疑中最常出现的一句话。遇到这种情况,我们不妨给学生讲这样一则寓言:

一天晚上,一群游牧部落的牧民正准备安营扎寨的时候,忽然被一束耀眼的光芒笼罩。他们知道神就要出现了,因此,他们满怀期盼,恭候着来自上苍的旨意。

神出现了,神开始说话了:“你们沿途要多拣拾一些鹅卵石,把他们放在你们的马褡子里。明天晚上,你们会非常快乐,但也会非常后悔。”

说完,神就消失了。牧民们感到非常失望,因为他们原本期盼神给他们带来无尽的财富和健康长寿,但没想到神却吩咐他们去做这件毫无意义的事。但是,不管怎样,那毕竟是神的旨意,他们虽然有些不满,但是,他们还是各自拣拾了一些鹅卵石,放在他们的马褡子里。

就这样,他们又走了一天,当夜幕降临,他们开始安营扎寨时,忽然发现他们昨天放进马褡子里的每一颗鹅卵石,竟然都变成了钻石。他们高兴极了,同时也后悔极了,后悔没有拣拾更多的鹅卵石。

(选自《伊索寓言》)

【提示】这则寓言告诉我们:现在我们觉得没用的知识,就像鹅卵石,将来有可能变为无尽的财富。过来人常常慨叹“书到用时方恨少”,而处在求知阶段的学生却时常感到“书读万卷亦如此”,文中鹅卵石变钻石的关键是神的点化,而知识技术转变为生产力,关键在人的智慧。朗读时,要注意语气的变化和转换。一开始是学生对学习知识的质疑,接着老师讲寓言故事时的语气较平稳,继而“牧民们”的不解,以及最后的恍然大悟,这一系列的推进都要有相应的语气。只有这样才能让人感觉到人物的鲜活、生动和情节的发展、变化。故事的最后一句“他们高兴极了,同时也后悔极了,后悔没有拣拾更多的鹅卵石”意义深刻,发人深省。“高兴”与“后悔”是鲜明对比,语气上要有所体现,以突出语重心长的意味。

茶　壶

安徒生

从前有一个骄傲的茶壶，它对它的瓷感到骄傲，对它的长嘴感到骄傲，对它的那个大把手也感到骄傲。它的前面和后边都有点什么东西！前面是一个壶嘴，后面是一个把手，它老是谈着这些东西。可是它不谈它的盖子。原来盖子早就打碎了，是后来钉好的，所以它算是有一个缺点，而人们是不喜欢谈自己的缺点的——当然别的人会谈的。杯子、奶油罐和糖钵——这整套吃茶的用具——都把茶壶盖的弱点记得清清楚楚。谈它的时候比谈那个完好的把手和漂亮的壶嘴的时候多。茶壶知道这一点。

"我知道它们！"它自己在心里说，"我也知道我的缺点，而且我也承认。这足以表现我的谦虚，我的朴素。我们大家都有缺点，但是我们也有优点。杯子有一个把手，糖钵有一个盖子。我两样都有，而且还有他们所没有的一个东西，我有一个壶嘴，这使我成为茶桌上的皇后。糖钵和奶油罐受到任命，成为甜味的仆人，而我就是任命者——大家的主宰。我把幸福分散给那些干渴的人群。在我的身体里面，中国的茶叶在那毫无味道的开水中放出香气。"

这番话是茶壶在它大无畏的青年时代说的。它立在铺好台布的茶桌上，一只非常白嫩的手揭开它的盖子。不过这只非常白嫩的手是很笨的，茶壶落下去了，壶嘴跌断了，把手断裂了，那个壶盖也不必再谈，因为关于它的话已经讲得不少了。茶壶躺在地上昏过去了，开水淌得一地。这对它来说是一个严重的打击，而最糟糕的是大家都笑它。大家只是笑它，而不笑那只笨拙的手。

"这次经历我永远忘不了！"茶壶后来检查自己一生的事业时说。"人们把我叫作一个病人，放在一个角落里；过了一天，人们又把我送给一个讨剩饭吃的女人。我下降为贫民了，里里外外，我一句话都不讲。不过，正在这时候，我的生活开始好转。真是塞翁失马，焉知非福。我身体里装进了土，对于一个茶壶来说，这完全等于入葬。但是土里却埋进了一个花根。谁放进去的，谁拿来的，我都不知道。不过它既然放进去了，总算是弥补了中国茶叶和开水的损失，也算是把手和壶嘴打断的一种报酬。花根躺在土里，躺在我的身体里，成了我的一颗心，一颗活着的心——这样的东西我从来不曾有过。我现在有了生命、力量和精神，脉搏跳起来了，花根发了芽，有了思想和感觉。它开放成为花朵。我看到它，我支持它，我在它的美中忘记了自己。为了别人而忘我——这是一件幸福的事情！它没有感谢我，它没有想到我，它受到人们的崇拜和称赞。我感到非常高兴，它一定也会是多么高兴啊！有一天我听到一个人说它应该有一个更好的花盆来配它才对。因此人们把我当腰打了一下。那时我真是痛得厉害！不过花儿却迁进一个更好的花盆里去了。

至于我呢？我被扔到院子里去了。我躺在那儿简直像一堆残破的碎片——但是我的记忆还在,我忘不了它。”

(选自《童话中的优雅》)

【提示】骄傲的茶壶一系列的遭遇让人可怜。童话往往通过形象、情节的表现,给人以深刻启示。

二、实践练习

(一)诗歌

登乐游原

〔唐〕李商隐

向晚意不适,驱车登古原。
夕阳无限好,只是近黄昏。

寻隐者不遇

〔唐〕贾　岛

松下问童子,言师采药去。
只在此山中,云深不知处。

望天门山

〔唐〕李　白

天门中断楚江开,碧水东流至此回。
两岸青山相对出,孤帆一片日边来。

泊秦淮

〔唐〕杜　牧

烟笼寒水月笼沙,夜泊秦淮近酒家。
商女不知亡国恨,隔江犹唱后庭花。

凉州词

〔唐〕王　翰

葡萄美酒夜光杯,欲饮琵琶马上催。
醉卧沙场君莫笑,古来征战几人回。

春　望

〔唐〕杜　甫

国破山河在，城春草木深。
感时花溅泪，恨别鸟惊心。
烽火连三月，家书抵万金。
白头搔更短，浑欲不胜簪。

将(qiāng)进酒

〔唐〕李　白

君不见黄河之水天上来，奔流到海不复回。
君不见高堂明镜悲白发，朝如青丝暮成雪。
人生得意须尽欢，莫使金樽空对月。
天生我材必有用，千金散尽还(huán)复来。
烹羊宰牛且为乐，会须一饮三百杯。

岑夫子，丹丘生，将进酒，杯莫停。
与君歌一曲，请君为我倾耳听。
钟鼓馔(zhuàn)玉不足贵，但愿长醉不复醒。
古来圣贤皆寂寞，惟有饮者留其名。
陈王昔时宴平乐，斗酒十千恣(zì)欢谑(xuè)。
主人何为言少钱，径须沽取对君酌。
五花马，千金裘，
呼儿将出换美酒，与尔同销万古愁。

满江红

〔宋〕岳　飞

怒发冲冠，凭阑处、潇潇雨歇。抬望眼，仰天长啸，壮怀激烈。三十功名尘与土，八千里路云和月。莫等闲，白了少年头，空悲切。

靖康耻，犹未雪；臣子恨，何时灭？驾长车，踏破贺兰山缺。壮志饥餐胡虏肉，笑谈渴饮匈奴血。待从头，收拾旧山河，朝天阙。

声声慢

〔宋〕李清照

寻寻觅觅，冷冷清清，凄凄惨惨戚戚。乍暖还寒时候，最难将息。三杯两盏淡酒，怎敌他晚来风急？雁过也，正伤心，却是旧时相识。

满地黄花堆积，憔悴损，如今有谁堪摘？守着窗儿，独自怎生得黑？梧桐更兼细雨，到黄昏，点点滴滴。这次第，怎一个愁字了得？

请 求

佚 名

妈妈，请松开你
春天一样慈爱的手，
让我一个人在坑洼的路上，
一步一滑向前走。

妈妈，请您明白，
我不是一只折翅的鸟，
在一次次失败之后，
我总能体验成功滋味。

落下悬在喉尖的心，
即使我摔得鼻青脸肿，
我也不会后悔做一个生命的强者，
在寒风中瑟瑟发抖。

妈妈，亲爱的妈妈，
请松开您温暖的手，
让我长上丰厚的羽毛，
在蓝天自由飞翔。

桂林山水歌

贺敬之

云中的神啊，雾中的仙，
神姿仙态桂林的山！

情一样深啊，梦一样美，
如情似梦漓江的水！

水几重啊，山几重？
水绕山环桂林城……

是山城啊，是水城？
都在青山绿水中……

呵！此山此水入胸怀，
此时此身何处来？

……黄河的浪涛塞外的风。
此来关山千万重。

马鞍上梦见沙盘上画：
“桂林山水甲天下”……

呵！是梦境啊，是仙境？
此时身在独秀峰！

心是醉啊，还是醒？
水迎山接入画屏！

画中画——漓江照我身千影，
歌中歌——山山应我响回声……

招手相问老人山，
云罩江山几万年？

——伏波山下还珠洞，
宝珠久等叩门声……

鸡笼山一唱屏风开，
绿水白帆红旗来！

大地的愁容春雨洗，
请看穿山明镜里——

呵！桂林的山来漓江的水——
祖国的笑容这样美！

桂林山水入胸襟，
此景此情战士的心——

是诗情啊，是爱情？
都在漓江春水中！

三花酒掺一份漓江水，
祖国啊，对你的爱情百年醉……

江山多娇人多情，
使我白发永不生！

对此江山人自豪，
使我青春永不老！

七星岩去赴神仙会，
招呼刘三姐啊打从天上回……

人间天上大路开，
要唱新歌随我来！

三姐的山歌十万八千箩，
战士呵，指点江山唱祖国……

红旗万梭织锦绣，
海北天南一望收！

塞外的风沙呵黄河的浪，
春光万里到故乡。

红旗下：少年英雄遍地生——
望不尽：千姿万态"独秀峰"！

——意满怀呵，情满胸，
恰似漓江春水浓！

呵！汗雨挥洒彩笔画：
桂林山水——满天下！……

四月的纪念

刘　擎

男：二十岁，我爬出青春的沼泽，像一把伤痕累累的六弦琴，喑哑在流浪的主题里。你来了，

女：我走向你，

男：用风铃草一样亮晶晶的眼神，

女：你说，你喜欢我的眼睛，

男：擦拭着我裸露的孤独。

女：孤独，为什么你总是孤独？

男：真的，

女：真的吗？

男：第一次，

女：第一次吗？

男：太阳暖融融的手……

女：暖融融的，

男：轻轻地……

女：轻轻地，

男：捧着我了，

女：捧着你了吗？

男：于是，往事再也没有冻结愿望。

女：于是，往事再也没有冻结愿望。

男：我捧起我的歌，

女：捧起你的歌，

男：捧起一串串曾被辜负的音符，

女：捧起一串串曾被辜负的音符，

男：走进一个春日的黄昏，

女：一个黄昏，一个没皱纹的黄昏，

男：和黄昏里不再失约的车站。

女：不再失约，永远不再失约。

男：四月的那个夜晚，没有星星和月亮，

女：没有星星也没有月亮，那个晚上很平常，

男：我用沼泽的经历交换了你过去的故事。

女：谁都无法遗忘，沼泽那么泥泞，故事那么忧伤。

男：这时候，你在我的视网膜里潮湿起来，

女：我翻着膝盖上的一本诗集，一本惠特曼的诗集。

男：我看见你是一只纯白的飞鸟，

女：我在想，你在想什么？

男：我知道，美丽的笼子囚禁了你，也养育了你绵绵的孤寂和优美的沉静。

女：是的，囚禁了我，也养育了我。

男：我知道你没有料到会突然地在一个早晨开始第一次放飞，却正好碰到下雨。

女：是的，第一次放飞就碰到了下雨。

男:我知道,雨水打湿了羽毛,沉重的翅膀也忧伤你的心。

女:是的,雨水忧伤了我的心。

男:没发现吗?

女:你在看着我吗?

男:我湿热的脉搏正在升起一个无法诉说的冲动。

女:真想抬起眼睛看看你,

男:可你却没有抬头。

女:没有抬头,我还在翻着那本惠特曼的诗集。

男:是的,我知道,我不是岩石,也并不是堤坝。

女:不是岩石,不是堤坝。

男:并不是可以依靠的坚实的大树,

女:也不是坚实的大树。

男:可是,如果你愿意,

女:你说,如果我愿意,

男:我会的,我会勇敢地以我并不宽阔的肩膀和一颗高原培植出来忠实的心,为你支撑起一块永远没有委屈的天空。

女:永远没有委屈的天空,你说如果我愿意?

男:是的,如果你愿意,

男:如果(合)你愿意。

女:(合)我愿意。

(二)散文

外婆的美学

李汉荣

外婆说:"人在找一件合适的衣服,衣服也在找那个合适的人,找到了,人满意,衣服也满意,人好看,衣服也好看。""一匹布要变成一件好衣裳,如同一个人要变成一个好人,要下点功夫。""无论做衣服还是做人,心里都要有一个'样式',才能做好。"

外婆做衣服是那么细致耐心,从量到裁再到缝,她好像在用心体会布的心情。一匹布要变成一件衣服,它的心情肯定也是激动的,充满着期待,或许还有几分担忧和恐惧:要是变得不伦不类,甚至很丑陋,名誉和尊严就毁了。

记忆中,每次缝衣,外婆都要先洗手,把自己穿戴得整整齐齐,身子也尽量坐得端正。外婆总是坐在敞亮的地方做针线活。她特别喜欢坐在场院里,在高高的天空下面做小小的衣服,外婆的神情显得朴素、虔诚、庄重。

在我的童年，穿新衣必是在盛大的日子，比如春节、生日。旧衣服、补丁衣服是我们日常的服装。我们穿着打满补丁的衣服也不感到委屈，一方面是因为人们都过着打补丁的日子，另一方面，是因为外婆在为我们补衣的时候，精心搭配着每一块补丁的颜色和形状，她把补丁衣服做成了好看的艺术品。

除了缝大件衣服，外婆还会绣花，鞋垫、枕套、被面、床单、围裙上都有外婆绣的各种图案。

外婆的“艺术灵感”来自她的内心，也来自大自然。燕子和其他各种鸟儿飞过头顶，它们的模样和姿态留在外婆的心里，外婆就顺手用针线把它们保存下来。外婆常常凝视着天空中的云朵出神，她手中的针线一动不动，布安静地在一旁等待着。忽然出现一声鸟叫或别的什么声音，外婆才如梦初醒般地把目光从云端收回，细针密线地绣啊绣啊，要不了一会儿，天上的图案就出现在她手中。读过中学的舅舅说，外婆的手艺是从天上学来的。

那年秋天，我上小学，外婆送给我的礼物是一双鞋垫和一个枕套。鞋垫上绣着一汪泉水，泉边生着一丛水仙，泉水里游着两条鱼儿。我说：“外婆，我的脚泡在水里，会冻坏的。”外婆说：“孩子，泉水冬暖夏凉。冬天，你就想着脚底下有温水流淌；夏天呢，有清凉在脚底下护着你。你走到哪里，鱼就陪你到哪里，有鱼的地方你就不会口渴。”

枕套上绣着月宫，桂花树下，蹲着一只兔子，它在月宫里，在云端，望着人间，望着我。到夜晚，它就守着我的梦境。外婆用细针密线把天上人间的好东西都收拢来，让它们贴紧我的身体。贴紧我身体的，是外婆密密的手纹，也是她密密的心情。

直到今天，我还保存着我童年时的一双鞋垫。由于时间已经过去三十年之久，它们已经变得破旧，如文物那样脆弱易碎。但那泉水依旧荡漾着，贴近它，似乎能听见隐隐水声。两条小鱼仍然没有长大，一直游在岁月的深处。几丛欲开未开的水仙，仍然那样停在外婆的呼吸里。

我端详着外婆留给我的这件“文物”。我的手纹，努力接近和重叠着外婆的手纹。她冰凉的手从远方伸过来，感受我手上的温度。

（选自《新华日报》2019 年 8 月 29 日）

最后一个船夫

张柄生

这是深藏在大山里的一个土家小镇。一条亘古的河流在小镇的脚下奔腾流淌。镇子里高高低低的石板街，默默地诉说着岁月的悠远绵长。由于险山恶水的阻隔，当新时代的朝阳将明媚的阳光铺洒在古朴精巧的吊脚楼上的时候，小镇依旧像一个在历史老人怀抱里酣睡的婴儿，沉浸在淳远清宁的长梦里，显得那样地恬静，那样地安详。

在小镇上，老船夫水伯是一个受人尊敬的人物。水伯姓杨，住在镇口的一幢吊脚楼里。水伯曾经是小镇上有口皆碑的英雄好汉。年轻时的水伯,靠雄健的筋骨和豹子的胆量,在激流恶浪中把笨重的木船驾驭得灵巧如燕。那年月,年轻的水伯总是被淹没在一片崇敬的浪涛里,他也情不自禁地陶醉在自豪中……水伯的自豪感,突然被一声响亮的汽笛声打破了。随着第一艘轮船驶进了小镇的码头,水伯的英名,便无可奈何地随着河水漂走了。

水伯望着曾经被自己踩在脚下的激流险滩,已经无法将梦境和现实区分开来了。年轻时的那股豪气灼烤着他年迈的身躯,水伯的脑袋里冒出了再显身手的念头,以前河流两岸人山人海朝着他欢呼的场面,仿佛又重新浮现在了自己的眼前。

水伯终于等来了机会。一个电视剧摄制组来小镇,导演在与水伯偶然的闲谈中受到了震撼,立即决定加拍一组船夫驾船闯滩的镜头。第二天,当一切准备就绪,被请来客串船夫的那位小伙子向木船走去的时候,大家却突然发现,水伯早已立在了船头,一副只等开拍的架势。导演感到莫明其妙,走上前去请老人家让开。水伯愣住了:怎么,你们就不怕出人命?这里的水乱得很……导演对他解释,这是拍电视,必须要年轻力壮的小伙子,再说,拍摄的时候,会有保护措施……水伯固执地说:还是信不过我,你们去打听打听,当年我杨水伯在船上的时候……导演只好让人找来水伯的大女儿,大女儿连哄带拽,好不容易将水伯劝走。

等大女儿拽着三步一回头的水伯离开码头之后,导演急忙指挥开拍……

晚上,大伙儿在审看回放时,谁也没有注意到,水伯无声无息地站在后面,静静地盯着屏幕老半天,然后默默地转过身,步履艰难地走了出去。从此,水伯变得沉默了。

每日清晨,水伯总是提着他那根长长渔竿,默默地穿过小镇的石板街,来到河边的乱石滩上,将没有钓饵的鱼钩抛进水中,然后就静静地坐在石头上,目光默默地落在奔腾的河流上,随着奔流的河水飘得很远很远。

(选自《央视国际 2003 年 6 月 19 日》)

幸福与痛苦的领悟

俞敏洪

之所以有的人更痛苦,有的人更幸福,不是人们对待幸福的态度不同,而是人们对待痛苦的态度不同……

有一年夏天,我沿着黄河旅行,无数次站在黄河岸边,看滔滔河水像黄龙翻滚,自天际流下,把我的心都流成了无边无际的壮阔。无数次注视着落日像血一样融入河水,好像生命被一次次重新染色,每一次都有奔腾到海的冲动。

但让我感受最深的是在黄河边上,用瓶子灌一瓶河水。泥浆翻滚的水,被灌到水瓶里以后,依然十分混浊,透过瓶子,看到的只是混浊的黄色的世界。在瓶子背后,看不到天,也看不到地。面对这样的水,我感到了痛苦和绝望,感到了黄河河床不断提高带来的灾难，感到了人们在这种灾难中的呼喊。我把水瓶放在边上，痛苦地坐在岸边，看着黄河发呆。

一段时间后，我把眼神从远处收回来，猛然发现身边瓶子里的水开始变清。混浊的泥沙沉淀下来，上面的水变得越来越清澈。我看着这种变化，直到泥沙全部沉淀，只占整个瓶子的五分之一，而其余的五分之四都变成了清清的河水。我慢慢把瓶子举起来，透过瓶子，我看到了天，看到了地，看到了生命中幸福与痛苦的界限。

原来，我们的幸福和痛苦也像黄河水一样。我们在匆忙和浮躁中，拼命地摇晃我们的生活，直到我们的生活变得一片混浊，使所有的幸福都掺杂了痛苦的成分。假如清水是幸福，泥沙是痛苦，那么，我们一生幸福的总量应该大于痛苦。我们时时感到痛苦，不是因为痛苦多于幸福，而是我们用不恰当的方式，让痛苦像脱缰的野马，随意奔跑在我们生活的每一个角落。因为痛苦的渗透，我们本来应该清澈如水的生活，变得像黄河水一样，有了太多的杂质。

如果我们能够静下心来，让痛苦沉淀在我们的心底，不管痛苦能不能消失，都只让它占有我们心里的一小片空间，那大部分的空间就会被幸福充实。每一个人出生伊始，一辈子所经历的幸福和痛苦的总量都应该是相同的，之所以有的人更痛苦，有的人更幸福，不是人们对待幸福的态度不同，而是人们对待痛苦的态度不同。想到这里，我把水瓶中的水晃动了一下，已经变得非常清澈的水在一瞬间就又变得混浊不堪。

而生命的难处在于：我们很难让生命静止不动，使我们能够把痛苦和幸福截然分开，并彻底把痛苦沉淀在某个被遗忘的角落不再翻滚。痛苦和幸福在我们的生活中，或多或少都会搅和到一起。如果我们陷入其中不能自拔，生命将失去存在的最本质意义。那痛苦和幸福相混合的生活是不是就失去意义了呢？我再次把目光投向黄河，我发现它是那么地壮阔和美丽。看着滔滔的河水，翻滚着浊浪，从地平线那头流过来，从我脚下流过，又消失在地平线的另一头，使人无法不感受到我们这个星球所蕴含的勃勃生机。

我突然意识到：如果把人的生命不断放大，放大到像黄河一样壮阔，从远古和天边流来，向未来和大海流去，那我们的生命就无所谓幸福和痛苦的混合，而变成一曲永远唱不完的雄壮的黄河交响曲。

(三)寓言童话

狗、公鸡和狐狸

狗与公鸡结交为朋友，他们一同赶路。到了晚上，公鸡一跃跳到树上，在树枝上栖息，狗就在下面树洞里过夜。黎明到来时，公鸡像往常一样啼叫起来。有只狐狸听见鸡叫，想要吃鸡肉，便跑来站在树下，恭敬地请鸡下来，并说："多么美的嗓音啊！太悦耳动听了，我真想拥抱你。快下来，让我们一起唱支小夜曲吧。"鸡回答说："请你去叫醒树洞里的那个看门守夜的,他一开门,我就可以下来。”狐狸立刻去叫门,狗突然跳了起来,把他咬住撕碎了。

这故事说明,聪明的人临危不乱,可以巧妙而轻易地击败敌人。

(选自《伊索寓言》)

北风和太阳

北风和太阳是很要好的朋友,可这天,它们却为一件事你一言我一语地吵了起来。

“我最厉害,人们都怕我。”北风骄傲地说。太阳也不示弱:“大地万物都离不开我温暖的阳光。”

吵来吵去,谁也不服气,那就来较量较量吧。

北风看见路上有一个扛着大包的行人,便提议说:“这样吧,我们也别争了,如果谁能让行人先脱下衣服,谁就更厉害。”太阳愉快地答应了。

北风立刻冲上去,对着行人猛烈地吹了起来,行人却把身上的衣服裹得更紧了。

不服气的北风使出更大的力气“呼呼”地吹着。没想到,行人反而从包里又拿了件厚衣服穿上。

风刮疲倦了,便让位给太阳。太阳最初把温和的阳光洒向行人,行人慢慢脱掉了添加的衣服,太阳接着把强烈阳光射向大地,行人们开始汗流浃背,渐渐地忍受不了了,脱光了衣服,跳到了旁边的河里去洗澡。

最后当然是太阳胜利了。这则寓言说明,强迫和镇压往往不是最有效的手段。

(选自《伊索寓言》)

第十四讲　综合练习之新闻播读

第十四讲

一、理论基础

很多青少年朋友反映不喜欢播读新闻，因为不知道该用什么语气、节奏播读，找不着感觉。还有的朋友认为声音平淡才适合播读新闻，于是刻意不动声色、冷冰冰地播读，这说明大家对新闻的性质没有明确的认识，不能调动播讲愿望。

（一）了解新闻的定义，明确播读的要求（音频 14-1）

陆定一先生提出："新闻是新近发生的事实的报道"。传播技术的高速发展，使得事实报道更加快捷、便利，比如体育赛事的直播，就不是"新近发生的事实的报道"，而是"正在发生的事实的报道"，受众第一时间就能知道比赛结果。新闻的定义明确简洁地概括了新闻的特点，这也决定了播音员应该用什么声音进行播读。

一是，事实是新闻的本源，新闻必须是以事实为根据的真实信息。有声语言表达必须准确清晰，叙事清楚。

神舟十三号载人飞船返回舱成功着陆
飞行任务取得圆满成功

本报北京4月16日电　据中国载人航天工程办公室消息，北京时间2022年4月16日9时56分，神舟十三号载人飞船返回舱在东风着陆场成功着陆。11时5分，神舟十三号航天员翟志刚、王亚平、叶光富全部安全顺利出舱。现场医监医保人员确认航天员翟志刚、王亚平、叶光富身体状态良好，神舟十三号载人飞行任务取得圆满成功。

9时6分，北京航天飞行控制中心通过地面测控站发出返回指令，神舟十三号载人飞船轨道舱与返回舱成功分离。此后，飞船返回制动发动机点火，返回舱与推进舱分离。返回舱成功着陆后，担负搜救回收任务的搜救分队及时发现目标并第一时间抵达着陆现场。返回舱舱门打开后，医监医保人员确认航天员身体健康。载人航天工程空间站阶段飞行任务总指挥部有关领导在东风着陆场迎接航天员。

神舟十三号载人飞船于2021年10月16日从酒泉卫星发射中心发射升空，随后与天和核心舱对接形成组合体，3名航天员进驻核心舱，进行了为期6个月的驻留，创造了中国航天员连续在轨飞行时长新纪录。航天员在轨飞行期间，先后进行了2次出舱活动，开展了手控遥操作交会对接、机械臂辅助舱段转位等多项科学技术实(试)验，验证了航天员长期驻留保障、再生生保、空间物资补给、出舱活动、舱外操作、在轨维修等关键技术。利用任务间隙，航天员还进行了2次“天宫课堂”太空授课，以及一系列别具特色的科普教育和文化传播活动。

(选自《人民日报》2022年4月17日，有删改)

【提示】这条新闻介绍了“神州十三号载人飞船返回舱在东风着陆场成功着陆”，不仅介绍了返回的过程，还说明了航天员在轨飞行期间的任务和互动。神舟十三号载人飞行任务的圆满成功，标志着空间站关键技术验证阶段任务圆满完成，体现了我国载人航天事业的伟大成就。播读时要把内容梳理清楚，并充分理解。

二是，新闻必须有新意。构成新闻的事实，要能够满足人们未知、预知、应知的需要。播音员播读新闻时，有声语言的新鲜感要强。

能愈合的智能变色材料问世

新买的包可以变换颜色，不小心剐破的衣服能像皮肤一样愈合，车漆剐蹭后浇点水就薪新如初……这些科幻电影般的场景正成为现实。

日前，天津大学材料科学与工程学院教授封伟团队成功研发新型智能材料。这种新材料不仅能变色，还有形状记忆和自愈合功能。该研究被选为《德国应用化学》的封面文章。

对于高分子材料科学家而言，自然界中很多生物所具有的“自适应变色伪装能力”一直是非常重要的研究方向，基于自然界生物体的智能变色隐身机制，开发新型仿生智能变色材料与技术，对生产生活、国防工业等领域具有重大意义。同时，很多高分子材料如橡胶、塑料、涂料、纤维等，都是重要的工业材料，每年磨损消耗量巨大，提高先进高分子材料的使用寿命能产生巨大的经济和社会效益。

该研究提供了一种简单、通用的方法，为智能仿生变色伪装材料、自适应光学系统和软体机器人等技术的发展开辟了道路，在服装、包装材料等方面有巨大应用潜力。

(选自《中国科学报》2022年2月18日，有删改)

【提示】没有做不到的，只有想不到的。科技的发展使我们的生活更便捷。这不，能自动愈合的变色材料都问世了。播报时，要积极主动地把“科技改变生活”的理念传达出去，促使更多的人关注科技，关注创新。

三是，新闻并非事实本身，而是对事实的报道，是新闻工作者对客观事实的一种反映。播新闻是有情感的，只不过播音员的情感是以态度、倾向性表现出来的。播音界的老前辈、中央人民广播电台播音员夏青同志说过："播音员是党的宣传员，必须无条件地宣传党的主张，在政治上与党中央保持一致。"播报新闻时，播音员不只是传达事实，还要表达出对事实的倾向性。

东方快评：惩戒"劣迹艺人"还需堵住漏洞

早在 2014 年，广电总局就下发了"封杀劣迹艺人"的相关通知。近年来，"清朗""净网"等专项整治行动也将违法失德艺人作为整治对象，相关部门更是多次强调禁止"劣迹艺人"转移阵地复出。然而，随着自媒体、网络平台的快速发展，"劣迹艺人"出镜发声的试探行为仍时有发生。

虽然现今没有明确的条例规定，但社会道德良俗自有标准，那些道德败坏、违法乱纪的演艺人员当被称为"劣迹艺人"。演艺明星在收获巨大的名利之外，也承担着公众的目光监督。作为拥有众多粉丝拥趸的公众人物，应严格自律，以良好的德行和优秀作品向粉丝传递正能量，如此方符合民众期待。个别艺人违法失德，被民众唾弃，被"封杀"，也正是民众"期待"下的反噬，所谓德不配位，必有灾殃。

演艺明星们应认识到自身职责，影响力有多大，责任就有多大。身为明星，应强化责任意识，真正做粉丝的"启明星"，给粉丝传递正能量，对自己负责，对粉丝负责，对社会负责。

（选自《光明网》2022 年 5 月 27 日）

【提示】播报时，播音员的态度是严肃的，是坚决抵制"劣迹艺人"复出的。对于这条新闻，我们必须了解相关背景：何为"劣迹艺人"，法律的规定，社会的公序良俗，以及作为公众人物产生"劣迹"后将会带来的恶劣影响等。这些内容都会加深我们对稿件的理解，帮助我们在播报时予以恰当的语气和态度。

四是，新闻必须是公开传播的事实。播音员播报的新闻是通过媒体向社会大众传播的事实，而非小范围或内部传播，播报时应语言朴实、落落大方。

未来几天气温偏低 居民供暖延长一周

本报讯　《北京青年报》记者从市城市管理委获悉，2021—2022 年采暖季居民集中供暖结束时间从 3 月 15 日 24 时延长至 3 月 22 日 24 时，共延长 7 天。延长供暖期间，各供热单位要确保居民室内温度达标（18℃以上），城市管理部门也将督促供热企业加大巡查检查力度。

近期，北京多次进行供暖结束日气象会商，根据气象部门预报，3 月 16 日—20 日平均气温为 2—3℃左右，较常年同期（7.4℃）明显偏低。在此期间，有较强冷空气和雨雪大风天气，气温下降明显。

为应对此次降温，提升人民群众福祉，市城市管理委会同市发改委、市财政局、市气象局等部门研究，认为目前已达到延长供热规定条件。经报请市委、市政府批准，2021—2022 年采暖季居民集中供暖结束时间从 3 月 15 日 24 时延长至 3 月 22 日 24 时，共延长 7 天。本采暖季天然气分户自采暖居民(含农村地区煤改气)用户用气量补贴上限相应调整至 894 立方米。非居民用户停暖时间按供用热双方合同或协商确定。

延长供暖期间，各供热单位要确保居民室内温度达标(18℃以上)，不得以任何原因提前停暖，确保供热生产安全。城市管理部门也将督促供热企业加大巡查检查力度，加强供热保障，同时严格落实节能降耗措施，合理调节供热系统，既要确保夜间室温达标，又要做好白天节能工作。继续做好接诉即办，及时回应市民关切，解决供暖诉求。

(选自《北京青年报》2022 年 3 月 16 日)

【提示】在播报这条新闻时，播报者要联想到话筒外、镜头前有千千万万关注此消息的人，气温的急剧变化和采暖情况都可能影响到他们的生活和工作，甚至是行业生产。这条新闻能够让大家提前做好各项防范准备工作，以应对各种状况。因此播报时，用气要沉，用声要实，音量适中，自信自然，落落大方。

五是，新闻报道要及时，否则就成了旧闻。播音员要用简洁明快、平稳顺畅的语言播报。

百年戏楼正乙祠将重张

位于西城区前门西河沿街 220 号的正乙祠戏楼，是中国保存基本完好的最古老纯木结构戏楼，更有着“中国戏楼活化石”的美誉，悠久的历史与近百年来无数名家在此粉墨登场，印证了戏曲曾经的辉煌。

三年前，经北京市文化和旅游局深入调研，正乙祠戏楼正式交由北方昆曲剧院修缮、运营及使用。经过细致入微的修缮，在保留建筑特色和历史质感的同时，风采重焕的正乙祠戏楼即将于 3 月 26 日重张开业，再现余音绕梁。届时，婉转的昆曲唱腔将萦绕于古朴的雕梁之间，“百戏之祖”将与凝固三百年历史烟云的正乙祠会馆交相辉映。

据悉，此次开幕季选取了四幕颇有历史渊源的大戏连台上演，分别是驻场戏《天官赐福》、戏楼版《牡丹亭》、观其复版《墙头马上》和《怜香伴》。其中，由北方昆曲剧院出品的驻场戏《天官赐福》将作为开幕庆典戏首次亮相。

未来，北方昆曲剧院将以“会馆有戏”的全新方式发挥中轴线文化功能，创建“小而精”“小而雅”“小而美”的演艺新空间，形成“大戏看北京、好戏在会馆”的生动局面。

(选自《北京青年报》2022 年 3 月 17 日)

【提示】新闻第一时间向受众提供“新鲜出炉”的内容，播音员播报新闻节奏明快，音色响亮，不拖腔，不甩调，不大起大落，少停多连。

(二)抓住新闻价值,调动播讲愿望(音频 14-2)

新闻价值是新近发生的事实或相应作品所含新闻构成要素的总和。新闻价值五要素是时新性、接近性、显著性、重要性和趣味性。时新性是指新闻是新近发生并及时传播的;接近性是指新闻与受众的接近程度;显著性是指新闻事件参与者及其业绩的知名程度;重要性是指新闻内容的分量及其重要程度;趣味性是指受众对新闻感兴趣的程度。我们可以以一条新闻中体现新闻价值的要素为线索,来调动自己的播讲愿望。

一是,时新性,指新闻事实的新近程度和新闻报道的及时程度。发生时间与报道时间越接近,新闻价值越大。

李娜失冠　虽败犹荣

两度摔倒,两度坚持。中国金花李娜输掉了决赛,却没有输掉掌声和信心。

第二次闯入澳网女单决赛的李娜 2013 年 1 月 26 日在首盘获胜的情况下最终以 6∶4、4∶6 和 3∶6 不敌上届冠军阿扎伦卡,无缘个人第二个大满贯冠军。

在第二盘第五局以 30∶15 领先时,李娜在移动过程中,扭伤了自己的左脚踝,一屁股坐在了地上。李娜不得不叫了一个医疗暂停,训练师进场为李娜疗伤,并用绷带固定脚踝。在经过 6 分钟的治疗之后,顽强的李娜选择回到场上,并保住了自己的发球局。

祸不单行。在第三盘第四局,李娜在救球时再次扭到左脚踝,并重重地摔在了地上,发出了一声让人心碎的尖叫。顽强的李娜在三分钟之后再次选择回到场上,但还是在第三盘比赛中 3∶6 不敌阿扎伦卡,最终输掉了这场耗时两小时 40 分钟的苦战。

(选自《中国青年报》2013 年 01 月 27 日)

【提示】李娜失冠,虽败犹荣。这是李娜第三次闯入大满贯赛事决赛。在 2011 年的澳网中,李娜首次闯入大满贯决赛,但输给了比利时名将克里斯特尔斯。但在当年的法网决赛中,李娜再次闯进决赛,并为亚洲选手拿下了史上首个大满贯。李娜,不仅是一个网球运动员,更是一种不屈不挠、勇攀高峰精神的象征。她的每场比赛都牵动着无数观众或听众的心。因此,在播报时,状态要积极,语言要明快,言语中应充满钦佩之情。

二是,接近性,指新闻事实及新闻报道与受众的接近程度,包括地理、利益和心理等方面。距离越近,新闻价值越大。

回家过年,巧用食物防晕车

春节回家过年是一件让人高兴的事,但如果乘车时发生晕车,就会让人非常难受。其实,只要注意饮食调节,很多晕车就可以减轻或避免。

晕车、晕船、晕机和由于摇摆、颠簸、旋转、加速等不规则运动所引起的不适反应统称为晕动病。由于人体内耳平衡器官"前庭"受到过度运动的刺激,影响神经中枢而导致出现眩晕、出冷汗、恶心、呕吐等一系列症状。容易晕车的人,前庭器官对旋转等不规则运动的适应能力比较差。同时,晕动病还存在其他诱发因素,如高温、高湿、通风不良、噪声、不良气味、情绪紧张、睡眠不足、过度疲劳、饥饿或饱餐、身体虚弱等。晕动症其实是一种非常普遍的症状。有些人是天生就晕车,有些人则是后天在偶尔的某次晕车经历后就一发不可收拾。所以晕车既有功能上的原因,也存在心理上的因素。

要想避免晕车,保持精神放松,拥有一份愉悦的好心情很关键。另外,旅行前不要饿肚子,也不要吃得太饱,以七分饱最适宜。进食应在乘车前 1 小时完成,尽量吃些开胃的食物,而高脂肪以及油炸食品最好不要吃,避免引起恶心。

吃点榨菜。榨菜色香味俱全,许多人都喜欢用榨菜佐餐,也有人喜欢在旅途中带上一两包榨菜。一来榨菜爽口开胃,能够解除旅途劳乏;二来榨菜能够缓解乘车时头晕气闷等晕车症状,有人甚至将榨菜称为“天然晕车宁”。《本草纲目》中记载:“榨菜性温,有宣肺化痰之功效,可以利膈顺气。”这也是榨菜能够开胃并缓解晕车症状的原因。晕车主要是人耳朵前庭功能障碍所致,而榨菜能够通利九窍,和谐内耳不平衡的状态,从源头上防止晕车。此外,榨菜含有丰富的维生素 B_1,具有安抚神经的作用。

巧用橘皮。乘车前的一个小时,将新鲜橘皮表面朝外,向内对折,然后对准两鼻孔,用两手指挤压,便会喷射出带有芳香的油雾,这种油雾能够抑制晕车恶心的症状。可吸入 10 余次,乘车途中也照此法随时吸闻。

妙用鲜姜。将鲜姜片装在小塑料袋内,乘车的时候随时放在鼻孔下面闻,使其辛辣味吸入鼻中。姜味能够预防晕车,因为它能够吸收胃酸,阻止恶心,也可将姜片贴在肚脐上,用伤湿止痛膏固定好。

饮点食醋。在乘车前的 5—10 分钟,饮一杯加了几滴食醋的温开水,这样也能预防晕车。

【提示】接近性调动了播音员的对象感,新闻事实与受众在地理上、思想上或利益上的接近很容易使受众产生兴趣,这样易于播音员设想他们的心理、感受等,确定目标受众,使声音显得具体生动,不空泛。

三是,显著性,指新闻事件参与者及其业绩的知名程度。新闻中涉及的人物、地位和事件越显要、越突出,新闻价值就越大。

习近平同吉尔吉斯斯坦总统扎帕罗夫就中吉建交 30 周年互致贺电

新华社北京1月5日电　2022 年 1 月 5 日,国家主席习近平同吉尔吉斯斯坦总统扎帕罗夫互致贺电,庆祝两国建交 30 周年。

习近平指出,建交 30 年来,中吉两国始终秉持相互尊重、平等互利、合作共赢原则,推动两国关系取得跨越式发展,达到全面战略伙伴关系新高度,为国际社会构建新型国际关系树立典范。中吉关系发展不仅惠及两国和两国人民,也为促进中亚地区和平稳定做出贡献。

习近平强调，我高度重视中吉关系发展，愿同扎帕罗夫总统保持密切联系，以两国建交 30 周年为新起点，提升两国战略互信，深化共建“一带一路”合作，推动中吉全面战略伙伴关系再上新台阶。

扎帕罗夫表示，建交 30 年来，吉中成功建立全面战略伙伴关系，两国各领域合作取得举世瞩目的成就。中国政府为吉方有效应对新冠肺炎疫情及其影响提供重要支持。扎帕罗夫感谢习近平主席亲自关心吉中全面战略伙伴关系发展，表示愿同中方一道，进一步深化两国关系，全力巩固和扩大双边合作。

（选自《人民日报》2022 年 1 月 6 日）

【提示】新闻的显著性有利于播音员调动播报的积极性和主动性，尤其在备稿时，显著性对明确播出目的有重要作用。本条新闻主要人物皆为国家领导人，就“两国间友好建交 30 周年”的重大事件互致贺电，因而这条新闻的显著性不言而喻。关于显著性有几个基本公式：

平常人＋平常事＝0

不平常人＋平常事＝新闻

平常人＋不平常事＝新闻

不平常人＋不平常事＝重磅新闻

四是，重要性，指新闻事实和新闻报道的分量及重要程度。内容越重要，新闻价值越大。

网络泄密事件持续发酵　上亿用户忙改密码

从上周开始，由国内最大的程序员社区 CSDN 上 600 万用户资料被公开拉开序幕，中国互联网史上最大的泄密事件不断发酵。网络安全厂商的监测数据显示，有上亿账户密码已被公开暴露。一时间，网民人人自危，修改网名和密码就成了当务之急。

网络安全专家指出，明文密码是这次规模巨大的泄密事件的“罪魁祸首”，除了互联网企业需要重视对用户数据进行加密存储之外，广大网民也应该增强安全意识，及时修改自己的密码，避免受到侵害。

【提示】新闻中“最大的泄密事件”“密码被暴露”“及时修改密码”等字眼显示出内容的重要性。新闻内容涉及的范围之广、紧急程度之高，让播音员对稿件的重视程度随之升高，播讲愿望更加强烈。

五是，趣味性，指新闻事实和新闻报道使受众感兴趣的程度。其实质是新闻事实和新闻报道对受众精神与情感的善意满足。

俄罗斯科学家复活 3 万年前种子

新华社电　俄罗斯科研人员公布一项最新成果，他们复活了 3 万年前的植物种子，种出整株草本植物,还开出白色花朵。

俄罗斯科学院研究小组说,经放射性同位素测定,这些种子的历史可追溯到3.18万年前,表明这是迄今种活的最古老的植物。

这项研究结果刊登于21日出版的美国《国家科学院学报》月刊上。研究人员介绍,他们在西伯利亚东北部下科雷马河沿岸发现70多个古松鼠洞,这些洞位于距地表下方20米到40米处,与猛犸、毛犀牛等古哺乳动物骨骸处于相同年代的永冻层。研究人员在松鼠洞内找到多种古植物的种子和果实样本。他们培育出的植物名为Silene Stenophylla,与兰花相似,属于草本植物,叶子为绿色细长条状,一棵植株上开着几朵白色花。

研究人员说,他们原打算直接用找到的种子种植,但遭遇失败,后来使用这种植物果实中被称为"胎盘组织"的物质成功种出植株,而且具有繁殖能力,可以产生种子。

(选自北青网2012年2月22日)

【提示】通俗地说,趣味性就是"好玩儿""有意思",能引起人们的兴趣。抓住这一特征,播音员播报的状态就有精气神儿了,趣味盎然,生动而有兴致。

(三)掌握新鲜感的语言特征(音频14-3)

新闻最为主要的特征是"新",包括时间新、内容新、角度新、主题新、形式新等"新意",有声语言的表达也围绕着"新",调动情、声、气的结合。

一是,情。态度鲜明,有倾向性,而且是不露痕迹地通过对新闻事实播报表明态度。

7部门联合印发行动方案
三大重点海域综合治理攻坚战将展开

本报北京2月23日电 近日,生态环境部、国家发展改革委等7部门联合印发《重点海域综合治理攻坚战行动方案》,对"十四五"时期渤海、长江口—杭州湾和珠江口邻近海域等三大重点海域综合治理做出部署安排。方案提出,到2025年,三大重点海域水质优良(一、二类)比例较2020年提升2个百分点左右,入海排污口排查整治稳步推进,主要河流入海断面水质基本消除劣Ⅴ类,滨海湿地和岸线得到有效保护,海洋环境风险防范和应急响应能力明显提升,形成一批具有全国示范价值的美丽海湾。

方案部署了4方面的主要攻坚任务:一是在陆海污染防治方面,开展入海排污口排查整治、入海河流水质改善、沿海城市污染治理、沿海农业农村污染治理、海水养殖环境整治、船舶港口污染防治、岸滩环境整治等7个专项行动。二是在生态保护修复方面,开展海洋生态保护修复专项行动,巩固深化渤海生态保护修复成效,推进长江口—杭州湾、珠江口邻近海域滨海湿地和岸线保护修复;加强区域珍贵濒危物种及其栖息地保护;加强渔业资源养护。三是在环境风险防范方面,实施涉海风险源排查检查、环境风险隐患整治、海洋突发环境事件应急监管能力建设等重要措施。四是在美丽海湾建设方面,实施“一湾一策”海湾综合治理，推进美丽海湾建设、海湾生态环境常态化监测监管等重要措施。

（选自《人民日报》2022 年 2 月 24 日）

【提示】播音员要做到对内容的客观表达，态度上不能过于“平”，也不能过于“热”，感而不入，将客观作为一种技巧。播音员的语气表面上尽量含而不露，在事实表述中去表明我们的倾向和态度，实现宣传目的。

二是，声。声音明亮，字音饱满有力度；语势长扬，语气明朗有兴致；节奏简捷，明快顺畅。

甘肃推进长城国家文化公园建设

本报兰州 2 月 23 日电 记者从甘肃省政府新闻办召开的新闻发布会上了解到：《长城国家文化公园（甘肃段）建设保护规划》（以下简称《规划》）已被相关部门批准并正式印发实施，明确到 2025 年全面建成长城国家文化公园甘肃段。

据介绍，长城国家文化公园甘肃段将建设“河西汉塞”等 3 处核心展示园、“居延古道”等 3 处风景道示范段，以及 8 处特色展示点。《规划》指出，到 2023 年底，全省长城资源保存状况和环境风貌显著改善，科学保护、合理利用局面初步形成，长城国家文化公园甘肃段初具雏形。到 2025 年，长城国家文化公园甘肃段全面建成，成为坚定文化自信、建设文化强省的重要载体。

（选自《人民日报》2022 年 2 月 24 日）

三是，气。膈肌活跃，气息带有明显的弹发跳跃感；勤补气，换气无声。

据欧洲统计局最新数据显示，比利时全国的金融资产为 7702 亿欧元，人均 67158 欧元（不动产不计），在欧洲排名第一。排名第二的是荷兰，人均 61219 欧元，卢森堡以人均 60366 欧元位居第三，之后是英国与丹麦。法国和德国则位列第七和第九。

哈萨克斯坦一架小型客机 29 日在准备降落在第一大城市阿拉木图机场时在大雾中坠毁，造成机上 20 人丧生。航空公司提供的消息称，飞机上无人生还。

【提示】播音员播报时气息要畅通、灵活，不要为了追求速度憋着一口气说出很多内容，这样反而会使气息僵住。气息弹发有力度，用上膈肌的力量。不要等到气息不够用时再进气，而是随时补气，口鼻同时进气，换气无声。

（四）把握新闻文体，重点处理导语（音频 14-4）

新闻消息的结构被称为倒金字塔式，依次可分为五个部分：标题、导语、主体、背景、结尾。除了“背景”的位置不很固定外，其余四个部分依次而下。因为倒金字塔式消息每一部分都承接着上一部分发展，能够相对独立，所以从下往上截去任何部分，剩下的部分仍然能够独立完整。示例如下：

新闻结构	示　例
新闻标题	李谷一50年演艺生涯唱遍酸甜苦辣
消 息 头	北青报讯(记者 王晓溪)
导语(消息开头的部分)	2012年3月11日，著名歌唱家李谷一将在国家会议中心举办从艺50年演唱会，演唱她从艺50年来，特别是改革开放以来演唱的经典歌曲。
新闻主体	著名歌唱家李谷一是近30年我国歌坛的一面旗帜，从20世纪60年代的戏曲电影《补锅》中的花鼓戏表演，到后来流传大江南北的歌曲《洁白的羽毛寄深情》《边疆的泉水清又纯》《乡恋》《妹妹找哥泪花流》《绒花》《知音》《难忘今宵》等，李谷一的歌声至今仍然让许多观众难以忘怀。李谷一昨天在接受记者采访时总结了自己演艺生涯的50年，她说："我们歌唱家的成长离不开祖国的命运，我在歌唱事业上的发展是与祖国的发展同步的。在从艺50年的时候，我希望用音乐会的形式与我的朋友和歌迷一同庆祝，也是我对自己歌唱事业的一个总结。"
新闻背景	1979年正当我国改革开放前夕，李谷一以民族唱法结合时尚演唱的元素演唱了电视片《三峡的传说》中的歌曲《乡恋》，引起了很大的反响和争议。而李谷一顶着巨大的压力，通过坚持不懈的探索和实践，形成了自己独特的演唱风格，也成为我国流行歌曲演唱的开拓者，成为一个时代歌坛的一面旗帜。歌曲《乡恋》也成为我国"第一首流行歌曲"。中国音乐家协会常务副主席徐沛东对记者说："民族声乐发展到今天，李谷一是一个时代的代表性人物。"
新闻结尾	有记者问李谷一怎样看待当前民族声乐演唱同一化的问题，她直率地说："由于环境的发展，过去的纯民歌演唱发展到现在吸收西洋科学方法，歌坛的人才培养已经形成了批量生产状态。老师领进门，修行在个人。要想自己艺术上有成就，除了学习老师教授的东西外，还要从民歌、戏曲中吸收对自己有用的东西。现在很少有学生潜下心来挖掘自己声乐艺术中有特色的地方。这个问题也是当今我们做教师的正在研究和探索的问题。总之，演唱歌曲一定要有真情实感，这是最重要的。"

在这几部分中，导语是整个新闻的核心环节，一般以简要文字突出最重要、最新鲜或最具吸引力的事实，是把握和掌握新闻全篇的关键环节和第一步，导语引导新闻事实的全面展开，一般包含了"新闻六要素"，即："5个W"——Who(谁)、What(事件)、Where(地点)、When(时间)、Why(原因)，"1个H"——How(结果)。

导语就像商店的橱窗展柜，把最漂亮、最显眼的物品展示在人们眼前，吸引受众的眼球，它是新闻的生命所在。所以，播好导语至关重要，关键是播得清楚明白，重音突出，停连得当。

二、实践练习

市郊铁路怀密线怀柔北站开通　四景区接驳公交专线

记者从北京市交通委获悉，为满足游客需求，日前，北京市郊铁路怀密线怀柔北站正式开通至青龙峡、雁栖湖、红螺寺、慕田峪长城景区接驳公交专线。

此外，为倡导绿色出行，怀柔区推出暑期档“乘怀密线游景区门票8折”优惠活动，即2019年7月1日至10月31日期间，每周一至周五（不含节假日），凡是乘坐怀密线在怀柔北站下车的乘客，均可在当日享受景区门票优惠。

北京市郊铁路怀密线是连接中心城区与昌平、怀柔、密云的市郊铁路，始发站为黄土店站，紧邻地铁霍营站。目前设黄土店、昌平北、范各庄、怀柔北、黑山寺和古北口6站，全长135.6公里，全程运行时间最短135分钟。

怀密线沿途分布着雁栖湖、红螺寺、青龙峡、慕田峪长城、蟒山国家森林公园、云蒙山、黑龙潭、桃园仙谷、古北水镇、金山岭长城等十余个重点旅游景区。

（选自《新京报》2019年7月1日）

北京校园无线网络覆盖率将达100%

本报讯　近日，市教委印发《北京教育信息化“十四五”规划》，提出到2025年北京教育信息化将实现“七个全面”的发展目标，即教育新型基础设施全面建成、教育大数据应用全面深化、智能化教育管理服务全面普及、师生信息素养和能力全面提升、信息技术与教育教学全面融合、信息化育人环境全面升级、网络安全保障能力全面增强。

根据《规划》，本市将加快新型基础设施建设，提升云网承载能力，优化市、区、校各级网络，完善北京教育专网，接入国家教育专网，实现网络提质增速，学校千兆接入率、班级百兆接入率、校园无线网络覆盖率达到100%。同时，制定北京市智慧校园建设评估标准，开展智慧校园达标评定，实现全市中小学智慧校园达标率85%，遴选100所新型智慧校园示范校。

（《北京青年报》2022年3月17日）

新年京剧晚会在京举行

2020年新年戏曲晚会31日晚在国家大剧院举行。党和国家领导人习近平、李克强、栗战书、汪洋、王沪宁、赵乐际、韩正、王岐山等，同首都近千名群众欢聚一堂，一起观看演出，迎接新年的到来。

夜幕降临，华灯璀璨。国家大剧院戏剧场内笑语盈盈、欢声阵阵，洋溢着如春的暖意和喜庆的节日气氛。19 时 45 分,习近平等党和国家领导人来到晚会现场,同前来观看演出的老艺术家们亲切握手、互致问候,全场响起热烈掌声。

高歌奋进新时代,梨园绽放盛世花。激越雄壮的《响鼓 2020》拉开了晚会序幕。婺剧《信仰的味道》、壮剧《黄文秀》、京剧《智取威虎山》等剧目片段展现中国共产党人"不忘初心、牢记使命"的崇高信仰和对祖国母亲的赤子之心;贵州花灯戏《夫妻观灯》、丹剧《槐荫记》、闽剧《双蝶扇》、川剧《别洞观景》等经典名段创新呈现,绽放历久弥新的艺术魅力;豫剧《苏武》、绍剧《佘太君》、晋剧《于成龙》等精彩唱段致敬古代先贤,弘扬爱国精神,伸张民族大义,熔铸传统美德,浸润浓浓的家国情怀;吉剧《时迁取帖》、少儿戏曲《八大锤》等节目,以民族传统艺术样式营造其乐融融的轻松气息;昆曲《夜奔》、徽剧《关羽观阵》等选段和武戏集萃等节目彰显了中国戏曲艺术的底蕴和风采。新编戏曲歌舞《中国,一定行!》将晚会气氛推向最高潮,"中国人民一定能!""中国一定行!"唱出时代强音。艺术家们的精湛技艺赢得全场阵阵喝彩和热烈掌声。

今年的新年戏曲晚会 13 个剧种同台献艺,绍剧、贵州花灯戏、丹剧 3 个剧种首次亮相这一舞台,通过原创佳作和老、中、青、少四代演员的精彩表演,展现新时代戏曲艺术百花齐放的繁荣景象,唱响新时代爱国奋斗之歌。

在京中共中央政治局委员、中央书记处书记,全国人大常委会部分领导同志、国务委员、全国政协部分领导同志,有关部门负责同志观看演出。

(选自《人民日报》2020 年 1 月 1 日)

习近平春节前夕视察看望驻云南部队
向全体人民解放军指战员、武警部队官兵、民兵预备役人员致以新春祝福

今年是我国决胜全面建成小康社会、决战脱贫攻坚之年,也是我军实现国防和军队建设 2020 年目标任务之年,各方面任务艰巨繁重。要坚持以新时代中国特色社会主义思想为指导,贯彻新时代党的强军思想,贯彻新时代军事战略方针,坚持政治建军、改革强军、科技强军、人才强军、依法治军,强化使命担当,聚力攻坚克难,狠抓工作落实,坚决完成党和人民赋予的各项任务。

中华民族传统节日春节来临之际,中共中央总书记、国家主席、中央军委主席习近平 19 日、20 日视察驻云南部队,深入边防一线,看望慰问官兵,代表党中央和中央军委,向全体人民解放军指战员、武警部队官兵、民兵预备役人员致以诚挚问候和新春祝福。

新年伊始,万象更新。云南大地山青水碧,处处生机盎然。19 日下午 6 时许,习近平主席来到驻守在我国西南边陲的某边防营,走进战士宿舍,同大家亲切交流,详细询问他们的工作和生活情况。在营卫生所,习近平听取有关情况介绍,得知边防部队医疗条件不断改善,能够有效保障官兵日常需求,习近平很欣慰。

晚饭时间快到了,炊事班的战士正在食堂忙碌着。习近平来到这里察看部队伙食情

况，看到饭菜种类多样，习近平露出欣慰的目光。他叮嘱部队安排好节日期间生活，让战士们过一个欢乐、祥和、安全的春节。

习近平对正在边防一线执行任务的官兵十分牵挂，专门通过视频慰问了有关部队。某扫雷排爆大队任务分队是“排雷英雄战士”杜富国所在部队，多次出色完成边境扫雷任务。习近平充分肯定他们为扫除雷患、确保边疆人民幸福安宁作出的重要贡献，勉励他们做好安全防护，精心组织扫雷排爆，为党和人民再立新功。某边防分队在界桩执勤点前整齐列队，向习近平主席报告执勤情况。看到边防官兵精神饱满、士气高昂，习近平主席很高兴。他表示，大家辛苦了，你们战斗在管边控边第一线，使命光荣、责任重大，要保持高度戒备状态，严密组织边防执勤，守护好边境地区安全稳定和人民群众生命财产安全。

在热烈的掌声中，习近平主席同边防营和扫雷排爆大队任务分队部分官兵合影留念。官兵们簇拥在习近平主席身旁，充满了幸福和喜悦。

20 日上午，习近平主席在昆明亲切接见了驻云南部队副师职以上领导干部和团级单位主官。习近平主席在讲话中指出，过去的一年，驻云南部队坚决贯彻党中央和中央军委决策指示，各项工作扎实推进，重大任务完成出色，为维护国家主权、安全、发展利益，为支援地方经济社会发展作出了重要贡献。

习近平主席强调，今年是我国决胜全面建成小康社会、决战脱贫攻坚之年，也是我军实现国防和军队建设 2020 年目标任务之年，各方面任务艰巨繁重。要坚持以新时代中国特色社会主义思想为指导，贯彻新时代党的强军思想，贯彻新时代军事战略方针，坚持政治建军、改革强军、科技强军、人才强军、依法治军，强化使命担当，聚力攻坚克难，狠抓工作落实，坚决完成党和人民赋予的各项任务。

许其亮等参加活动。

（选自《人民日报》2020 年 1 月 21 日）

四川珙县 5.6 级地震已致 13 人受伤

7 月 4 日上午 10 时 17 分，四川宜宾市珙县发生 5.6 级地震，这是四川长宁 6.0 级地震目前最大余震。

据央视新闻，截至 7 月 4 日 14 时 30 分，地震造成 13 人受伤，均已送医院救治。房屋受损情况正在进一步排查中，道路珙双路部分中断；8 座水库已排查完毕，暂未排查出安全隐患；部分电力线路受损，正在组织抢修。

据“珙县发布”消息，地震发生后，珙泉镇鱼池村 11 社、杨柳村 2 社村道旁山体发生垮塌，道路阻断。宜威路月亮湾路段发生垮塌。珙县人民医院国医馆房屋受损严重。

地震发生后，四川省消防救援总队立即启动跨区域地震救援预案，命令自贡、泸州、内江支队地震救援力量集结待命。

据应急管理部消息，正在震区调研的应急管理部救灾和物资保障司负责人已赶往震中查看灾情，指导应急工作。

宜宾消防救援支队 15 辆消防车、91 名消防指战员赶赴灾区逐村逐户开展排查和搜救。珙县消防救援大队 16 名消防指战员第一时间在震中开展排查、核查灾情。同时，国家矿山救援芙蓉队、珙县安顺矿山救护队队员也在震中排查房屋开裂、倒塌情况。

此外，记者从中国地震局获悉，中国地震局物探中心 16 人正在震区布设密集观测台阵，进行加密监测。

（节选自新华网 2019 年 7 月 5 日）

第十五讲　节目主持训练

一、理论基础

(一)节目主持艺术概说

在我国,20 世纪 80 年代初期出现节目主持人。有人说,主持人相当于一个长跑接力赛队伍中跑在最后的那个人,跑最后一棒的总是能力最强的人,这就意味着当主持人并不是一件容易的事情。不是外形靓丽、口齿清楚就能胜任主持人。主持人需要多方面的能力与素质。主持人只有掌握了广博的知识,才具有驾驭节目的信心和能力,才能在遇到各种情况时应付自如。主持人应该是“杂家”,同时又要对自己所主持栏目的专业知识有一定的研究,并不断学习新知识。主持人还要有丰富的阅历,并精于洞察,善于思辨,才能使自己的职业生涯更长久。目前,青少年朋友面临的问题集中在人生阅历不够丰富、文化底蕴不够深厚、历练少等方面。别着急,当我们清楚做一名合格主持人应具备的素质之后,我们就会在日常的学习和生活中做个有心人,充实自己、塑造自己、完善自己。朋友们,一起加油啊!

1. 节目主持艺术内涵

节目主持人作为节目与观众的中介,以自身的学识及智慧为根基,通过语言(含体态语)驾驭节目进程,有效地实现传播目的的活动和创造性的方式方法,即节目主持艺术内涵所指。

“驾驭”是指主持人不仅与观众“面对面”交流,还是组织者。在主持人节目中,主持人就像是招待宾客的主人。

2. 主持人的素质要求

主持人应该具备什么素质呢?中国传媒大学吴郁教授用塔形图说明了这个职业素质要求的构成,如图 15-1 所示:处在最底层、决定主持人能否进入该行业门槛的一般性素质,如身心素质,包括身体素质、心理素质等;处在较高层次、决定主持人优劣的特殊素质和重要素质，如主持人的职业素质、文化素质等；更有统领全局，决定一个主持人最终能走多远、能达到何种高度的核心素质，如思想素质。

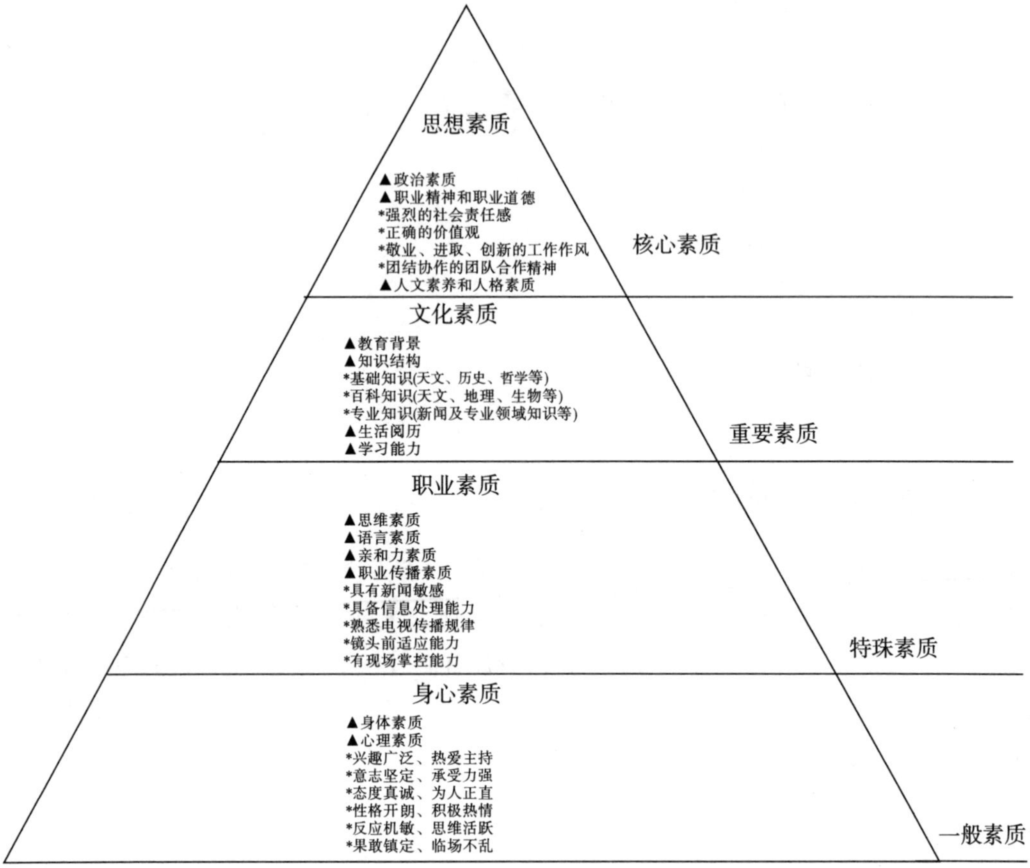

图 15-1　主持人职业素质的构成

3. 主持人在节目中的作用

主持人在节目中的作用是串联节目，招呼观众和听众，掌握节目进程，烘托节目气氛，推动节目节奏。主持人像聚会中的主人、活动的组织者和召集者。

主持人是一个节目的灵魂。提起某个节目，人们往往首先想到它的主持人；看到或者听到某一主持人，就会让人认定这是哪一个节目。

(二)不同节目类型的主持

1. 新闻评论类节目主持

新闻评论节目要求主持人对所评论的新闻有自己的观点和看法，语言层次清晰、逻辑顺畅、平实质朴，在叙事的基础上点评，形成夹叙夹议的特点，大量采用口语，减少书面化语言。例如，下面两个示例。

【示例一】

中央电视台《焦点访谈》之《电视剧告别“夹心”广告》

主持人敬一丹：电视剧很多人都爱看，可是中间插播太多的广告却让人不堪其扰。这个问题，不仅观众有意见，主管部门也注意到了。不久前，广电总局下发《〈广播电视广告播出管理办法〉的补充规定》，决定从2012年1月1日起，全国各电视台播出电视剧时，每集电视剧中间将不得再以任何形式插播广告。

为了监督新政策的执行情况，广电总局将今年1月份定为“电视剧插播广告专项监管月”，对全国各级电视台进行全面监管，并向社会公布了投诉电话。

据介绍，为了配合这次专项行动，广电总局监管中心及其下属的15个直属台，共计200余人负责监看任务。从1月1日到31日，共要监看全国600余个频道。监管机房的工作人员告诉记者，近期，他们接听投诉和咨询的一个热点就是电视剧中插播广告的问题，从监看的结果来看，有90%以上的频道严格自觉遵守这项规定，有大约不到10%的频道还存在着违规问题。针对这些违规问题，广电总局已经向四个频道下发了整改通知单。

【示例二】

户籍制度改革 如何再进一步

观众朋友，晚上好。长久以来，户籍制度的改革是备受关注的，今天一个相关文件的发布一下子就引起了人们的热烈讨论，热度持续攀升，其中最受舆论关注的应该是对户籍制度的深化改革。

在今天的人口流动过程中，一般有两种情况：一种情况是本地的农业人口转向城市，另一种情况是从外地向本地迁移。让常住人口享受所在地区同等的福利待遇和公共服务，这是目前很多人的诉求。

为了实现这样一个目标，首先要在人口流入地加大投入。那么加大投入就涉及两件事，第一是土地，第二是财政资源。从土地上来讲，国家已经明确要在那些人口大量增长的地区，对基本公共服务用地，还有住房用地有所倾斜，其中住房用地里面又特别强调了租赁型住房用地，为这些公共服务和基础设施提供物理空间。

另外，就是钱。钱的投入未来有三个方向：第一是本地政府要转变观念，更加注重对教育医疗等基础设施的投入，满足人口增长所带来的教育和医疗的需求。第二是中央财政的转移支付，通俗来讲，就是钱要随人走，有一些省份比如一些沿海地区提出省内财政转移支付要跟人口一起动起来，那么就要加大对人口流入地的公共服务的财政转移支付。第三是要用社会各界的资金来弥补政府资金有可能存在的不足,那么社会各界共同加强投入,合理配置资金来增加公共服务基础设施各方面的投入,来满足人口增长的需求。

除此之外,就是发挥社会各界的力量。在基础教育的投入方面,学校建起来之后,还有很多其他的事情,包括课余的辅导等,需要市场还有社会组织一起做好流动人口在流入地融入当地社会的一些工作,来加速市民化的进程。

好,感谢您收看今天节目,再见。

(节选自于中央电视台《新闻1+1》2022年7月12日,有删改)

2. 服务类节目主持

服务类节目突出体现在"服务"上,比如满足受众求知欲望、满足受众生活便利的需要等。受众定位明确,主持的内容针对性强。语言上要求简练流畅,用词准确、朴实,重点突出,信息量大,具有吸引力。主持人的形象亲切自然。例如,下面两个示例。

【示例一】

巧晾棉鞋更省心

这晾晒棉鞋啊,怎样才能做到更省心呢?也就是说,既不滴水,又能干得快。我总结了一点,那就是功夫下在晾晒前。什么意思呢?就是说啊,一定要在晾晒之前,把鞋子先处理一下。鞋洗出来了,先不要着急晾晒,稍微拧拧水,然后我把它扔在洗衣机里。可不是直接扔进去就得了,这里是有窍门的。一定要让鞋面紧贴着圆桶壁,这样竖着放置。鞋头朝上朝下都无所谓。另一只鞋呢,同样的方法对称放置。您看,两只鞋啊背对着背,像是小哥俩闹别扭了。扣上洗衣机盖,调至脱水功能,时间是一分钟左右。这下您明白了吗?就是利用洗衣机把这清洗完的鞋子甩干一分钟。这样一来呀,鞋子就不会水淋淋的了,尤其是棉鞋、棉拖鞋,效果是最明显的。

好,(洗衣机)停了,拿出来看看。跟一分钟之前截然不同吧,几乎是半干的状态了。这样的鞋子,无论怎么晾都相当省心。斜搭在墙角上,也不用怕弄湿地面什么的。就算把它放在室外,也不用担心它会冻住了。那要是着急穿呢,还可以搭在暖气上烘一烘,基本上半天不到就干了。怎么样?我这招儿超级简单吧,但是啊不一定每个人都能想到。变换一种思路,您就能发现生活中的许多小窍门呢。

【示例二】

"头痛医头,脚痛医脚"

"头痛医头,脚痛医脚"形容的是只顾局部、不顾整体的意思。这真要是看病,您还真不能"头痛医头，脚痛医脚"。今儿我们要说的这两位观众呢，是一个头疼，一个脚疼。结果最后查出来了，既不是头的毛病，也不是脚的毛病，而是同一种病——脊椎病。这种病啊，咱们大家还都得小心着点。

……

经过反复诊断，医生最后得出结论，高女士近十年的头痛和失眠，竟然是颈椎引起的；而马先生十几年的脚疼病也竟源自腰椎。

其实脊柱疾病重在预防，尤其是久坐的人，或者是从事动作单一工作的人，更是需要加强平常的保健。有专门的脊柱保健操，大家可以参考学习。另外，在日常生活中，我们必须要注意：纠正长时间低头、脊部长时间前趋这样一些不良习惯。再有就是调整好自己的睡眠习惯。仰卧时，枕高是 12 厘米左右，实际上就是这样一个拳头竖起来的高度。当然是您的枕头压下去之后的高度。另外，侧卧的时候，枕高应该是与肩等高，这样可以使脊部比较放松。

现在天气很寒冷，您更要注意脊椎部位的保暖，以防脊部受凉。

二、实践练习

（一）将下列材料改编为新闻评论类节目

别让针孔摄像头成酒店"标配"

保护客人的隐私不被泄露，包括不被不法分子以偷拍的方式泄露，也是酒店必须肩负起来的责任和义务。

据媒体报道，7 月 3 日，来洛阳出差的焦先生入住洛阳市某酒店，无意中发现酒店客房插板内有针孔摄像头。在酒店工作人员的见证下，他拆开插板，发现里边有一张 16G 内存卡。目前，洛阳市公安局古城派出所已介入调查此事。

最近一段时间，国内酒店多次曝出有客人入住后，发现针孔摄像头。这些偷拍摄像头，多数是客人无意中发现的，少数是警惕性比较高的客人在有针对性地检查房间时发现的。而针孔摄像头能够被发现，这些新闻能够引发社会热议，从一个侧面说明现代人隐私保护意识的增强，这无疑是值得肯定的。

然而我们也必须看到，之所以有这么多针孔摄像头在酒店被发现，说明偷拍现象相较于以前，显得更加猖獗。而鉴于现在网络上不时被曝光的一些色情、偷拍网站，这其中是否涉及地下黑色产业链，也需要警方进一步调查。但不管怎么样，酒店针孔摄像头的存在，还是严重威胁到了公众的隐私安全，让很多人在入住酒店的时候顾虑重重。当然，这也损害了酒店方面的利益，比如某个品牌连锁酒店被曝出存在针孔摄像头，这给酒店的形象、信誉都带来损害。

所以说，别让针孔摄像头成为酒店的“标配”，不能仅仅依靠消费者的“自我发现”，而是需要酒店和消费者的共同努力。这其中，酒店的经营管理方显然要承担更大的责任，因为保护客人的隐私不被泄露，包括不被不法分子以偷拍的方式泄露，也是酒店必须肩负起来的责任和义务。然而到了现实中，很多酒店要么在事后表示自己毫不知情，自己也是受害者，要么根本不在乎，没把消费者的隐私当回事。

从酒店的角度来说，预防针孔摄像头确实存在不小的难度。因为不法分子往往都是通过正常入住的方式进入房间进行安装的，然后再找时间以正常入住的方式把摄像头拍摄的内容取走。但越是这样，酒店越要加强安全检查工作，除了留意可疑人员之外，也可以聘请安保领域的专业人士定期上门进行“扫雷”。既然连普通客人都能发现摄像头，那么相信对于专业人士，把隐藏在酒店角落的“偷窥之眼”找出来，应该不算是太难的事情，关键就看酒店愿不愿意去做这项工作，是否真正把客人的隐私和权益放在心上。

（选自《新京报》2019 年 7 月 5 日）

家庭作业不能成“家长作业”

每逢暑假，教育部都会给中小学下发专门的工作通知。在教育部《关于做好 2019 年中小学生暑假有关工作的通知》里，“严禁布置要求家长完成或需要家长代劳的作业”最受关注。这一要求在不少家长中引发共鸣，也引起我们对学校教育和家庭教育之间关系的思考。

近年来，“家庭作业”变成“家长作业”的情况时有发生。相较于平常，暑期则更容易发生“作业需要家长代劳”的情况。因为学校布置的，除了常规的课程作业之外，还有其他名目繁多的作业，没有家长参与，学生难以独立完成。此次教育部的“喊停”通知，有利于给学生减负，给家长松绑，让家庭作业回归本义。

不少家长有如下经历：为了帮孩子用易拉罐做模型，全家上阵喝饮料以收集罐子；为了帮孩子完成过于复杂的研究报告，只好自学之后为孩子“代笔”；为了帮孩子画出能够获评“优秀”的绘画作品，只好亲自上手勾边、涂色……作业评价标准只注重形式和结果，就会忽视孩子的实际能力和参与过程，甚至容易异化成家长之间的竞技和比拼。这不仅容易滋生孩子过度依赖、互相攀比的心理，甚至促使一些家长花钱找更专业的“代写”“代工”。可见，科学设置作业内容、合理设定评价标准，才能真正为家长“减负”，达到家庭作业巩固学习成果、提升综合能力的目的。

对广大家长来说，在面对孩子的家庭作业时，一方面要克服为孩子“包办一切”的思想，督促孩子独立完成作业，养成良好的学习习惯；另一方面，“减负”不意味着“减责”，家长不必为孩子代劳，并不是说对孩子的作业和学习可以不管不问，恰恰相反，只有花足够的时间、精力、心思陪伴并辅导孩子，深度参与孩子的成长过程，才能使家庭教育真正发挥作用。教育部在此次通知中还明确要求，学校要“指导家长针对学生的年龄特点和个性差异安排适量的家务劳动，培养劳动习惯，提高劳动能力”。只有确保家庭教育与学校教育相互配合、相互补充，两者才能相得益彰，为孩子提供健康成长的空间。

教育是培养人和塑造人的活动，切忌走向形式主义。无论是家庭作业，还是课堂教学，抑或是课外实践，都是培养孩子、教育孩子的重要手段，而非最终目的。只有让这些手段充分契合孩子的成长、认知规律，以孩子有没有进步、能不能成长作为衡量标准，才能真正发挥教育的功用，培育出全面发展的人。近年来，加强素质教育已经成为不少中小学校和学生家长的共识，新的教学手段、培养方式层出不穷。在此背景下，我们尤须把握好教育的本质和规律，让一切教育手段和方式都围绕孩子成长这个中心展开。

教育学家陶行知有句名言，“真教育是心心相印的活动。唯独从心里发出来，才能打到心灵的深处”。无论是家长还是老师，只有齐心协力、真心付出，才能感染孩子、教育孩子、带动孩子，为他们营造茁壮成长的良好环境。

（选自《人民日报》2017 年 7 月 12 日）

一个不一样的 19 岁助养姐姐

江苏的常熟到中国(烟台)SOS 儿童村距离是 863.2 公里。可在常熟联合职业技术学院大三学生马晓妍与儿童村 12 号家庭晓宇之间，这段距离却很近很近。

这一天，晓宇又收到了江苏马“阿姨”寄来的一箱子零食和书，都是他喜欢的。听说马“阿姨”还要来村里看他，对于 11 岁的晓宇来说，这样的美好很久都没有过了。

事实上，这个马“阿姨”就是 2000 年出生的马晓妍，她同时也是儿童村 12 号家庭晓宇的助养人。

独生子女马晓妍身上，类似“逆天”“早熟”“网络”“游戏”的 00 后标签似乎与她完全绝缘，她的与众不同被标注在 863.2 公里之外的儿童村。

目前，马晓妍是中国(烟台)SOS 儿童村登记信息完整的年龄最小的助养人。

事实上，这名年轻的助养姐姐接触儿童村仅仅几个月时间。

今年 2 月 5 日，马晓妍通过支付宝公益平台“儿童村一帮一育孤”项目初步了解了中国 SOS 儿童村助养项目，进一步了解具体情况后，她毫不犹豫地捐出 6000 元助养了中国(烟台)SOS 儿童村孩子李晨宇小朋友。

能花 6000 元帮助别人，或许对一般的在校学生而言，是不可想象的。对马晓妍而言，她有这样的底气。尽管 6000 元的大手笔支出在她平日生活里并不常见，但每一分都是自己在课外时间辛苦打工所得。

坦率地讲，马晓妍的家庭环境并不富裕，爸爸是一名家电维修工人，妈妈是体育馆里的保安。为了减轻家里负担，从 2017 年起，马晓妍开始断断续续在周末和朋友一起去发传单，一天下来能有 100 元的收入，后来又一直在家附近的必胜客餐厅打工，19.3 元 1 小时,平常放学回家、周六周日也会上班,每月能有两三千块钱收入。

靠自己打工已有固定收入的马晓妍对自己却有点抠门。“我平时不怎么化妆,也不怎么买衣服,偶尔妈妈会在她老同学那儿给我买几件新衣服,唯一的花销就是吃零食了,没有大支出,平常出去玩的机会也不是很多,基本一个月的开支在一两百块钱以内”。

“手里的钱一直躺在手机里还不如给需要的小朋友买点东西。”马晓妍轻松地说,“我在公益平台了解到这些失去父母的孤儿需要帮助,内心觉得这件事情我能做,我愿意做,也值得做。”

6月23日是儿童村的开放日,按照原定计划,马晓妍想到儿童村看望晓宇,但因学校期末考试推迟到了周末。6月30日中午,晓宇终于和期盼已久的马“阿姨”见面了。

不论是晓宇还是中国(烟台)SOS儿童村管理部主任王晓玲,都对出现在眼前的年轻女孩大吃一惊。“谁都没有想到她竟然是一名00后在校生,她也是个孩子啊。”王晓玲回忆。

手拎着奶茶等一大包零食,面对扑面而来的谢意和感动,马晓妍轻声告诉王晓玲,“没关系啦,我也还是个孩子,喜欢吃零食,买的时候多买一份给他们就好”。

可对于晓宇来说,这不仅是一份资助,更是一种精神鼓励,实际上,863.2公里的距离,晓宇渴望见到的并不是马“阿姨”的零食,而是远方的关爱,这份距离由远及近,让晓宇拥有了一份莫大的鼓舞,这才是爱的距离。

这一趟烟台之行让马晓妍收获颇丰,她看到了儿童村的妈妈们如何对孩子们呵护备至,如何精心抚养他们。她计划将晓宇的资助一直持续到他成年,希望这份来自远方的陪伴能够让他的童年多一份快乐和温暖。

(选自《中国青年报》2019年7月19日)

红枣连心(节选)

刘文艳

姥姥家的菜园子里有五棵碗口粗的枣树,贴着园子墙里面,整齐地站成一排,枝繁叶茂、潇潇洒洒。我认识枣树和红枣,便是自童年去姥姥家开始的。

春天的时候,我去姥姥家,看着枣树“五姐妹”悄悄地发芽,静静地伸展出绿叶,然后默默地开花。枣树开花与其他果树不同,一点也不张扬。没有梨树开花那么娇美如雪,“忽如一夜春风来,千树万树梨花开”,也不似桃花杏花那么俏丽,妩媚惹眼。

枣花开时不妖不艳,花与叶几乎同色,且花朵很小,不仔细看,甚至不会用花来称呼它。只有再仔细观察,才能发现枣花也开得十分认真,每朵枣花都由五个小花瓣组成,像是一个个五角星。

然而,枣树结果却不因花小香淡而含糊。几天过后,满树的枣花就变成了翠绿的小枣。小枣最初也就米粒大小,再过几天,就渐似绿色的珍珠翡翠,挂满枝头、随风摇曳,很是迷人。

宋初王溥在《咏牡丹》的诗中，曾将枣花与牡丹相对比，“枣花至小能成实，桑叶虽柔解吐丝。堪笑牡丹如斗大，不成一事又空枝”，极言枣树由花至实之可爱。

当然，枣树最迷人还是在秋天。初秋时节，满树的翡翠珍珠渐渐变成了绿色的宝石，沉甸甸地在风中展示着她们的珍贵与美丽。到了深秋时节，这枣树就一天一个风景，绿色的“宝石”慢慢地由青变黄，继而点染上了红韵。古诗曾有“河上秋林八月天，红珠颗颗压枝园”的描写。在秋风的吹奏下，那些红黄相间的“宝石”，魔术般地变成了通红通红的大红枣。最难忘记的还是大红枣的美味。深秋的大红枣爽脆酸甜，吃起来满口清香。大红枣儿是我儿时最鲜美的水果记忆。

(二)将下列材料改编为服务类节目

天气一变就感冒　要从多方面抓体质

孩子健康成长一直是父母的共同目标。尽管父母可能为孩子营造了优良的生活环境，提供了高营养的饮食，但部分孩子的体质依然不尽如人意。有的孩子一遇气候变化，不是感冒发热，就是咳嗽气喘。虽经治疗后有所好转，但停药几天后又复发。如此反复发病，不仅造成孩子体质下降，还让父母非常烦恼。

广州市中医医院副院长、主任中医师徐雯教授介绍，其实造成孩子反复生病的最主要原因是孩子的抵抗力下降，不能抵抗病邪的侵袭，且患病后调理不当，机体抗病能力尚未恢复即复感外邪，如此反复，造成身体素质进一步下降。

那面对反复生病的孩子到底该怎么办呢？

徐雯介绍，中医认为治病必求于本。小儿具有五脏六腑成而未全，全而未壮，且有“脾常不足”“肺脏娇弱”等生理特点。因此，防治小儿反复感冒要从预防着手，增强体质，注重健脾固肺，提高抗病能力，减少发病。

具体调理方法如下：

1. 改善环境

避免孩子被动吸烟，保持室内通风，空气清新。多到户外活动，最好是上午十时前晒晒太阳，持续一小时左右。经常感冒的小儿家中应尽量避免饲养带毛的宠物，尽量不使用羽绒类被服。

2. 适调寒热

根据气候的变化，及时为小儿添减衣服，不要让孩子穿得过多，捂得太严，应适当让孩子经受冷、暖不同气候的刺激，增强其适应气候变化的能力。孩子活动后出汗应及时更换衣服。小儿发热时更应适当减少衣被，尤其是婴儿，因其体温调节中枢发育未完善，过多地包裹衣被可使散热减少，不利于退热。

3. 强其体魄

中医有“正气内存，邪不可干，邪之所凑，其气必虚”的观点，说明了体质因素在发病过程中起主导作用，良好的体质是抵御疾病的重要条件。因此，家长还应注意加强小儿的身体锻炼，通过游戏、跑步、跳绳、踢皮球、游泳、溜冰等活动，增强其体质，降低其感冒的概率。

4. 饮食有节

保持健康的饮食习惯，饮食应均衡。食品不应过于精细，尽量多食粗粮。不可过饥过饱。肥腻、甜品、生冷之品可助湿生痰，不宜多食。建议多吃蔬果、鱼类、牛奶等易消化的食品。另外，中医学强调“上工治未病”，反复感冒的小儿多有面色苍白或萎黄、多汗等表现，平时可多进食健脾补肺之品，如芡实或莲子瘦肉汤、百合瘦肉汤、淮山白鲫鱼汤、太子参猪肉汤等。

5. 起居有时

足够的睡眠可使机体得到充分的休整，且在睡眠状态下体内生长激素释放增加，有利于身体生长。因此家长应保证小儿有足够的睡眠时间，一般主张小儿每日的睡眠时间为 11—12 小时，并尽量做到定时睡觉、定时起床，形成良好的作息习惯。另外，早上起床后可用淡盐水漱口，以减少感染的机会。

6. 配合小儿推拿及按摩

配合中医的小儿推拿和按摩方法可以防治反复感冒，如：在小儿鼻翼旁至两侧嘴角处，以成人指腹来回按摩，每侧按 20～30 次，每天 2～3 次。

7. 避免盲目进补

家长切不可因为小儿体质差而盲目进补，不应让其服用人参、鹿茸、虫草等补品。应通过寻求医生的帮助，采用科学、合理的调理办法以达到增强体质的目的。

(选自《广州日报》2020 年 1 月 3 日)

牙齿矫正的危害和预防

牙齿矫正的危害大吗？

微笑是人际交往的通行证，虽然有不少朋友希望通过牙齿矫正的方式来获得完美微笑，但总会担心牙齿矫正的危害。

牙齿矫正的危害有哪些呢？

重庆维乐口腔正畸医师倪灵：正规的牙齿矫正是没有危害的，但在矫正过程中会出现一些“假性危害”。具体如下：

1. 对牙槽骨高度的影响

做过牙齿矫正治疗的人，牙槽骨高度都会有少量的降低，这是由于戴矫治器使口腔卫生不易保持，增加患牙龈炎的机会，对牙槽骨有一点影响。在治疗完成后，如果口腔卫生保持好，牙槽骨会逐渐恢复正常。

2. 对牙齿的影响

在做矫正治疗时，牙齿松动度增加，这是正常反应，但牙齿矫正到正常位置停止移动后，牙齿能够通过自身的修复能力使牙周膜重新附着而变稳固，不会发生永久性损伤。

3. 对牙龈的影响

在治疗初期，牙龈周围会产生轻度的、暂时性的炎症反应，表现为病人在加力的头几天内有疼痛或不适感，但很快就会消失。

4. 对牙根的影响

牙齿矫正时，牙齿表面发生着吸收、增生这种重建活动。治疗后，牙根凭着自身修复能力而恢复正常。如果不恰当地加力，会增加牙根吸收的危险性，而加力的大小，则与医生的专业有很大关系。

如何预防牙齿矫正的危害

1. 选择专业的口腔机构、正畸医生做矫正

不正规的矫正是"万恶之源"，正规矫正最根本的目的是调整咬合，排齐牙齿，可以让牙齿更健康，而不正规的矫正则会反其道而行之。

不正规的矫正，矫正的方案不科学，矫正过程中牙齿受力过大或者过小，都会影响到牙齿与牙周情况。如若不达标就不利于牙齿健康，甚至还会让牙齿畸形更加严重。

此外，刀用得好不好，主要在于执刀的人。如果说矫正是刀，那么正畸医生就是执刀之人。因此可不能随意选择没有相关资质的医院与医生。

2. 术前术后遵医嘱

在牙齿矫正的过程中求美者要认真按照医师嘱托，做好复诊工作，按照治疗步骤进行，可以有效避免牙齿整形所带来的危害。

3. 选择适合自己的牙齿整形方法

牙齿矫正的过程中，求美者可以选择适合自己的牙齿矫正方法进行矫正，贴合自身情况的牙齿矫正方法才是最佳的牙齿整形方法。

4. 做好口腔清洁

口腔保持卫生是牙齿矫正过程中很重要的一点，这样才能避免牙龈发炎，获得一个相对比较好的牙齿矫正效果。

温馨提示：

牙齿矫正的危害多因不正规的矫正所致，建议选择专业正规的口腔医院与医生，遵医嘱按时复诊与清洁口腔，这样才能避免牙齿矫正的危害。

（选自新华网-重庆频道 2019 年 9 月 29 日）

常跷二郎腿危害多 如何改掉坏习惯

跷二郎腿是很多人都有的习惯，有的跷得洒脱不羁，有的跷得优雅万分，但无论哪种

跷二郎腿的方式,都可能影响身体健康。

坐下就不由自主地跷二郎腿,左右鞋子磨损程度不一样,即使没吃饭下腹部也胀得厉害,保持站立姿势时会觉得累,运动之后左右腿酸痛程度不一样,双腿有O型腿倾向,腰酸背痛,有静脉曲张以及妇科炎症等,以上情况都可能说明你跷二郎腿已成习惯,并且对身体造成了损害。为了纠正跷二郎腿的习惯,除了在心理上控制住自己之外,还可以通过以下方法进行纠正。

1. 夹紧双膝

坐下时,在双膝之间放一支笔并夹紧,保持这个姿势的时间越长越好,每天进行3次,坚持一个月基本就能纠正跷二郎腿的习惯。这个动作还能帮助紧致大腿内侧的赘肉,让腿形更加好看。

2. 正确的走路姿势

走路时,抬头、挺胸、收腹,将重心放在腿的内侧,脚尖微微向外,注意均匀跨步,时间久了就能纠正跷二郎腿导致的腿形问题。

3. 抬腿动作

平躺在瑜伽垫上,双脚脚尖并拢,双手放在身体两侧以保持身体平衡;深呼吸,抬起双腿与地面垂直,保持均匀的呼吸,坚持15秒;将腿垂下至与地面呈45°,保持均匀的呼吸,坚持15秒;回到90°位置,坚持15秒,之后改为45°;如此重复5次,放下双腿休息即可。每天晚上临睡前练习一次,坚持一段时间,不仅可以有效纠正腿形,还能畅通腿部气血、消除水肿。

(节选自《中国医药报》2019年9月6日)

(三)模拟主持

①谈谈你在感冒后的处理方法。

②吸烟危害健康,正如毒品吞噬生命,你的身边有吸烟的"烟鬼"吗?请谈一谈:香烟——健康的天敌。

③结合自己的文学功底、课外见识,对某一科幻异象予以科学的解释。

④近年来,早恋这个话题被炒得沸沸扬扬,作为现代学生,请表达你对此的认识。

⑤如何看待年轻的"啃老"一族。

⑥我心中的"春晚"。

⑦"留学热"的冷思考。

⑧结合自身体会,谈谈互联网的利与弊。

⑨谈谈你对"温室的花朵经不起风雨"的看法。

第十六讲　即兴口语表达训练

一、理论基础

即兴口语的表达能力不仅仅局限在口语表达，想想看，如果没有敏捷的思维、细致的观察、独特的感受、密集的信息、迅捷的反应，即使你有临时发声的兴致，可能干着急却说不出来，或只言片语，或语无伦次。之前学习的有声语言表达可以帮助我们打造变化丰富、生动自如的声音。这一讲，我们着重解决从想到说的转化，即想明白“说什么”到知道“怎么说”。

(一)说什么

播音员主持人的“说”不同于日常生活中随意的口语，要求有内容、有条理、有逻辑。这涉及思维状态、话题切入点、充分准备等方面。

1. 保持积极的思维状态

口语表达过程中要保持思维活跃，积极调动知识储备，主动思考，示例一是中央电视台 2012 年 2 月 11 日的《走进科学》节目中的开场白，主持人从戈壁滩上无人居住的“魔鬼城”说起，引起人们的关注。继而又科学地指出，这是大自然赋予西北地区的伟力。究竟大自然给予了我们怎样一个“魔鬼城”，它又是如何形成的呢，引人思索。同时引发了观众强烈的收看兴趣。

【示例一】

放眼望去，广袤的戈壁滩上出现了各种各样的城堡、楼台。瞧，这还有惟妙惟肖的双面人。可是，这么大的地方却没有一个居民居住，周围老乡竟然不敢独自来到这个地方，说这里像个魔鬼城。那么空旷的戈壁滩上怎么会有如此大片的空城呢?

自古以来，我们国家大西北地区的自然风光历来被文人们称赞，尤其是这种雄浑、壮阔的景象，这是江南山水完全没有办法比拟的一种大自然的伟力。那么今天我们给您介绍的呢,就是新疆地区一个非常有名的自然景观,人们管这个地方叫魔鬼城。当然我们知道,魔鬼这个东西肯定是不会有的,不过,当地人呢,虽然知道没有魔鬼,但是每次在刮风天路过这附近的时候,也会觉得心惊胆寒。那么这个魔鬼城的具体含义到底是什么呢?

示例二是主持人白岩松就一张照片发挥的即兴口语,他从感动(满足了外国盲人对中国文物的热爱)到担心(他们是否会破坏了文物),从支持到质疑,继而,又从特批外国游客允许手摸兵马俑谈到能否给更多盲人朋友这个权利。主持人从正反两方面入手,由点及面展开话题,步步深入,思路畅达,推理缜密,使得即兴口语表达过程形成积极的思维状态。

【示例二】

有一张照片,这张照片反映的是有七位来自国外的游客,他们都是盲人,但是他们特别喜欢中国的兵马俑,因此特别希望能在现场摸一摸兵马俑,经过特批,他们戴上手套摸到了兵马俑。看完这张照片,很多人开始发出质疑的声音,我看完这张照片的感觉,一方面是感动,另一方面是担心。感动的是很有人文关怀的精神,使很多的盲人完成了他们的心愿。而担心的是,和所有人一样,会不会破坏文物?很快这个担心得到了明确的解释,当地有关文物保护工作者纷纷强调,戴上手套,并且有很好的管理,而且不是彩绘的兵马俑,摸一摸一点儿关系都没有,那我马上就希望这个感动能不能进一步放大呢?不光是特批从国外来的游客,我们身边的很多盲人朋友,当他们有这样的愿望的时候,是否也可以在很好的保护下,戴上手套,并且不用说是特批,他们就有权利摸到他们想摸的兵马俑,这样感动不就被放大了吗?

2. 找准话题切入点

如果我们能够寻找到双方熟知的人或事作为谈资,作为话题的切入点,彼此都不会感到陌生,主持人可以快速地进入即兴口语表达的过程中。"熟悉的问题"实则为双方共享的信息,两者实施传播活动时,强调的就是共享。主持人如果掌握了这一点,尤其在谈话节目中,就能够很快与嘉宾达成默契,"说什么"的问题便迎刃而解。

示例一是《杨澜访谈录》之《将爱·进行到底》(上)的开场白。受访嘉宾是王菲、李亚鹏夫妇。众所周知,王菲在大家眼中是个不善言辞的人,不管是在舞台上还是在媒体面前,她都显得很"冷"。即使是偶尔的只言片语,也够"噎"人。比如曾有记者问王菲"理了短发以后怎么还为洗发水代言?"王菲答"短头发就不洗头了吗?"又有记者问:"你觉得人生什么最精彩?"而王菲又语出惊人地回答:"我人生还没过完呢,怎么现在问我这种问题?等我临终前再告诉你吧!"所以,王菲是个让媒体又爱又恨、又拿她没办法的一个人,想采访到她,真不是件容易的事。因为她的"特立独行",让有着多年电视访谈经验的杨澜感到些许紧张。后来她发现王菲在微博上也坦言自己"好紧张好紧张"。于是,杨澜索性在节目一开始就“自我表露”紧张的心理状态，继而又引到王菲“为何紧张”这个话题，像朋友间的聊天，拉近了和王菲间的心理距离。主持人真诚、自然又略具幽默感的即兴口语表达使嘉宾放松下来，之后的访谈自然是在友好、温馨的氛围中进行的。

【示例一】

杨　澜：先说说为什么我觉得今天有点紧张，然后我一看王菲的微博，说她好紧张好紧张啊。你先说说为什么你紧张啊？

王　菲：我紧张，因为我本身就不是做很多采访的。反正一做采访我就挺紧张的。然后又很长时间没做(采访)了。所以昨天晚上做梦都是一直在做访问，真的真的。

杨　澜：她在微博里说，想象我是穿着个白大褂，拿着个听筒(的大夫)。我觉得这还是把我想象得很善良，没有说手里拿着手术刀啊什么的(笑)。亚鹏也有点紧张啊?!

李亚鹏：我也有点紧张。

杨　澜：为什么呢？

李亚鹏：因为我们俩有一个不成文的约定吧，就是我们不一块儿出镜。

杨　澜：是不是有亚鹏在，你会觉得放松一点。

王　菲：好很多，好很多。然后……哎呀！(王菲和李亚鹏相视约两秒，二人心照不宣地笑了)

在中央电视台少儿频道 2012 年 2 月 27 日《新闻袋袋裤》节目中，三个主持人在开场白中以“世界上最大和最小的动物是什么”为切入点，引发孩子们的收视兴趣。随后由罕见的“喙(huì)鲸”引出话题，介绍鲸这种哺乳动物的进化、习性及种类等知识。由浅入深，循序渐进。

【示例二】

阳光姐姐：我们的地球上啊，有很多的动物。那你们知道世界上最大和最小的动物是什么吗？

艾　琪：这最小的我可说不上来，不过要说体型最大的我知道。

李恺悦：那还用说，肯定是海洋里的鲸(鱼)啊！据说它比恐龙还大呢！

艾　琪：没错。不过说到鲸鱼，咱们平时熟悉的有白鲸、抹香鲸。大家知道吗，还有一种罕见的鲸鱼叫作喙鲸。

李恺悦：哟，这个名字我还真是第一次听说。同学们想知道它长什么样吗？稍后我们就一起来看一看。

3. 提前做好充分准备

虽然是即兴口语表达，但不是完全没有准备的。充分准备体现在：遇到突发情况时，能够根据场景、事件、人物等把事先熟悉的素材、制订的预案灵活掌握与运用。如果是群体主持或发言,还要注意相互间的配合。

示例一是2015年湖南卫视《我是歌手》栏目总决赛现场直播中主持人汪涵应对突发状况的一段即兴主持词。在直播过程中某知名歌手突然宣布退赛,面对临时更改赛制,主持人汪涵应对得当,既安抚了歌手和观众的情绪,又为节目组争取了时间,避免了播出事故。

【示例一】

主持人:我特别想问一下,刚才您说的每一句话都是您此时此刻内心所想所感,都是您自己拿定主意之后的观点?

歌手:是的,是我内心真的感触。因为我来到这个舞台,给我的东西比我想象的还要多,很开心,我觉得我已经可以了。特别是我的伙伴们,我的弟弟妹妹们,他们都特别特别地优秀。我觉得他们应该有机会拿更好的成绩。加油!

主持人:好,这样吧,既然我是这个舞台的节目主持人,那接下来就由我来掌控一下。

首先我要请导播抓紧时间给我准备一个3—5分钟的广告时间。谢谢!我待会儿要用。接下来我要说的这段话,有可能只代表我的个人观点,而不代表电视台的立场。我从21岁进入电视台,所以我身上的很多优点和缺点都打上了电视台的烙印,包括所谓"没事不惹事,事来了也不要怕事"。对于一个节目主持人,在这么大一场直播当中,一个顶尖级的歌手,一个顶梁柱一样的歌手,突然间宣布退出接下来的比赛,应该是摊上事了,甚至是摊上大事了。但是说实话,我的内心一点都不害怕,因为一个成功的节目有两个密不可分的主体,除了这个舞台上的七位歌手之外,还有电视机前的亿万观众和现场的这么多观众。我之所以不害怕是因为你们还真诚地、踏踏实实地坐在我的面前,我还可以从各位期待的眼神当中读到你们对于接下来每一位要上场的歌手,他们即将演唱歌曲的那份期许;我还可以从各位的姿态当中感受到你们内心的一种力量,这种力量足够给所有的歌手们千万的掌声。不信,你听。(掌声)

这是我要说的第一层意思。第二层意思我想表达的是,我虽然不同意他的一些观点,但是我誓死捍卫您说话的权利。所以刚才我并未试图打断您要说的话,虽然我可以这么做。其实每一位歌手来到这个舞台,他都有权利选择来或者是不来。当然,您自然也有权利选择在您认为是对的时刻,依着您自己认为对的那个心情,做出您要离开的这个决定,所以我相信我们应该尊重一个成熟男人在这一刻做出的决定。当然在这我们要提出一个希望和请求,就是希望,您以一个观众的身份继续坐在这个地方,来看您最爱的弟弟妹妹们向歌王的舞台进军。我也相信现场的五百位大众评审已经做好了准备,用掌声来接纳这位不期而至的观众。不信,你听(掌声)。

接下来对于我个人而言,一个主持人,我在台上不可能有这么快的反应速度,也不可能有这么大的权利，来重新调整因为某歌手的退出而改变的比赛规则。因为有一个歌手要退出，所以比赛规则要做相应的改变，所以有请导播给我放一个3—5分钟的广告，我要跟我们的制作团队，跟我们的领导一起商量，怎么来进行节目上的和赛制上的相应的调整。

各位亲爱的观众朋友，真的千万不要走开，还是那句话，真正精彩的时候或许要从广告之后才开始，马上回来。

示例二是上海电视台主持人袁鸣随中央电视台《东西南北中》节目组一行到达海口，主持海南省狮子楼京剧团建团庆典的主持词。庆典开始，袁鸣充满激情地介绍来宾："光临庆典的，有海南师范学院党委书记南新燕小姐！"随着袁鸣的介绍，座席中慢腾腾地站起来一位花白头发的老先生。此时全场哗然，袁鸣也不自然地笑了，她真诚地致歉，说了下面这段话。

【示例二】

"对不起，我是望文生义了。不过……"稍一转折，她便施展了自己的口才："您的名字实在是太有诗意了。我一见这三个字，立即想起了两句古诗：'旧时王谢堂前燕，飞入寻常百姓家。'这是一幅多么美的图画。今天，这里出现了类似的情景，京剧一度是流行在北方的戏剧，而现在，京剧从北到南，跨过琼州海峡，飞到了海南，而且在这里安家落户，这又是一幅多么美丽的图画呀！"

袁鸣由自己的失误引出话题，即兴发挥，灵活应变，将错就"错"，侃侃而谈，赢得了全场观众的热烈喝彩。这得益于她平时广泛积累的知识。这段话不仅为她摆脱了尴尬，更显示出她机敏的反应和非凡的口才。

(二)怎么说

"怎么说"着重强调掌握规律，是在"说什么"的基础上搭建的"外形"，使我们的即兴口语表达脉络清楚，并形成鲜明的语言风格。

1. 确定篇章结构

特别是在较长篇幅的即兴口语表达中，结构显得尤为重要。结构可以帮助我们理清思路，梳理脉络。一般是"三段论"：提出主题（设置悬念、引发兴趣），解释主题（举例子、打比方），提升主题（发人深省、呼唤倡导）。

以《可爱的中国》为例，这是方志敏的著名散文，1935年写于狱中。作者以亲身经历概括了中国从五四运动到第二次国内革命战争以来的历史，愤怒地控诉了帝国主义肆意欺侮中国人民的种种罪行。

节选的段落分析如下：

示　例	结　构
朋友！中国是生育我们的母亲。你们觉得这位母亲可爱吗？我想你们是和我一样的见解，都觉得这位母亲是蛮可爱蛮可爱的。 以言气候，中国处于温带，不十分热，也不十分冷，好像我们母亲的体温，不高不低，最适宜于孩儿们的偎依。以言国土，中国土地广大，纵横数万千里，好像我们的母亲是一个身体魁大、胸宽体阔的妇人，不像日本姑娘那样苗条瘦小。中国许多有名的崇山峻岭，长江巨河，以及大小湖泊，岂不象征着我们母亲丰满坚实的肥肤上之健美的肉纹和肉窝？中国土地的生产力是无限的；地底蕴藏着未开发的宝藏也是无限的；废置而未曾利用起来的天然力，更是无限的。这又岂不象征着我们的母亲，保有着无穷的乳汁，无穷的力量，以养育她四万万的孩儿？我想世界上再没有比她养得更多的孩子的母亲吧。至于说到中国天然风景的美丽，我可以说，不但是雄巍的峨眉，妩媚的西湖，幽雅的雁荡，与夫"秀丽甲天下"的桂林山水，可以傲睨一世，令人称美；其实中国是无地不美，到处皆景，自城市以至乡村，一山一水，一丘一壑，只要稍加修饰和培植，都可以成流连难舍的胜景；这好像我们的母亲，她是一个天资玉质的美人，她的身体的每一个部分，都有令人爱慕之美。中国海岸线之长而且弯曲，照现代艺术家说来，这象征我们母亲富有曲线美吧。咳！母亲！美丽的母亲，可爱的母亲，只因你受着人家的压榨和剥削，弄成贫穷已极；不但不能买一件新的好看的衣服，把你自己装饰起来；甚至不能买块香皂将你全身洗擦洗擦，以致现出怪难看的一种憔悴褴褛和污秽不洁的形容来！啊！我们的母亲太可怜了，一个天生的丽人，现在却变成叫花的婆子！站在欧洲、美洲各位华贵的太太面前，固然是深愧不如，就是站在那日本小姑娘面前，也自惭形秽得很呢！	用举例子、打比方的方法描述祖国母亲的可爱。通过自问自答提出"母亲可爱"的主题。
听着！朋友！母亲躲到一边去哭泣了，哭得伤心得很呀！她似乎在骂着："难道我四万万的孩子，都是白生了吗？难道他们真像着了魔的狮子，一天到晚睡不醒吗？难道他们不知道自己伟大的团结力量，去与残害母亲、剥削母亲的敌人斗争吗？难道他们不想将母亲从敌人手里救出来，把母亲也装饰起来，成为世界上一个最出色、最美丽、最令人尊敬的母亲吗？"	提升主题：唤醒民众与敌抗争，为祖国母亲而战。

另外，公共演讲专家理查德认为，即兴演讲应当记住以下几句话，它们是四个层次的提示信号，即"结构精选模式"：

①喂，请注意！（开头就激起听众的兴趣）

②为什么要费口舌？（强调指出演讲的重要性）

③举例子。（用具体事例形象地将一个个论点印入听众的脑海里）

④怎么办？（具体地讲清大家该做些什么）

这个结构模式与《可爱的中国》的结构相吻合。即兴口语不必拘泥于一种模式。

在即兴演讲时，明晰的结构不仅能使观众听得明白，还能在演讲者的脑海中形成清楚的结构脉络，像一根线贯穿始终。下面的口诀能够帮助你找到线索。

开头：引发兴趣，设置悬念，点明观点；

中间：运用事例，列出理由，阐释观点；

结尾：强调己见，展望未来，升华观点。

2. 形成语言风格

一个人的语言风格是经过长期积累而外化为独特的声音形式的。模仿是不能形成自己的语言风格的。青少年朋友应在多听多看的基础上，结合自己的性格特征、兴趣爱好、知识修养，形成自己个性化的语言。

示例一是《新闻 1＋1》的一个段落。今天，当我们面对记者节时，“谁是记者”却日益成为当下一个让人困惑的问题。互联网给传统媒体带来巨大的冲击，网帖、论坛、微博、社区成为影响广泛的消息来源。越来越多没有职业记者身份和专业背景的民众参与新闻线索和信息的发现、收集、传播、分析甚至评论。那么，作为记者的我们，如何做一名真正的职业记者？评论员型记者、主持人白岩松说了这样几段极具“白氏”风格的话，让我们再次领略到他那理智、深刻、犀利又不乏幽默的语言风格。

【示例一】

评论员白岩松：如果在“全民皆记者”的时代，记者不能用坚持性长跑的姿态，不能用理性的态度做记者，那么记者还用做记者吗？这当然是值得我们思考的一个问题。

最近一个很热门的话题，经常有人说“你们下基层了”。其实叫“走基层”，用“下”这个字不太准确，因为记者不能说是高高在上的、要下到基层去。我觉得走基层是需要的，但更重要的是所有记者的心应该永远在基层。

有的时候会听到一些误读的话语，比如说“我们要替人民说话”，这一个“替”字就露出了——你难道跟人民不是一回事吗？在这一点上，另外一个记者潘采夫说：“经常会看到一些讨论，说记者应该做谁的代言人。个人观点，记者既不是底层和弱势群体的代言人，也不是什么利益集团的代言人，记者只应该是真相的代言人。立场不能左右真相，在真相面前，记者应该有‘虽千万人逆之，吾往矣’的职业坚持。”这种职业坚持就是捍卫常识，捍卫真理。

在现在的社会当中，的确能够见到一些人在夸记者，“这个记者不错，说真话”。乍一听像是表扬，再仔细一听不对，因为打你学新闻行当的时候，所有老师都教你不能说假话。现在夸人不能说“这个人真好，从不迟到；这个人真好，从来不偷东西”。我们不能把底线变成了上限，当成表扬别人的嘉奖令。这个时候，需要我们思考，记者更该思考。

的确，现在有的时候“防火防盗防记者”，明天是消防日，正好跟今天的记者节连在一起了，但是我觉得不应该去防。记者是推动社会进步的，是社会前行的一个建设者……

示例二是《共同关注》的一个段落，请体会新闻主播朱广权幽默、风趣的语言风格。

【示例二】

朱广权：再来关注俄罗斯世界杯。北京时间昨夜今晨，2018 年俄罗斯世界杯结束了最后两场八分之一决赛的争夺。其中瑞典以 1∶0 力克瑞士，英格兰与哥伦比亚双方战成了 1∶1 平，最后点球大战，英格兰以总比分 5∶4 击败了哥伦比亚，赢得了通往四分之一决赛的最后一张门票。

瑞士和瑞典的比赛呢波澜不惊，双方都频频浪费机会，好有一比：弱水三千，我一瓢都不取。最终还是瑞典队把握机会，有了获胜的进球，神来之笔。

英格兰和哥伦比亚的比赛争执不断，火星四起，但最后时刻，英格兰破纪录地救赎了自己，在世界杯上首次赢得点球大战，打破了心理学数学玄学概率学下课放学的魔咒，实现了历史创举。这届世界杯的比赛结果，很不讲理，总是在问你，意不意外，惊不惊喜，总是大概或者也许是，恐怕仿佛不见得，差之毫厘，谬以千里，根本预测不起。

随着本届杯赛的八强全部产生，又有几支备受球迷青睐的球队没能走到底，西班牙、阿根廷、葡萄牙的出局让人唏嘘不已。球迷总是希望自己喜欢的球队能春风十里、五十里、一百里，前进一米是一米，却常常自己沉入了海底两万里。其实这些都不如喜欢足球的你，有正经的理由可以熬夜，有真正的感动可以流泪，这才是足球带给我们最大的欢喜。

（节选自央视网《共同关注》2018 年 7 月 4 日）

二、实践练习

(一)素材积累

①说出关于春、夏、秋、冬的诗词。
②说出你知道的风土人情。
③说出世界各国的环保举措。
④说出你周围朋友的特征。
⑤说出 10 种以上职业的特征。
⑥说出 10 种以上美食的味道。

(二) 思维训练

1. 成语接龙游戏

如：应运而生—生生不息—稀里马虎—呼之欲出—初来乍到—倒背如流—流星赶

月—跃跃欲试……

2. 巧说反语

①他有一个“缺点”

②挤车的“好处”

③抽烟的“好处”

④他(她)可真“傻”

⑤“走弯路”的智慧

3. 故事接龙

①糟糕,又要迟到了……

②等等我,你们怎么能丢下我不管……

③请问最近的派出所怎么走?

④我一看到你,就觉得似曾相识……

⑤对不起,请听我说……

(三)阅读材料后,按照结构模式重新整理并表达

民进中央:建议加强校园欺凌治理 给予学校适当惩戒权

据中国民主促进会官网消息,2019年两会前夕,民进中央向全国政协十三届二次会议提交党派提案46件。3月1日,民进中央公布了《关于有效治理校园欺凌问题的提案》(以下简称《提案》)。

《提案》指出,校园欺凌破坏安全的学习环境,侵犯学生的基本受教育权,对青少年造成严重伤害。联合国教科文组织指出:全球每年有2.46亿儿童和青少年遭受某种形式的校园暴力与欺凌(2017)。调查发现,我国校园欺凌发生率高达33.36%(2016年,针对我国29个县104 825名中小学生的抽样)。

我国针对校园欺凌问题出台了《防治中小学生欺凌和暴力的指导意见》《加强中小学生欺凌综合治理方案》,但政策不够精准、落实阻力较大、效果不够明显。

为此,民进中央在《提案》中建议:

一是加强校园欺凌综合治理,增强政策实效。建立具有可操作性的校园欺凌处理办法,教育与惩戒并行。加强对欺凌的不同类型、发生区域、典型危害、监管重点、处理方式、处置流程、权力边界、心理辅导、治理目标与政策标准等的多学科研究,提供处理不同欺凌事件的标准模式。制定欺凌治理的相关法规,或在相关的法律中增加欺凌治理条款,为依法治校提供依据。推进工读学校制度改革,将接受工读教育由自愿改为强制与自愿相结合。

二是明晰学校和教师的反欺凌责任,给予学校适当惩戒权。应明确规定学校和教师

对任何校园欺凌事件必须予以解决而不能搁置或推脱。以保护学生合法权益和最低伤害原则为指导,建立校园欺凌治理的激励与问责机制,激发教师对校园欺凌治理的主动性。要求教师将欺凌事件细节及处理措施和处罚结果记录在案,同时将欺凌事件调查与处理情况向上级报告。

三是制定更科学的反欺凌治理工作评价标准。不以欺凌是否发生或数量多少为依据评价校园欺凌防治工作,而应以学校、教师能否不加隐瞒、切实调查、有效应对、根据实际制定目标并扎实防治的情况及达成的效果为评价标准。在一些文件中,规定对欺凌问题突出的单位和责任人实施“一票否决制”,这将使相关方“忽视”或“掩盖”欺凌,应删除此类条款。

四是引导舆论、凝聚共识,为校园欺凌治理创造有利环境。要求家长落实监护职责、提升家庭教育水平,明确其配合、支持校园欺凌治理工作的职责,避免家长在欺凌防治中缺席。新闻媒体报道学校安全事故,应当遵守法律、恪守职业道德,做到真实、客观、公正。

(节选自中国网 2019 年 3 月 2 日)

北京榜样确立青春价值坐标

“这生活因你淡妆清香,这古都因你浓墨飞扬……”《北京榜样》的主题歌在首都的大街小巷回响。自 2014 年以来,北京市持续开展北京榜样学习宣传活动。日前,中宣部向全社会发布北京榜样优秀群体的先进事迹,授予他们“时代楷模”称号。

践行绿色生态观的“环保奶奶”贺玉凤、心系居民苦与乐的社区书记殷金凤、“一人一车一线”的公交车司机刘宝中、勇攀珠峰的双腿截肢者夏伯渝……这些人的事迹让我们看到,榜样不一定是穿着披风的超级英雄,更多的可能是你我身边的他与她。他们经历着平凡的生活,却书写下不平凡的人生,在时代洪流中铭刻下永不磨灭的价值坐标,引领着新时代的社会文明风尚。

北京是首善之都,北京市民是首都形象的生动符号,历来具有“热情开朗、积极向上、乐于助人”的优良品质。北京榜样优秀群体作为市民代表,其杰出品质和优良作风享誉北京、辐射全国,生动展示了社会主义核心价值观建设的实际成效,对全社会起到了标杆性的示范作用。

学习北京榜样优秀群体,首先要学习他们深沉的爱国情怀。无论是致力于关键技术创新的老科学家,还是以永不言弃精神拼搏奋斗的残疾运动员,都把生命融入国家发展和民族复兴的事业中。正如 72 岁的超声科专家陈敏华所说:“爱祖国、爱医学事业、爱我们的患者,争取在医学领域有更多世界领先的成果,造福患者,为国争光——这是一种责任和信仰。”北京榜样优秀群体锐意进取、奋力拼搏,用实际行动践行心中的理想信念。

学习北京榜样优秀群体,就是学习他们无私敬业的担当意识。北京榜样优秀群体是新时代奋斗者的杰出代表，是美好幸福生活的创造者、守护者。在北京榜样优秀群体中，很多人的工作岗位并不起眼，身份地位并不显赫，但他们坚持干一行爱一行的责任意识，以几十年如一日的工作热情，用平凡的力量筑梦京华，为人生征程交出了浓墨重彩的答卷。

学习北京榜样优秀群体，还要学习他们追求卓越的崇高境界。卓越不是一种行为，而是一种习惯。从北京榜样优秀群体身上，我们看到不管是在人生的赛场，还是在国家发展、民族复兴的赛场，他们都始终如一地追求卓越、勇创一流。这些像金子一样的品质，照亮我们的前行之路，让榜样的力量内化于心。

学习北京榜样优秀群体，更要学习他们的爱心和良善。帮助老人跨越数字鸿沟的90后青年团队"夕阳再晨"、无偿献血逾20年的韩冰、帮助盲人群体感受艺术魅力的任士荣……他们在不同领域为需要帮助的人提供温暖，把点点滴滴的小善积累成大爱，诠释什么是无私的公益和奉献，彰显了社会成员彼此守望相助的强大凝聚力。

人生如同攀岩，但攀登高山终有尽头，追求理想的路途却无止境。对全国广大青年来说，要把北京榜样优秀群体视为青春的引航员、时代的引路人。谁的青春不辛苦，谁的青春不迷茫，只有确立了崇高的理想和远大的目标，才能战胜各种艰难险阻、克服各种利益诱惑；只有踏实奋斗，才能走出年少的迷茫，争做堪当时代大任的青春榜样！

（选自《中国青年报》2019年2月22日）

玩耍的好处

曾几何时，孩子们的游戏非常多。男孩热衷踢足球、玩弹球、滚铁环；女孩则喜欢跳皮筋、跳房子、过家家等。可如今，孩子们玩的主要就是电子产品三件套——电脑、平板电脑、手机。

不少家长认为，应该限制孩子的玩耍时间，让他们参加"有价值的"学习活动。这使得很多孩子越变越宅，身体活动严重不足。一些与城市化相关的因素也导致青少年不愿从事身体活动，比如交通拥堵，空气污染，缺少公园，绿地和体育娱乐设施等。

玩包括"玩耍"和"游戏"两类。"玩耍"更自由，多在户外，社交性较强，有较多人际互动，玩的过程中能观察和调控别人的情绪；"游戏"则多有规则性，逻辑性强，通常社交性、人际互动性较弱。现在孩子玩的电子类游戏，即使是体感类游戏，活动范围也超不过红外或蓝牙的工作距离。电子游戏的规则限制性强，一般都是由开发游戏的程序员事先设定好的；人际互动性弱，电子游戏虽然可以通过语音或文字和其他玩家在线交流，但观察不到对方的神态、体姿，在沟通时缺少非语言信息，这会导致孩子的社会交往训练不足。

不管是孩子还是成年人，自由玩耍都对身心健康有重要作用。

增强社交技能。孩提时代自由玩耍能促进人际交往能力，如协商沟通、遵规守信等。玩耍时，孩子们有机会和别人进行互动，增进人际关系。在遇到更大压力时，这种人际关系能够提供帮助和情感支持。

激发创造力。嬉戏打闹有助于提高孩子解决问题的能力。成年人在工作中遇到瓶颈,有时是思维局限所致。玩耍中限制少,有助于激发人们的创造性,提高人们解决问题的能力。

缓解压力。自由玩耍没有时间、空间的局限,没有既定规则的约束,能使身心最大限度地放松,神经科学上称作"社会缓冲效应"。非电子类游戏不依靠电子设备,能提供一个异于办公场景的环境,可给大脑休息减压的机会,加上游戏中的人际互动,能增进同事之间的理解与交流。现在,越来越多的公司开展团队建设或团队拓展,都选择到户外游玩,原因就在于此。

从孩子到老人,都需要丰富的玩耍活动。假期可以亲近自然,到公园游玩,驾车去乡间兜风、野餐。老人退休后可以重拾兴趣爱好,参加各类兴趣班,比如插花班、围棋班、舞蹈班等,还可以去环游世界、支教等。

(选自《心理与健康》2020年2月10日)

"我们只想救好病人"——走近上海市医疗救治专家组组长张文宏
"现在每个人都是战士,你在家里不是隔离,是在战斗啊!"

2月6日,上海又有10例新冠肺炎患者痊愈出院。继发出"共产党员先上"的"硬核"表达被网友点赞后,上海市医疗救治专家组组长、复旦大学附属华山医院感染科主任张文宏接受采访的视频又一次刷屏。

可是,这位医生无暇关注外界对他的聚焦。自1月20日上海报告第一例确诊病例以来,他就在上海市疾控中心、市公共卫生临床中心等地昼夜奔波、工作,每天睡眠不足6小时。

"大家都习惯了,疫情来了,这是职责所在"

"大家都习惯了,疫情来了,这是职责所在。"1月22日,记者在上海市疾控中心见到了匆匆而来的张文宏。

他前一天晚上在上海市公共卫生临床中心忙了一夜,早上6点半还去探望了3名重症病人。

由于多年的职业训练,基本在连轴转的张文宏依然保持着挺直身形,语速和动作都没有放慢。口罩上方,眼睛周围的黑眼圈清晰可见。

疫情就是命令。1月21日上午10点,华山医院紧急召集首批赴上海市公共卫生临床中心支援专家组,张文宏作为医疗救治专家组组长,成为抗击疫情的焦点人物。

华山医院传染病楼5层,张文宏的办公室。桌上一袋摊开的饼干,诉说着非常时期的繁忙。

开会、查房、讨论治疗方案……事无巨细,记者无从了解张文宏每天穿梭于各处的工作安排，只能见缝插针，跟踪记录华山医院抗疫队员们的行踪去向。

早晚查房、三次报表……感染科副主任医师毛日成每天要在位于金山的上海市公共卫生临床中心隔离病房工作 16 个小时。

"我感觉好像刚躺下就又起来了。"结束任务、完成隔离后，毛日成又换岗到发热门诊。

这是一场硬仗！张文宏对全科室人员下了"一刻都不能放松"的命令。

从非典到禽流感再到新型冠状病毒感染的肺炎，每当重大公共卫生事件突发，张文宏所在的华山医院感染科始终站在"紧急应对"的第一线。

此次疫情暴发，担任党支部书记的张文宏特意带领大家过了一次简短而又隆重的组织生活会。

镜头记录下这个特殊的场面：面对党旗，面戴口罩的全体党员齐声宣誓："迎难而上，共同战斗！"

副主任医师徐斌是张文宏的徒弟，大年夜他终止休假、主动请缨，跟随上海第一批医疗队赶赴武汉金银潭医院。

1 月 28 日，感染科护师徐惠加入上海第二批医疗队前往武汉市第三医院救治危重症患者。

2 月 4 日下午，感染科副主任张继明教授担任队长，孙峰主治医师、曹晶磊护师加入的国家紧急医学救援队奔赴武汉……

感染科医生一定要有"感染力"

1 月 29 日，伴着新闻媒体的直播，张文宏做出的一个决定刷屏了：

"让一直奋战在一线的医生全部换岗。我们派驻党员医生上抗疫前线支援，不打招呼，直接报名，没有商量。"

"一线岗位全部换上党员，没有讨价还价！""不能欺负老实人"……宣布这个决定，张文宏的语气干脆、语调坚决。执行这个决定，全科室无人质疑、各就各位。

有人说：张文宏是个超人，让人服气。

不折不扣，张文宏是上海市医学会感染病专科分会主任委员和上海医师协会感染病医师分会名誉会长，还当选上海市"医务工匠"和上海市领军人物。

耳濡目染，张文宏团队的年轻医生，都练就了一身过硬本领。华山医院感染科的人，"人人争先，各个肯干！"

张文宏常常说，感染科医生一定要有"感染力"，这种"感染力"来自干劲和奉献。

在华山医院感染科，张文宏从 30 多岁起就被大家称为"张爸"，"他为病人为团队其他人安排得妥妥当当，才会想到自己"。

三甲医院的门诊向来人满为患，一间不足 4 平方米的诊室，常常挤满了全国各地的病人。

张文宏的学生刘其会医师介绍,很多外地患者慕名而来,挂不上号,张老师都会尽量给他们加号;素不相识的病人急需住院没有床位,他会连打好几个电话,帮忙联系落实;对于不方便来院就诊但需要随访的病人,他还会留下自己的邮箱,为他们出具诊疗意见。

作为博士生导师,张文宏在复旦大学上海医学院的学生们眼中,是位“感染力”超群的大咖,可是他调侃报考他的研究生需要“勇气”。

一是因为张文宏要求严格,二是因为他太忙,当他的研究生需要早晨 6 点半来和他讨论课题,因为那是他一天中最不容易被打扰、可以专心谈学问的时间。

多一些时间,我们就可能多救一个病人

华山医院感染科,年门诊量逾 14 万人次,年接受转诊病人 2000 余人次,会诊病人数千余人次。

这样一份工作,张文宏已经专注投入二十多年。他说:“感染科的岗位是很艰苦、很危险,但必须要有人去做,因为这不仅关系到一个病人、一个医院,还关系到一个城市甚至一个国家。”

1 月 17 日凌晨 0 点 22 分,张文宏在“华山感染”公众号更新了一篇文章,首次介绍了新型冠状病毒感染的肺炎情况。

此后,无论是在隔离病房通宵达旦,还是在各种会议研究论证,他都坚持利用深夜闲暇更新公众号。

武汉封城、国际关注的公共卫生紧急事件、无症状病毒感染者、返程与返工后的疫情走向……忙了一天还要奋战在电脑前,张文宏对这些科普文章较真儿:“我们要用理性的数据和专业知识给大家解读疫情。”

做科普,是张文宏骨子里的热爱。几次采访,从救治情况到疫情研判,张文宏都是有问必答、深入浅出。对于任何有可能混淆的问题,他都会举有趣的例子,给记者讲透彻。

可是,一谈到他自己,他就立刻开始回避。“我们医务人员只想救好病人,不需要讲自己。”

兜兜转转,张文宏和同事们对进一步采访的拒绝大同小异:“多一些时间,我们就可能多救一个病人。”

是啊! 时间! 在汹涌的疫情面前,每分每秒都关系着存亡、意味着责任。

记者不再追问,因为深深懂得,在这些白衣战士心中,个人的声名同宝贵的生命相比,实在微不足道。

(选自新华网 2020 年 2 月 8 日)

马嘉诚:在志愿献血中成长

刚刚过去的清明小长假,马嘉诚又去了趟浙江省血液中心,献出了两个单位、相当于 400 毫升的血液。

马嘉诚是浙江农林大学农学院观赏园艺专业的学生，1995年出生。4月7日是世界卫生日，这天，一封来自浙江省血液中心的感谢信寄到学校。通过这封感谢信，师生们惊讶地发现，在短短几年间，马嘉诚参与的无偿献血已达100多次，献血总量超过37000毫升。以一般成年人的全身血液总量4000毫升计算，马嘉诚相当于捐献了全身血液9次。

因为积极参与献血，马嘉诚先后荣获全国无偿献血奉献金奖、上海市成分献血快乐奉献奖、上海市成分献血执着奉献奖、上海市造血干细胞捐献志愿者成分献血金奖、上海市无偿献血白玉兰奖、浙江省无偿献血奉献奖等。

"阳光开朗、健康精神、乐于助人，是马嘉诚给大家的第一印象。"该校辅导员陈灵江说，班里同学都知道马嘉诚曾参加无偿献血，但没有想到，他的献血次数如此之多。

马嘉诚第一次参加无偿献血是在2014年1月1日。那一天，马嘉诚在老家的县城里溜达，当时街头在开展无偿献血活动，工作人员正在宣传献血的意义。听说献血可以挽救他人生命，马嘉诚就走上了献血车。

马嘉诚发现，献血对自己身体并没有太大影响，"自己还有了一种帮助他人的自豪感和成就感"。从那以后马嘉诚就开始了"献血之旅"。他不仅自己献血，还积极鼓励同学和朋友一起参与。

一开始，马嘉诚和大多数献血者一样，献的是全血。后来他发现献全血需要间隔半年才能继续献血，而捐献成分血的话，一般休息半个月就可以继续献血。于是，马嘉诚从捐献全血变为献成分血。"就是捐献血小板，每次均为两个治疗量。"马嘉诚说。

现在，只要符合间隔时间，马嘉诚就会专门坐一两个小时公交车去杭州献血。为了能够排在最前面，他早上五六点就会出发。寒暑假期间，他也没忘记献血，"只是地点换成苏州或者上海"。

马嘉诚认为，上海聚集着很多全国最好的医院，也吸引了大量病人去上海治病、做手术，对血液的需求也会更大。马嘉诚说，在网上经常会看到求助的帖子，很多病人为治病卖了房子、车子，但因为缺少血源而无法做手术，只能躺在病床上苦苦等待，这也让自己决定去上海献血，"无偿献血，对很多病人来说，就是挽救他们的生命"。

如今，献血已经成为马嘉诚的"必修课"，有时候因为忙，间隔一段时间没有去献血会让他觉得不踏实。"不是献血会上瘾，是奉献爱心会上瘾。"马嘉诚说，看着一袋血从自己体内流出，再想象着输入他人的体内，为他人送去健康，他就觉得特别有意义。

如今，马嘉诚拥有免费乘坐公交车、在公立医院看病免挂号费、在政府主办的景区免费游览等"特殊权益"，这让他觉得特别荣耀。他说："献血如此受尊敬，我也坚定了继续献血的决心。"

因为经常献血，马嘉诚认识了一大批热衷公益事业的朋友，在大家的影响下，马嘉诚不仅积极献血，而且积极参与志愿活动。他多次参加支教，担任小拇指微马志愿者、杭州国际动漫节志愿者。这些志愿活动,让马嘉诚的业余生活更加丰富。

在学校,马嘉诚德、智、体、美、劳全面发展。他不仅多次获得浙江省政府奖学金、一等奖学金、三好学生、优秀学生干部等奖项,还屡次在游泳、排球、篮球等项目中获奖。

去年,马嘉诚被杭州市血液管理中心聘请为“杭州市无偿献血讲师团”讲师,开始为宣传无偿献血事业奔波,这也让他对服务献血事业更加执着。

“我虽然不是‘药神’,但我希望自己成为‘血神’,可以用我的血,去挽救更多病人。”马嘉诚说,献血光靠几个人是不够的,1 人献血 50 次,远不如 50 人献血 1 次。他希望,能有更多的爱心人士加入无偿献血的队伍中来,让更多的病人看到希望、看到社会的美好。

(选自《中国青年报》2019 年 4 月 9 日)

(四) 运用模式即兴说话

模式为:开头——引发兴趣,设置悬念,点明观点;中间——运用事例,列出理由,阐释观点;结尾——强调己见,展望未来,升华观点。

①学习普通话的体会。

②如果有机会你是否参加选秀活动?

③假如某一天取消高考。

④高三了,你愿意当学生会干部吗?

⑤我看“追星”现象。

⑥如何看待中国传统节日的传承,请举例说明。

⑦我的未来不是梦。

友情提示

一、如何科学合理地练声

学习播音主持很重要的一点是持之以恒地练声。青少年朋友刚接触专业学习时，积极性强，学习热情高涨，希望通过长时间大量练声快速进步，这样的结果往往事倍功半。练声是讲究科学的，需要遵循以下几点规律。

（一）练声时间和地点

有人认为早晨练声比较好，实际上练声时间的选择和练声效果之间没有必然的联系。只要能把它作为正常作息安排的一部分，天天去练，不间断就可以了。早晨刚睡醒时别急于练声，更不要做完剧烈运动后练声，这两种情况对声带有损害。对初学者来说，练声时间尽量短一些，每次 15—20 分钟就可以了；可以增加练声的次数，每天练上 2—3 次为好；随着嗓子承受能力的提高，可以逐步增加每次练声的时间并减少练声的次数。

练声地点选择较为安静的地方，初学者可以找个有墙面的地方，面对墙面练习。天气不好、气温比较低的时候，应该选择在室内练声。

（二）练声状态和情绪

练声状态是积极主动的，但不是急于求成的。每个人根据自己的具体情况来确定每次练声要解决的问题。但是每一个时期，最好有意识地解决一两个存在的主要问题，千万不要贪多。情绪上，保持兴奋、轻松的心情。练声时带面小镜子，一来随时观察发声器官的位置，二来作为电视播音员或节目主持人，需要进行面部表情的练习。

（三）练声顺序与内容

①热身运动：气泡音和口部操。

②掌握正确的呼吸方法：胸腹联合式呼吸法。可以选择发单元音的延长音和数数练

习气息。发声时从中声区,也就是自己习惯的发声区域开始,慢慢地向高向低进行扩展,速度不宜过快,力度不宜过大,气息要求饱满稳实有依托,共鸣点要适中,共鸣要集中。整个练声过程以及每一次练声,都应该由中到高,由中到低,由弱渐强,特别要注意声音高强以及低弱的时候气息的控制。

③练习字词和绕口令。针对每一个人的情况选择练声内容,解决声母发音部位或发音方法上存在的问题。解决韵母发音问题的时候,要注意舌位的高低前后、唇形的圆展。我们要经过长期反复的练习,才能改变发音器官的反应习惯,逐渐养成正确的习惯。

④练习带有一定感情色彩的片段或短文。结合不同感情色彩的内容,以情带声、声情并茂地播读,体会情、声、气的结合。

(四)学会保护嗓音

保护嗓音和科学练声同等重要,我们不仅说话时要保护嗓子,还要养成良好的生活习惯。

①保证充足的睡眠时间。尤其是刚睡醒的时候,不要发过强、过高的声音,训练步骤循序渐进。

②不吸烟,不饮酒,少吃生冷油腻的食物。尽量少吃刺激性食物,如蒜、辣椒等。

③用淡盐水漱口,有消炎作用。

④坚持锻炼身体,预防感冒。

⑤一旦嗓子不舒服,及早就医。如果我们的发声器官有了疾病还坚持发声,不但没有效果,还会造成发声器官的损伤。

⑥变声期及女生经前及经期,不宜练声。

二、体态语练习

体态语是指在交谈中运用身体的变化,如表情、动作、体姿、身体空间距离等作为传递信息、交流思想感情的辅助工具的非语言符号。口语传播学者雷蒙德·罗斯认为,在人际传播活动中,人们所得到的信息总量中,只有35%是语言符号传播的,而其余的65%的信息是非语言符号传达的,其中仅仅面部表情就可传递65%中的55% 的信息。

(一)表情

面对镜子,做出喜悦、沉思、严肃、痛恨等表情,观察自己的表情。

(二)眼神

播音员主持人多用眼神传情达意。尤其电视播音员主持人面对摄像机镜头时,眼神既要集中在镜头中心偏下的位置，又不能死死盯着镜头。这需要我们练习“眼中有物”，继而“眼中有情”“眼中有神”。不同的场合、情境中，我们的眼神是有区别的。

①眼神有远近之分，“远”俯视全场观众，“近”聚焦某片区域或某个人；

②眼神有虚实之分，“虚”指看到的景象并不十分清晰，“实”指看到清晰的景象并有所交流；

③正视表示集中精力传达重要的内容；

④环视表示要感染全场的观众；

⑤扫视表示动作的敏捷或情绪的变化；

⑥仰视表示尊敬、渴望等。

我们要灵活掌握眼神的运用，根据理解和感受，用眼神营造真切的交流感。我们用一个片段来锻炼眼神的配合。

盼望着，盼望着，东风来了，春天的脚步近了。

一切都像刚睡醒的样子，欣欣然张开了眼。山朗润起来了，水涨起来了，太阳的脸红起来了。

小草偷偷地从土里钻出来，嫩嫩的，绿绿的。园子里，田野里，瞧去，一大片一大片满是的。坐着，躺着，打两个滚，踢几脚球，赛几趟跑，捉几回迷藏。风轻悄悄的，草软绵绵的。

第 1 自然段是渴望的眼神，从虚视（盼望着，表示期待，还没真实地看见）到环视（表示寻找），再到定睛一看，看到了春天，眼神由虚到实，由远及近。

第 2 自然段是欣喜的眼神，从看山的远视到看水的俯视，再到看太阳的仰视，眼神跟着内容变化。

第 3 自然段是欣赏的眼神，凝视近处的小草，表示关注、期盼，放眼望去变为扫视，由近看到远，满眼都是嫩绿。

（三）手势

不要有过碎过小的动作，做就做到位。手势分为上、中、下三区的运用，上区手势号召力强、情感饱满；中区手势指向明确；下区手势表示力量。掌心向上表示尊敬、礼貌；掌心向下表示指示命令。每个手势应该停留足够长的时间，否则显得生硬、紧张。建议大家储备几个自己常用的手势。

（四）动作

播音员主持人在话筒前、镜头前的动作不宜过大，上身保持微微前倾的姿势，整体端庄、自如。

补充练习材料

一、诗词

梦游天姥吟留别

〔唐〕李　白

海客谈瀛洲,烟涛微茫信难求;
越人语天姥(mǔ),云霞明灭或可睹。
天姥连天向天横,势拔五岳掩赤城。
天台四万八千丈,对此欲倒东南倾。

我欲因之梦吴越,一夜飞度镜湖月。
湖月照我影,送我至剡(shàn)溪。
谢公宿处今尚在,渌水荡漾清猿啼。
脚著谢公屐,身登青云梯。
半壁见海日,空中闻天鸡。
千岩万转路不定,迷花倚石忽已暝。
熊咆龙吟殷岩泉,栗深林兮惊层巅。
云青青兮欲雨,水澹澹兮生烟。
列缺霹雳,丘峦崩摧。
洞天石扉,訇(hōng)然中开。
青冥浩荡不见底,日月照耀金银台。
霓为衣兮风为马,云之君兮纷纷而来下。
虎鼓瑟兮鸾回车,仙之人兮列如麻。
忽魂悸以魄动,怳惊起而长嗟。

惟觉时之枕席，失向来之烟霞。
世间行乐亦如此，古来万事东流水。
别君去兮何时还？
且放白鹿青崖间，须行即骑访名山。
安能摧眉折腰事权贵，使我不得开心颜？

念奴娇·赤壁怀古

〔宋〕苏　轼

大江东去，浪淘尽，千古风流人物。
故垒西边，人道是，三国周郎赤壁。
乱石穿空，惊涛拍岸，卷起千堆雪。
江山如画，一时多少豪杰。
遥想公瑾当年，小乔初嫁了，雄姿英发。
羽扇纶巾，谈笑间，樯橹灰飞烟灭。
故国神游，多情应笑我，早生华发。
人生如梦，一尊还酹江月。

煤的对话

艾　青

你住在哪里？
我住在万年的深山里，
我住在万年的岩石里。
你的年纪——
我的年纪比山的更大，
比岩石的更大。
你从什么时候沉默的？
从恐龙统治了森林的年代，
从地壳第一次震动的年代。
你已死在过深的怨愤里了么？
死？不，不，我还活着——
请给我以火，给我以火！

这也是一切

——答一位青年朋友的《一切》

舒 婷

不是一切大树
都被风暴折断；
不是一切种子
都找不到生根的土壤；
不是一切真情
都流失在人心的沙漠里；
不是一切梦想
都甘愿被折掉翅膀。

不，不是一切
都像你说的那样！

不是一切火焰
都只燃烧自己
而不把别人照亮；
不是一切星星
都仅指示黑暗
而不报告曙光；
不是一切歌声
都只掠过耳旁
而不留在心上。

不，不是一切
都像你说的那样！

不是一切呼吁都没有回响；
不是一切失却都无法补偿；
不是一切深渊都是灭亡；
不是一切灭亡都覆盖在弱者头上；
不是一切心灵
都可以踩在脚下，烂在泥里；

不是一切后果
都是眼泪血印,
而不展现欢容。

一切的现在都孕育着未来,
未来的一切都生长于它的昨天。
希望,而且为它斗争,
请把这一切放在你的肩上。

妈妈,我等了你20年(节选)

佚 名

妈妈!
那一定是你,
我听到了,
那手工的绣花布鞋,
踏在地上的声音。
从襁褓时开始就听着,
一直听到穿上了绿色的军装。

当我在军营的梦乡中醒来,
仿佛有你轻轻的脚步来到我床前,
准备给我盖上裸露的手臂。
当我在猫耳洞里感到饥渴,
我就闭上眼睛,
仿佛又听到你轻轻的脚步来到我跟前,
准备端给我一碗甜甜的汤圆。

妈妈,20年前,
当我被敌人罪恶的子弹击倒在前沿,
我多么想你亲手为我合上双眼,
用你温柔的手,
再摸我的脸颊一遍,
让我在冥冥中,
再次接触你手上粗硬的老茧。

妈妈,我多想对你说,
我倒下的时候,
我的枪刺,
指向敌人阵地的那边;
妈妈,我多想向你证明,
我,作为一个军人,
没有给你丢脸。

妈妈,20 年来,
我和我忠实的弟兄们,
默默地站在这昔日的前线,
我昔日的兄弟姐妹们来过,
他们给我们带来了欢笑,
他们向我们倾诉衷肠,
他们把泪水洒在这墓前。

鲜花、美酒、醇烟,
还有他们的后代那红红的嫩脸。
可是,
没有妈妈那替代不了的抚摸,
我心中的寂寞,
永远无法排遣。

妈妈,20 年,
你走了好远,好远,
妈妈,20 年,
我知道你好难,好难。
妈妈,你空手来的,
没有任何祭品,
我不怪你,
因为你没有足够的钱。

妈妈,我明白,
你还没有吃饭,
可惜我不能为你尽孝,

只能望着你无言。

妈妈，
你的哭声是那样辛酸，
我明白你嫌自己来得太晚，
妈妈，
你在我头上的拍打是那样的无奈，
我明白你在追问为什么要20年。
妈妈，
为了千万个另外的妈妈，
我和你都作出了无悔的奉献。

妈妈，
我不求再有什么额外的照料，
一声"烈士"已经足够，
我只求下个清明，
我的妈妈，
能够再来抚摸我的墓碑，
因为我的妈妈，
没有剩下多少20年。

二、文章

纸上的爱

张定浩

文字时常是不可靠的，尤其对写作的人而言；情书则时常是更不可靠的，比方说对恋爱过的人而言。因为爱情会消失，而文字中有虚妄。在这一点上，艺术家与常人无异。

然而，在萧伯纳和爱兰·黛丽之间所发生的长达30年的情书往来，却验证了另外一个事实，即，先有杰出的人存在，然后才有值得珍重的事情发生。

他们开始通信的时候，都已是声誉卓著的中年人，洞晓人类和自身的弱点，却每每怀着同情和怜悯。他们不愿成为情欲的奴隶，也不曾惧怕爱情的到来。爱情对他们二人来说，不是焚烧一切的山林烈火，而是涓涓不息的流水。他们隔水相望，隔水而行，彼此温柔相待，彼此节制。在他们通信最为热烈的那几年，他们的寓所虽然距离很近，却不曾私下秘密会面。他唯有一次接触过她，是在他的剧作《布拉斯庞德上尉的转变》演出的第一夜。他在仪式上吻了她的手,那是他第一次不是从观众席上遥望,而是面对面地见到她。但也仅此而已。自始至终,他们只通过不可靠的文字相互表白、倾诉,却留下了一段最为可靠的感情。在萧伯纳与爱兰·黛丽的爱情故事中,不曾有清晰可辨的高潮和结局,它就像河水一样,只是一直静静地流淌下去,直到被突如其来的海洋打断。

他们携手创造了一个奇迹,证明爱情中最好的东西,可以存在于纸上。多年后,萧伯纳给自己的这本情书集作序,他在序言里说:"也许有人埋怨这一切都是纸上的。请他们记住,人类只有在纸上才会创造光荣、美丽、真理、知识、美德和永恒的爱。"

1918 年,当爱兰·黛丽已经 70 岁而萧伯纳也已 61 岁的时候,他写信给她:"在我的心坎里,没有一个女人可以代替你的位置。我以往对你说过的一切最轻佻、最放荡的话,现在依然有效,我一句也不收回。我是无可救药的。"

(选自上海人民出版社《竭尽全力的轻盈》)

尊　严

余秋雨

当年拿破仑纵横欧洲,把谁也不放在眼里。有一天,他突然发现,在意大利的国土之内居然还有圣马力诺这样一个弹丸小国。他吩咐部下,找这个小国的首领来谈一谈。

一个只有 60 多平方公里的国家还叫国家吗?本来他是以嬉戏取笑的态度进入这次谈话的,谁知一谈之下,他渐渐严肃起来,并立即宣布,允许圣马力诺继续独立存在,而且可以再拨一些领土给它,让它稍稍像样一点。但是,圣马力诺人告诉拿破仑,他们的国父说过:"我们不要别人一寸土地,也不给别人一寸土地。"国父,就是那位石匠出身的马力诺。

这个回答使拿破仑沉默良久。他没有发火,只是恭敬地点头,同意圣马力诺对加拨领土的拒绝。

这个小国,这件往事,让我懂得了何为尊严:

第一,尊严,主要产生于以弱对强,以小对大,而不是反过来;

第二,尊严,主要产生于平静的自述,而不是声辩;

第三,尊严,主要产生于拒绝,而不是扩张。

那天,在圣马力诺面前,看似很有尊严的拿破仑反倒没有什么尊严可言。

(选自天地出版社《雨夜短文》)

抽烟的三大好处

从前,美国有个倒卖香烟的商人到法国来做生意。

一天,他在巴黎的一个集市上大谈抽烟的好处,突然,从听众中走出了一位老人,连招呼也不打,就走到台前。那位商人吃了一惊。

老人在台上站定后，便大声地说道："女士们，先生们。对于抽烟的好处，除了这位先生讲的以外，还有三大好处哩！我不妨讲给大家听听！"

美国商人一听这话，转忧为喜，连连向老人道谢："谢谢您了，先生。我看您相貌不凡，肯定是位学识渊博的老人，请您把抽烟的三大好处当众讲讲吧！"

老人微微一笑，立刻讲了起来："第一，狗一见抽烟的人就害怕逃走。"台下一片哄笑，商人暗暗高兴。

"第二，小偷不敢到抽烟人的家里去偷东西。"台下人连连称奇，商人更加欢喜。

"第三，抽烟者永远年轻。"台下观众情绪振奋，商人更加喜形于色。

老人把手一摆，说："女士们，先生们，请安静。我还没说清为啥有这三大好处呢？"

商人格外高兴地说："老先生，请您快讲。"

"一、抽烟人驼背的多，狗一见到他以为是正要拾石头打它哩，它能不害怕吗？"台下人笑出了声，商人吓了一跳。

"二、抽烟人夜里爱咳嗽，小偷以为他没有睡着，所以不敢去偷。"台下一阵大笑，商人大汗直冒。

"三、抽烟人很少长寿，所以永远年轻。"

台下一片哗然，此时，大家再一看，商人不知什么时候已经溜了。

乞讨

孙长乐

初秋时节，老孙到一个小镇上办事。办完事后，老孙便买了返程的火车票，离发车的时间还有一个多钟头，他便来到候车室，找了个座位坐下来。老孙刚坐下来，就见一个四十几岁、满脸污垢的汉子带着一个小女孩走进候车室。汉子左臂架着拐杖，右手拿着一个铁皮盒子。

那小女孩看上去十多岁的模样，有着一双又黑又亮的大眼睛，她蹙着眉，默默地跟在汉子的身后。汉子端着铁皮盒子向候车室里的人挨个要钱。有的人扔给他一块两块，大部分人都对他视而不见，还有的则一脸厌烦，赶苍蝇一般向他挥手。他身后的小女孩满脸通红，咬着嘴唇，始终躲避着别人的目光。

汉子走到一个中年妇女身边时，那妇女瞅了他一眼，摆了摆手，恶声说道："没有没有，赶紧滚开！"

汉子面有不悦，兀自站在那里，一动不动。妇女恼羞成怒，冲汉子大声吼道："臭叫花子！叫你滚开没听见啊！"

汉子瞪了那妇女一眼，也不言语，转身走时故意踩了一下她的脚。那妇女"哎哟"一声，站起身来，大声责骂汉子。汉子也不吭声，照着她的脚又踩了一下，妇女大为恼怒，劈手夺下汉子手里的铁皮盒子就朝外走。汉子一瘸一拐，哪里能追上那个腿脚灵便的妇女。他呆愣片刻,一屁股坐到地上,哭诉起来:“我的钱都被那个臭婆娘抢去了,我们可咋办呀,孩子打早上起来就没吃一口饭,那些钱可都是我们父女俩好不容易讨来的。”

小女孩低垂着脑袋,站在那儿,不停地揉搓着自己枯黄的头发。

眼前发生的事情,老孙都看得一清二楚,他叹了口气,对众人说:“刚才的事儿虽说也怪他自己,可他这个样子还带一个孩子,也挺不容易的,我们大伙儿就给他们父女两个凑点钱吧。”说着,他从口袋里摸出钱包,想找些零钱给那父女俩。

就在这时,那小女孩倏地来到老孙面前,大睁着双眼瞅着他:“这位伯伯,你别给我们钱!”

老孙与周围的人都愣住了,那汉子也是一脸懵懂。老孙问小女孩为啥不让自己给钱?小女孩迟疑了一下,深吸了一口气,像是下了很大决心似的,说道:“我爸爸与刚才那女的认识,他们经常这样做……要是每次都能弄到钱,他们会总做这样的事儿……”

听了小女孩的话,大伙都是一脸惊异,那汉子又羞又恼,大声骂道:“你个臭丫头,咋胡说八道哩!”说着,他抡起拐杖要打小女孩。

老孙与几个人连忙制止了他,这时候,小女孩仰脸望着汉子,黑亮的眼睛里噙着泪花,声音颤抖着说:“爸呀,我们不能老在外面要钱啊,你看人家都咋看我们,我们回家吧,我还想上学呢……”

见此情景,老孙和周围的人都唏嘘不已,两个女子上去把小女孩拉了起来,那汉子定定地看着小女孩,目光也软了下来。

老孙跟几个人还是给了汉子一些零钱,那汉子低着头,怯生生地瞅了瞅大伙儿,迟疑一下,便收起了那些钱,拉着一脸泪水的小女孩,默默地向候车室外走去。

(选自《北京文学》2019 年第 12 期)

翻译家的气质

尹　画

最近读了一本翻译随笔《译边草》,行文精短,内容活泼,像片场花絮,着实有趣。作者周克希毕业于数学系,做了 20 多年的数学老师,人到中年突然对翻译产生兴趣,于是毅然改行做了一名翻译。认清自己热爱的方向,并有胆量将前半生归整清零,从头来过,单这一点,就令人钦佩。他举了一些文坛大家的例子,让我窥见翻译家背后的一面。

汪曾祺女儿曾描述父亲全神贯注构思时,“直眉瞪眼地坐在沙发上,像要生蛋的鸡”。周克希说这就是浸润。翻译同写作一样,都需要浸润,需要“直眉瞪眼”。

草婴先生独力翻译过《托尔斯泰小说全集》,他说过这样一段话:“从事我们这项工作,有一条相当重要,就是甘于寂寞。”如果说羞涩和温柔是作家该有的气质,那么善感和耐静就是翻译家该有的气质。

林疑今翻译海明威的《永别了,武器》,译本一改再改。小说中有一段,他在 1940 年译成:"你不过是个旧金山的洋鬼子。"后来的版本,修改成:"你不过是个旧金山的外国赤佬罢了。"1995 年的译本则变成:"你无非是个旧金山来的意大利佬罢了。"互相对照,就知道越改越好。周克希谈到自己的译作,也是七改八改地改出来的,不仅自己改,有时朋友、读者也帮着改。好东西都是磨出来的。

周克希和郝运合译《四十五卫士》时,周克希的每页译稿,郝运都仔细过目,用铅笔做出改动或注明修改意见。郝运对周克希说,要细细琢磨作者为什么这样写。琢磨清楚后译文才能精准、传神,贴近原作的色彩和趣味。为此,他建议周克希每天看一点儿中国作家的作品。周克希感慨道:"我真想有这个时间啊。"可以想见,翻译家的时间是分秒必争的。必须坐得住,沉得下气。

傅雷 1945 年给宋淇写信,说巴尔扎克的《赛查·皮罗托盛衰记》真是好书,不过自己几年来不敢碰,因为里头涉及 19 世纪法国的破产法及破产程序,所以动手前要好好下一番功夫。后来,傅雷译出了这本书,想必下的功夫不会少。翻译家,最好是一个杂家,历史、地理、音乐、美术……样样都懂一点,尤其翻译专业性强的书,对译者是一个考验。周克希说,"事因经过始知难",翻译的过程中常感到如站在黑黢黢的隧道里,看不见尽头的微光,唯有坚持慢慢前行。

里尔克在给一位青年诗人的信中写道:"你要爱你的寂寞。"周克希觉得这话也是对译者说的。翻译,寂寞而清苦,但是做成了就有成就感。一个人一生应该好好做成一件事。

(选自《深圳商报》2019 年 10 月 18 日)

无手军礼

云南省麻栗坡县坝子雷场上,一截断裂的老树边,焦黑的土地在浓雾中若隐若现。

生活在这里的边民每每路过,依旧心痛不已。2018 年 10 月 11 日,27 岁的陆军某扫雷排爆大队战士杜富国在这里因执行排雷任务失去了双手和双眼。

雷患已经排除的山坡地,眼下已经种上茶树。提起杜富国,乡亲们用一个词来形容他:英雄。

如今,正在陆军军医大学西南医院接受康复训练的杜富国,已经学会了独立吃饭、写字、做平板支撑……在跑步机上,他的 3 000 米跑步成绩是 13 分 8 秒,达到了部队考核中的合格标准。这位一等功臣希望锻炼好身体,早日回到部队。

2018 年 10 月 11 日,老山主峰西侧的坝子雷场被浓雾笼罩。这里一年 300 天以上是大雾天,近 60 度的斜坡上甚至看不清隔壁扫雷小组战士的身影,只能听到无数探雷针在山间鸣响。

在接近山顶的地方,杜富国和同组的同年兵艾岩发现一枚露出部分弹体的爆炸物,初步判断是一颗当量大、危险性高的加重手榴弹。根据以往经验，这下面可能埋着一个雷窝。

接到检查有无诡计装置的指令后，杜富国作为组长命令艾岩退后，并小心跪在地上，按照流程着手清理浮土。

爆炸就发生在这一刻！

14 时 39 分，冲天的火光伴着一声闷响，眼前的手榴弹突然爆炸，杜富国下意识倒向艾岩一侧，接着就是巨大的冲击波和无数弹片扑面而来。

张中君在斜坡的另一面，当他向着爆炸的黑云方向冲过去时，只看到一个血人倒在地上，厚重的防护服被炸成棉絮状，而艾岩安然无恙。

张中君和其他 3 位战友搬抬杜富国时，一度无从下手。双眼、手臂、大腿、胸前、腹部，看得见的地方都炸伤了，一块破碎的弹片划过杜富国右颈，血流不止。

“百十来米的下山通道，所有人都在喊慢点，怕颠到富国，我们抬着却越跑越快。”时隔 6 个月，张中君仍不愿回忆那一刻。“太痛苦了，我就怕他回不来了。”

17 时，杜富国被送到麻栗坡县人民医院，当天就做了眼球摘除手术和截肢手术。随即被转移至中国人民解放军第 926 医院。

爆炸发生后的黄昏时分，猛硐乡下起蒙蒙细雨，营区内一片沉寂。晚饭时，餐桌上多了一盘凉拌折耳根，那是上午杜富国采摘的，说要带回来给大家晚上加个菜。

折耳根在桌上摆了很久，食堂内谁也没有动筷子。有人冲出屋去，在雨中放声大哭。

第一次从昏迷中醒来，杜富国问的第一句话是“艾岩怎么样了”。最初的 1 个月里，每每有战友去看望杜富国，他总会说：“你们多给我带些牛奶和肉，我多吃一点好得快，能早点回去。”

他以为这只是一次严重的炸伤，也期盼着重新回到作业的雷场。

11 月 17 日，受伤后 1 个多月，杜富国终于得知了自己永远失去双眼双手的消息。

“我知道了，你们放心，给我点时间让我适应。”沉默片刻，他开口安慰围在他身边的亲友，声音有些颤抖。

同时失去视觉与最灵敏的双手，杜富国的恢复不只是装上义眼、假肢这么简单。为了能够独立生活，他一遍遍练习用断臂去摸索，靠声音去判断。

如今，杜富国已转移至西南医院接受康复训练。不需要搀扶，能够独立在户外跑步，是杜富国给自己定的下一个目标。这个 90 后年轻小伙依旧爱笑，喜欢唱歌、吃重庆火锅，在意穿着整不整齐。他买了一台智能音箱，开始每天听书。

2018 年 11 月 16 日，扫雷大队官兵手拉手蹚过雷场，将最后一片安全的土地移交当地政府。一个月后，大队官兵再次递交请战书，带着杜富国的扫雷心愿奔赴新的扫雷战场。

“他虽然不在雷场，但就像大队里的一盏灯。”时任扫雷大队政委周文春说。

病床上的杜富国几乎每天都会询问扫雷前线的消息。他等待着装上假肢、戴上义眼的那天。到那时候，他要重新回到部队，再为人民做些事情，还要把扫雷的故事讲给更多人听。

“我要做个堂堂正正的军人。”西南医院的操场上，八一军旗前，眼覆白纱的杜富国站在阳光下，郑重地敬了一个无手的军礼。

（节选自《中国青年报》2019年5月20日，有删改）

人与人之间的光

郝景芳

在瑞士达沃斯听摄影师普拉东讲过几个动人的故事。

第一个故事，来自拳王阿里。

普拉东去给阿里拍照的时候，阿里已经患帕金森综合征很久了。普拉东照相的时候，阿里一直在抖。普拉东在最后时分问阿里：“这么多年，你是怎么做到这么强大的？”

阿里用非常小的声音，在普拉东耳边说：“告诉你一个秘密，我并没有人们认为的那么强大。”他顿了顿，接着费力地说：“是人们通过我，看到了他们自己的力量。”

之后没过几天，阿里就去世了。这是他生前最后一次拍照。

第二个故事，来自霍金。

普拉东去给霍金拍照的时候，霍金的状态并不好，眼皮一直处于睁不开的状态。他每天都需要注射许多针剂，以维持眼睛下面仅有的一小块活跃肌肉的活跃度。

普拉东快要离开的时候，问霍金：“您能不能用一个词，表达一下您想对这个世界说的话？”

他的护士说：“对不起，摄影师先生，霍金先生已经很累了，他恐怕完成不了了。”

普拉东刚要离开，突然听见屏幕上光标移动的声音，他和护士都停下来看，看到霍金靠眼睛下面那一小块肌肉指挥着光标在移动，最后停留在w上面。

普拉东正在犹豫，光标又动了。第二次，停留在o上面。过了一会儿，光标又动了。最后，停留在w上面。

Wow！霍金对这个世界发出的是惊叹。普拉东说，这样一个无法行动的人，他的心是自由的。

第三个故事，来自一个普通女人。

她的丈夫是美国军人，死在了中东战场。美国军队将她丈夫的所有物品打包送了回来。她一直把那个箱子放在床底下，没有拆开。

普拉东为军队拍了一系列照片，也来到她的家里。拍了她家的照片之后，女人说：“摄影师先生，你等一下，我今天想把我丈夫的箱子拆开。我一个人的时候总是没有勇气拆。”

等到箱子被拆开,女人把丈夫的衣服拿出来,突然就哭了。

普拉东过去安慰她。

女人说:“摄影师先生,您一定不知道我为什么哭。”

她哽咽了一会儿,平静了一点儿,说:“他们把他的衣服洗了。可我还想闻闻他的味道。”

第四个故事,来自普拉东自己。

他从学校毕业之后,接到的第一份工作,是替一个时尚杂志拍摄安东尼·霍普金斯。当时的安东尼已经是如日中天的影视明星,因此普拉东很紧张,提前做了许多准备。

但就在拍摄前一天,普拉东突然在电视上看到,安东尼·霍普金斯跟一个摄影记者发生了冲突。

第二天,普拉东来到安东尼的住所,进屋之后手就开始发抖,完全拿不稳照相机,紧张得头顶冒汗,最终晕倒了。等安东尼把他扶起来,给他喝水之后,普拉东承认说:“霍普金斯先生,对不起,我搞砸了。我是刚毕业的实习生,这是我的第一份工作,我承认我太紧张了,昨天又看到您的新闻,心里胆怯。可能我根本不适合做摄影师,我马上就收拾东西离开。给您添麻烦了,请您别生气。”

这个时候,安东尼给了普拉东一个结实的拥抱,说:“年轻人,你知道吗?我对人也充满不安全感。我长得不好看,可我又是电影明星,所以我一直很怕摄影师。昨天我对那个摄影师发火,就是因为他始终在命令我,试图把我拍成一个英俊的人。你很诚实,现在站起来,完成你的工作。”

普拉东就从那一天开始,成了摄影师,现在可能是世界上拍摄名人政要最多的摄影师。

普拉东是一个会讲故事的人。他会用照片讲故事,也会用语言讲故事。他理解人,理解人与人之间心意相通的意义。

(选自《读者》2019 年第 18 期)

马背上的小红军

陈　靖

在延安时期,有的同志向陈赓同志提出这样一个问题:“老陈,听说你一生有两怕,在国民党怕廖仲恺,在共产党怕彭德怀,是真的吗?”陈赓平静地点头默认着。站在一旁的贺炳炎同志说:“老陈还有第三怕呢……”陈赓给贺炳炎一拳,人们都静下来了。陈赓同志心情特别激动,眼圈发红,大家也就不便往下问了。

这位在黄埔时代就被称为“黄埔三杰”之一的人物,人们只知他是天不怕、地不怕、鬼不怕的英雄,怕的却是一个廖先生,第二次国内战争中,又有人传他怕彭总。但谁也不知他还有第三怕。直到全国解放后,贺炳炎同志逝世的那个晚上,陈赓同志道出了他的第三“怕”。

“快出草地了。但许多事情都是越到最后越难,俗话说,行百里者半九十嘛!”陈赓同志深情地回顾着往事,他说一生中,只是这时承认过“难”字。

那是个霜雪纷飞的深秋,太阳早偏西了。他感到十分疲惫,掉下队来,同他那也十分疲惫的瘦马,慢慢地朝前走着。忽然来到一个掉队小红军的身旁。这个小家伙,看来不过12岁,一口四川腔,圆溜溜的脸,一双大眼睛,两片薄嘴唇,鼻子有点翘。穿着一双破草鞋的脚板子,冻得又青又红。陈赓靠近他身边说:“小鬼,你过来骑一会儿。”

小鬼拿出一副满不在乎的样子,盯着陈赓那满脸胡子的瘦脸,微微一笑说:“老同志,我的体力可比你强多了,你快骑上走吧。”

陈赓用命令口吻说:“上去,骑一段再说!”小鬼用倔强的语气说:“你要我同你的马比赛啊,那就比一比吧。”小鬼把腰一挺,做出一个准备跑的姿势。“那,我们就一块走吧。”“你先走,我还要慢慢走,等我的同伴呢。”

陈赓无奈,从身上取出一小包青稞面,递给小鬼说:“你把它吃了。”

小鬼把身上的干粮口袋一拉,轻轻拍了拍,说:“你看,鼓鼓的嘛,比你还要多呢。”

陈赓终于被这个小鬼说服了,他只好爬上马背,一个人朝前走去。

不知为什么,陈赓此时心情总是静不下来。他脑子里,出现一连串孩子的影子。从上海滩上、广州沿街直到香港码头,他所打过交道的那些娃娃们,都向他的眼里直涌上来。陈赓突然喊了一声:“不对,我受骗了!”他调转马头,狠踢着马肚,向来路奔跑起来。

当陈赓寻找到这个小鬼时,已经晚了。

陈赓把小鬼抱上马背时,有一件硬物触到他的左手。他顺着摸出来一看,原来正是小鬼那个鼓鼓的干粮袋,里面只有一块烧得发黑的牛膝骨,上面还留有几个牙齿印。

陈赓全明白了。正在这时,小鬼停止了呼吸。

陈赓一手紧搂着小鬼的尸体;一手狠狠地给自己一个嘴巴:“陈赓啊,你这个大笨蛋,怎么对得起阶级小兄弟!”这就是陈赓同志为什么怕同小孩子开玩笑,怕听小孩子生病,怕听小孩子哭……

月光曲

两百多年前,德国有一个音乐家叫贝多芬,他谱写了许多著名的曲子。其中有一首钢琴曲叫《月光曲》,传说是这样谱成的。

有一年秋天,贝多芬去各地旅行演出,来到莱茵河边的一个小镇上。一天夜晚,他在幽静的小路上散步,听到断断续续的钢琴声从一所茅屋里传出来,弹的正是他的曲子。

贝多芬走近茅屋,琴声突然停了,屋子里有人在谈话。一个姑娘说:“这首曲子多难弹啊!我只听别人弹过几遍,总是记不住该怎样弹,要是能听一听贝多芬自己是怎样弹的,那有多好啊!”一个男的说:“是啊,可是音乐会的入场券太贵了,咱们又太穷。”姑娘说:“哥哥,你别难过,我不过随便说说罢了。”

贝多芬听到这里,就推开门,轻轻地走了进去。茅屋里点着一支蜡烛。在微弱的烛光下,男的正在做皮鞋。窗前有架旧钢琴,前面坐着个十六七岁的姑娘,脸很清秀,可是眼睛失明了。

皮鞋匠看见进来个陌生人,站起来问:“先生,您找谁?走错门了吧?”贝多芬说:“不,我是来弹一首曲子给这位姑娘听的。”

姑娘连忙站起来让座。贝多芬坐在钢琴前面,弹起盲姑娘刚才弹的那首曲子来。盲姑娘听得入了神,一曲完了,她激动地说:“弹得多纯熟啊!感情多深哪!您,您就是贝多芬先生吧?”

贝多芬没有回答,他问盲姑娘:“您爱听吗?我再给您弹一首吧。”

一阵风把蜡烛吹灭了。月光照进窗子来,茅屋里的一切好像披上了银纱,显得格外清幽。贝多芬望了望站在他身旁的穷兄妹俩,借着清幽的月光,按起琴键来。

皮鞋匠静静地听着。他好像面对着大海,月亮正从水天相接的地方升起来。微波粼粼的海面上,霎时间洒满了银光。月亮越升越高,穿过一缕一缕轻纱似的微云。忽然,海面上刮起了大风,卷起了巨浪。被月光照得雪亮的浪花,一个连一个朝着岸边涌过来……皮鞋匠看看妹妹,月光正照在她那恬静的脸上,照着她睁得大大的眼睛,她仿佛也看到了,看到了她从来没有看到过的景象,在月光照耀下的波涛汹涌的大海。

兄妹俩被美妙的琴声陶醉了。等他们苏醒过来,贝多芬早已离开了茅屋。他飞奔回客店,花了一夜工夫,把刚才弹的曲子——《月光曲》记录了下来。

熊、狐狸和牛

桂剑雄

狮子大王高薪招聘一名军师,以挽回走兽在同飞禽大战中连连失利的局面。熊、牛和狐狸闻讯后,立刻赶来应聘。

为了证明当军师确实能拿高薪,狮王按照事先策划好的计谋,拿出一打金币对熊、牛和狐狸说:“这12块金币,是专门赏给你们三位的。你们怎么分配我不管,但分配方案必须做到少数服从多数,而且不许使用武力或以武力相威胁。”

熊、牛和狐狸很高兴。素以憨厚著称的牛首先提议说:“既然狮王赏给我们的金币是12块,我看最公平的办法是平分,各拿4块。”

贪心的熊很想多拿一点,就对牛说:“不如我俩分算了,我得7块,你得5块,这样你就可以比三个一起分要多拿1块。”

听罢熊的话,狐狸不动声色地对牛说:“如果你愿意同我一道分配,那么你将得9块金币;我宁肯少分一点拿3块金币算了。”

狐狸的分配方案一出台,熊即刻慌了神,赶忙对狐狸说:“那么,还是我俩来分配吧!

你得5块，不仅将比你和牛在一起时要分得多，而且也比三个一起分的平均数要分得多。我也不想再多拿了，继续维持原来的7块不变。”

“你听见熊的建议了吗?”狐狸对牛说，“如果我同意熊的分配方案，那么你将1块金币都得不到。这样吧，假若你想得到金币并报复一下熊的话，就和我合作，我保证你拿到两块金币。”

狐狸的这一提议，立刻得到了牛的响应。于是，凭着机智狡黠，狐狸不仅得到了绝大多数金币，还因此赢得狮王的赏识，做了一名高薪者——军师。

骆驼跳舞

阿诺德·洛贝尔

骆驼决心成为一名芭蕾舞演员。

她说：“要使每个动作高雅完美，这是我唯一的愿望。”

她一次又一次练习足尖旋转，反复用足尖支立身体，单腿站立，伸前臂，抬后脚，每天上百次地重复这五个基本姿势。在沙漠炎热的骄阳下，她一直练了好几个月，脚起了泡，浑身酸疼不已，但是她从未想过停下不练。

终于，骆驼说：“现在我是一名舞蹈演员了。”她举行了一个表演会，在邀请来的朋友和评论家面前翩翩起舞。跳完后，她深深地鞠了一躬向大家致谢。

观众没有一个鼓掌。

其中有一位发言说：“作为一名评论家和这群伙伴的代言人，我必须坦率地对你说，你的动作笨拙难看，你的背部弯弓，圆滚滚的凹凸不平。你跟我们一样，生来是骆驼，成不了芭蕾舞演员，将来也成不了!”

观众中有的悄悄地讪笑着，有的大声嘲讽着。就这样，他们穿过沙漠离去了。

“他们这样认为可就错了。我刻苦地进行训练，毫无疑问，我已经成为一名出色的芭蕾舞演员了。我跳舞只图自己快活，所以我要坚持不懈地跳下去。”

她真的这样做了，这使她愉快了好些年。

——知足者常乐。

捧着空花盆的孩子

赵华昌

很久很久以前，在一个国家里，有一个贤明而受人爱戴的国王。但是，他的年纪已经很大了，而且年迈的国王没有一个孩子。这件心事，使他很伤脑筋。有一天，国王想出了一个办法，说：“我要亲自在全国挑选一个诚实的孩子，收为我的义子。”他吩咐发给每一个孩子一些花种子，并宣布：

“如果谁能用这些种子培育出最美的花朵，那么，那个孩子便是我的继承人。”

所有的孩子都种下了那些花种子，他们从早到晚，浇水、施肥、松土，护理得非常精心。

有个名叫雄日的男孩，他也整天用心培育花种。但是，十天过去了，半月过去了，一个月过去了……花盆里的种子依然如故，不见发芽。

“真奇怪！”雄日有些纳闷。最后，他去问他的母亲：

“妈妈，为什么我种的花不出芽呢？”

母亲同样为此事操心，她说：

“你把花盆里的土换一换，看行不行。”

雄日依照妈妈的意见，在新的土壤里播下了那些种子，但是它们仍然不发芽。

国王决定观花的日子到了。无数个穿着漂亮服装的孩子涌上街头，他们各自捧着盛开着鲜花的花盆，每个人都想成为继承王位的太子。但是，不知为什么，当国王环视花朵，从每一个孩子面前走过时，他的脸上没有一丝高兴的影子。

忽然，在一个店铺旁，国王看见了正在流泪的雄日。这个孩子端着空花盆站在那里。国王把他叫到自己的跟前，问道：

“你为什么端着空花盆呢？”

雄日抽噎着，他把他如何种花，但花种子又长期不萌芽的经过告诉国王，并说，这可能是报应，因为他在别人的果园里偷偷摘过一个苹果。

国王听了雄日的回答，高兴地拉着他的双手，大声地说：

“你就是我的忠实的儿子！”

“为什么您选择一个端着空花盆的孩子做接班人呢？”孩子们问国王。

于是，国王说：

“子民们，我发给你们的花种子都是煮熟了的种子。”

听了国王这句话，那些捧着最美丽的花朵的孩子们，个个面红耳赤，因为他们播种下的是另外的花种子。

云雀明白了

凡　夫

云雀见麻雀整天在树枝上跳来跳去，就问：“麻雀太太，你为什么不飞得高一点呢？”

麻雀斜着眼睛瞟了它一眼，说：“难道我飞得不高吗？你瞧瞧公鸡！”

“公鸡伯伯，你为什么不飞得高一点呢？”

公鸡骄傲地在房顶上迈着八字步，反问：“难道我飞得不高吗？你瞧瞧鹌鹑！”

“你为什么不能飞得高一点呢？鹌鹑姐姐。”

鹌鹑奋力从草尖上飞过去，得意地对云雀说：“难道我飞得不高吗？你瞧瞧癞蛤蟆！”

后来，云雀遇见雄鹰，便向雄鹰请教：“雄鹰叔叔，你为什么飞得那么高呢？”

“不，不。”雄鹰谦虚地说，“离蓝天，我还差得远呢！”

“啊，我明白了！”云雀眨巴眨巴眼睛想，“谁如果想展翅高飞，就不能把目标定得太低；如果眼睛只盯在树冠以下，那就永远不可能在蓝天白云间翱翔。”

花儿选美

佚 名

花儿们要举行盛大的选美比赛，每一朵花都躲在自己的小房子里精心打扮。

牡丹花的裙子多极了，她在她的小房子里穿了一层又一层，穿了一层又一层……

玫瑰花躲在小房子里卷着每一条裙子的边儿，然后又往裙子上拼命洒香水……

仙客来躲在小房子里精心裁剪时装，她可不像一般花儿那样穿裙子，她要让自己的时装别具一格……

水仙花躲在小房子里反复研究自己金色王冠配白裙子的效果，追求典雅是她向来的风格……

好了，一切都已准备就绪，打扮得漂漂亮亮的花儿们走出了自己的小房子，她们各个信心十足……

可是，有一朵小小花儿躲在自己的小房子里迟迟不肯出来，原来，她没有漂亮的衣服，她的全部家当就是一条既不鲜艳又不美的短裙，那么窄，那么小，算不上真正的裙子，围在身上一点儿也不好看。

小小花儿听见外面的喧闹声，她从门缝里偷偷往外看，啊呀，罂粟花正摇曳着她那艳红的镶白边儿的裙子跳西班牙舞，那华丽宽大的裙子翻飞着，把小小花儿的眼睛都晃花了！

小小花儿这下更不敢出去了。她关紧门，躲在房子里焦急地说：“怎么办？怎么办？”

像是一片回声，周围都传来“怎么办？怎么办”的叹息。原来，小小花儿的姐妹们都同她一样胆怯地躲在房子里。

“小姐姐，你带个头先出去怎么样？”隔壁传来花儿妹妹的声音。

“是呀，是呀，你带个头先出去。”四周传来众妹妹的央求。

这时，选美比赛马上就要开始了，蝴蝶评委、蜜蜂主席和特邀主持人金铃子小姐都已到来。所有花儿们都着急地催促躲在房子里的小小花儿们快出来。

“怎么样？我们不出去会影响整个选美比赛，唔，这样吧，我喊一、二、三，我们同时出去。”小小花儿鼓足勇气说。妹妹们都赞成。

小小花儿深深地吸了一口气，大喊：“一、二、三！”

刹那间，千千万万朵小小花儿铺天盖地缀满枝头。

“哇，好美，好美的花儿呀！”蝴蝶、蜜蜂、金铃子和所有的花儿都惊呆了。

小小花儿每一朵细看都不美，然而她们成千上万朵簇拥在一起形成的磅礴气势却是那么壮观。那种惊心动魄的美压倒了所有争奇斗艳的花儿。

小小花儿奇迹般地获得了选美比赛的冠军。

一切都不是小小花儿们躲在小房子里所能预料到的,她们庆幸自己勇敢地走出了小房子——不管自己是多么地平凡,只有走出了小房子,才能够去创造奇迹。

三、新闻

两部门:减征部分乘用车车辆购置税

本报讯 昨日,为促进汽车消费、支持汽车产业发展,财政部、税务总局就减征部分乘用车车辆购置税有关政策发布公告,对购置日期在2022年6月1日至2022年12月31日期间内且单车价格(不含增值税)不超过30万元的2.0升及以下排量乘用车,减半征收车辆购置税。

公告所称乘用车,是指在设计、制造和技术特性上主要用于载运乘客及其随身行李和(或)临时物品,包括驾驶员座位在内最多不超过9个座位的汽车。公告所称单车价格,以车辆购置税应税车辆的计税价格为准。乘用车排量、座位数,按照《中华人民共和国机动车整车出厂合格证》电子信息或者进口机动车《车辆电子信息单》电子信息所载的排量、额定载客(人)数确定。

此外,乘用车购置日期按照机动车销售统一发票或海关关税专用缴款书等有效凭证的开具日期确定。

(选自《北京青年报》2022年6月1日)

群众游行"情境式行进",长安街上演流动史诗

在昨日的庆祝新中国成立70周年庆祝活动中,如果说,阅兵式环节让观众被军队威严、雄壮的气势所感染,那到了群众游行环节,公众又被带入了欢快、愉悦的海洋。

本次群众游行以"同心共筑中国梦"为主题,约10万名群众参加,其中有70组彩车组成36个方阵,另有3个情境式行进,沿长安街由东向西通过天安门核心区,以"自由、生动、欢愉、活泼"的形式进行情感表达。

热情洋溢的群众,有的高举彩花,有的身戴花环,有的身着彩带。他们以方阵为限,簇拥着彩车,一个接一个地走过天安门广场前。他们或自由行进,或整齐划一,或载歌载舞,他们职业不同、年龄有差、家乡各异,但脸上的表情与肢体的动作却都无不传达着欢欣与愉悦。他们的方阵主题各异,却都在讲述新中国不同时期的故事,他们在长安街上,上演了一段流动的史诗。

这其中,群众游行的第一段情境式行进"青春万岁"让人印象颇为深刻。那一时刻,长安街上突然被一声声清脆响亮而又无比欢快的自行车铃声充溢,洋溢着青春气息的青

年男女，拨动车铃，骑着插满鲜花的自行车欢聚在天安门前，挥洒着青春的欢乐，展现着新中国昂扬前进的生机勃勃。

群众游行，传达给人最直接的感受便是欢欣愉悦与生机勃勃。本次参加游行的群众来自五湖四海，各行各业，既有快递小哥，也有北京西城区的普通大妈，年龄从6—66岁不等。他们身上有新中国的集体记忆，他们是展现新中国群生百态的一幅画卷、一个缩影。这幅画卷所传达出来的精神面向，便是新中国青春不老，行进不止。

（选自《新京报》2019年10月2日）

习近平春节前夕赴云南看望慰问各族干部群众

中华民族传统节日农历春节即将到来之际，中共中央总书记、国家主席、中央军委主席习近平来到云南，看望慰问各族干部群众，向全国人民致以新春祝福。

云南大地，蓝天白云，繁花似锦，生机勃勃。1月19—21日，习近平在云南省委书记陈豪、省长阮成发陪同下，来到腾冲、昆明等地，深入农村、古镇、生态湿地、年货市场、爱国主义教育基地考察调研，给各族干部群众送去党中央的关怀和慰问。

保山市所辖腾冲市清水乡三家村曾是建档立卡贫困村，2017年全村已实现脱贫。19日下午，习近平来到三家村，了解脱贫攻坚情况。当地干部告诉总书记，近年来，三家村积极发展乡村旅游、种养殖业、劳务输出，完善基础设施、改善人居环境，贫困发生率从2014年的21%降至目前的0.45%。习近平对此表示肯定。他强调，全面建成小康社会，一个民族都不能少。要加快少数民族和民族地区发展，让改革发展成果更多更公平惠及各族人民。

习近平走进三家村中寨司莫拉佤族村，了解乡村振兴和建设少数民族特色村寨情况。“司莫拉”在佤语中意为幸福的地方。该村有500多年历史，是中国传统村落、少数民族特色村寨，佤、汉、白、傣等多个民族和谐共处。

习近平来到村民李发顺家，一一察看客厅、卧室、厨房、卫生间、猪舍等，了解居住环境。随后，习近平在院子里同李发顺一家制作当地节日传统食品大米粑粑，并聊起家常，详细询问李发顺一家脱贫情况。李发顺告诉总书记，以前因为缺少劳动力，加上两个孩子要上学，生活一度十分困难。这几年通过养猪、碾米、外出打工等，收入提高了不少，2017年已经脱贫，一家人都参加了城乡居民基本医疗保险，孩子有学上，房子干净结实，生活越过越红火。习近平听了十分高兴。他指出，乡亲们脱贫只是迈向幸福生活的第一步，是新生活、新奋斗的起点。要在全面建成小康社会基础上，大力推进乡村振兴，让幸福的佤族村更加幸福。

温暖的阳光铺洒在广场上，村民们跳起了欢快的佤族舞蹈。按照当地风俗，习近平敲响三声佤族木鼓，祝福来年风调雨顺、国泰民安。村民们热烈鼓掌，纷纷向总书记问好。习近平给大家拜年，祝乡亲们生活越来越幸福。乡亲们唱着《阿佤人民唱新歌》，簇拥着总书记走出村口，歌声笑声在村寨久久回荡。

（节选自《人民日报》2020年1月22日）

书店扎堆儿，有氛围也要有灵魂

三里屯又开了一家名为春风习习的书店，加上原有的三联、老书虫、PageOne、言又几，三里屯区域一共有5家书店，形成了一个新的书店生态圈。在北京，书店达到这个密集程度，算是相当引人瞩目了。

提到三里屯，大家首先想到的，这是个寸土寸金的商圈，有繁华的购物场所和热闹的酒吧，是个具有标志性的时尚之地。在这个地方开书店，尤其是众所周知开书店赚钱不容易的情况下，确实有点迎难而上的意思。

但书店业发展到今天，如果只是简单地认为开店者把心思放在盈利方面，则是小看了书店生态微妙、巨大、深远的变化，无形当中，书店已经成为情怀、文化理想、生活方式的一个载体，隐藏在书店背后，有无数双手在推动书店重新占据城市生活的中心，这些手包括：政府、资本、企业家、文化人等。

当赚钱不再是书店的首要目的，当追求与倡导一种城市新生活方式成为书店的重要目标，占领城市中心便成为一些书店不约而同的决策。三里屯的商业氛围，非但不会破坏书店的书香气息，反而两者相得益彰，商业与文化的碰撞、融合，缔造出具有格调的品位，所以这些书店会聚集人气，成为区域热门文化打卡点。

既然是书店，书当然是主角，但除了书，书店的“内容”也逐渐变得丰富起来。咖啡与文创用品已成标配，服饰、绿植、黑胶唱片、桌游、玩具等，也纷纷进入书店空间，让读者多了些流连的理由。此外，作家频繁到这些书店举办讲座，也聚拢了大批的书迷。可以清晰地感受到，书店在快节奏的城市生活当中，有了新的吸引力与凝聚力，想到书店，总会让人感到放松与安心。

书店的氛围有了，接下来就要寻找书店的灵魂。我们的书店，有网红、慕名而来的读者、好奇闯入的游客是不够的，那样的话，只能说明书店仅有外在形式上的吸引力。这种吸引力通过地段、设计、装潢就能实现，而书店的灵魂则需要各种人群长期地聚集，投入热情与爱，才能逐渐得以形成，否则，哪怕这些书店24小时营业，成为城市夜晚璀璨的灯光里最夺目的地方，也会因为灵魂的缺席而显得有些空洞。

在巴黎，曾经有“书店与咖啡馆一样多”的说法，现在不尽然了，但有些书店的故事，上百年来依然在被讲述。比如塞纳河边的莎士比亚书店，在20世纪，包括詹姆斯·乔伊斯、菲茨杰拉德、海明威、亨利·米勒、庞德、福克纳在内等众多作家，都与这家书店有着密切的联系，海明威曾无数次在书店二楼的行军床上躺着读书，在《流动的盛宴》中也多次提到这家书店。除了一些著名书店，塞纳河边还有不少旧书摊，据说摆书摊卖旧书这一传统源自18世纪……所以，书店的灵魂，其实是不挑场所是否高档的，而在于人群汇集于书店之后，诞生了什么故事，留下了什么记忆。

以三里屯书店扎堆儿为代表，一种新兴的书店文化正在从一线城市向下蔓延，在南方一些经济发达的县城，经常可以看到媲美大城市的书店，把书店当成一座城市的“文化客厅”，正在成为人们的共同向往。但在书店“硬件”空前发达的时候，要更注重“书店精神”的滋养，别让开书店背后的某种功利心与虚荣心占据主流，只有每家书店都拥有无可取代的独特性，让读者可以感受到“书店灵魂”的存在，开办书店才能够拥有真正的意义。

（选自《中国青年报》2019 年 5 月 21 日）

参考文献

张颂. 中国播音学:修订版[M]. 北京:北京广播学院出版社,2003.
柴璠. 播音语言表达技巧[M]. 北京:中国广播电视出版社,2004.
陈京生. 电视播音与主持[M]. 北京:北京广播学院出版社,2000.
陈竹. 节目主持人实用口语训练教程[M]. 浙江:浙江大学出版社,2006.
付程. 实用播音教程:第 2 册语言表达[M]. 北京:北京广播学院出版社,2002.
付程. 播音主持教学法十二讲[M]. 北京:中国传媒大学出版社,2005.
高蕴英. 教你播新闻[M]. 北京:中国广播电视出版社,2005.
鲁景超. 广播电视即兴口语表达[M]. 北京:中国传媒大学出版社,2006.
罗莉. 文艺作品演播技巧[M]. 北京:中国广播电视出版社,2003.
王均熙. 汉语新词词典[M]. 北京:汉语大词典出版社,2006.
王蓓. 广播电视播音主持业务[M]. 北京:中国国际广播出版社,2005.
吴弘毅. 实用播音教程:第 1 册普通话语音和播音发声[M]. 北京:北京广播学院出版社,2002.
吴洁茹,王璐. 播音员主持人语音发声教程[M]. 北京:中国传媒大学出版社,2006.
吴郁. 当代广播电视播音主持[M]. 上海:复旦大学出版社,2005.
吴郁. 电视节目主持人的综合素质研究[M]. 北京:中国广播电视出版社,2007.
吴郁. 播音学简明教程:修订版[M]. 北京:中国传媒大学出版社,2006.
中华经典文学网 http://www.ccview.net
天涯在线书库 http://www.tianyabook.com
中国作家网 http://www.chinawriter.com.cn
央视国际
新华网
人民网
凤凰网

中国广播网
乐读网
《新京报》
《北京青年报》
《中国青年报》
《北京日报》
《光明日报》
《环球时报》

图书在版编目（CIP）数据

青少年播音主持训练教程 / 张洁，龚洁编著. --3 版. --北京：中国传媒大学出版社，2022.8（2025.6 重印）
（青少年播音主持训练丛书）
ISBN 978-7-5657-3220-1

Ⅰ. ①青… Ⅱ. ①张… ②龚… Ⅲ. ①播音—语言艺术—教材 ②主持人—语言艺术—教材 Ⅳ. ①G222.2

中国版本图书馆 CIP 数据核字（2022）第 105636 号

青少年播音主持训练教程（第三版）
Qingshaonian Boyin Zhuchi Xunlian Jiaocheng（Di-san Ban）

编　　著　张　洁　龚　洁
策划编辑　赵　欣
责任编辑　赵　欣
封面设计　风得信设计·阿东
责任印制　李志鹏

出版发行　中国传媒大学出版社
社　　址　北京市朝阳区定福庄东街 1 号　　邮　　编　100024
电　　话　86－10－65450528　65450532　　传　　真　65779405
网　　址　http://cucp.cuc.edu.cn
经　　销　全国新华书店

印　　刷　北京中科印刷有限公司
开　　本　787mm×1092mm　1/16
印　　张　16.5
字　　数　360 千字
版　　次　2022 年 8 月第 3 版
印　　次　2025 年 6 月第 2 次印刷

书　　号　ISBN 978-7-5657-3220-1　　定　　价　58.00 元

本社法律顾问：北京嘉润律师事务所　郭建平